高校主题出版
GAOXIAO ZHUTI CHUBAN

多元一体视域下的中国多民族文学研究丛书
The Series on Minority Literature: Perspectives from A Pluralistic and United Chinese Nation

丛书主编：姚新勇　副主编：邱婧

国家出版基金项目
NATIONAL PUBLICATION FOUNDATION

口述与书写
满族说部传承研究

Orality and Literary

Transmission of Manchu Traditional Storytelling

高荷红　著

暨南大学出版社
JINAN UNIVERSITY PRESS

中国·广州

图书在版编目（CIP）数据

口述与书写：满族说部传承研究 / 高荷红著. —广州：暨南大学出版社，2017.12

（多元一体视域下的中国多民族文学研究丛书）

ISBN 978 - 7 - 5668 - 2232 - 1

Ⅰ.①口… Ⅱ.①高… Ⅲ.①满族—少数民族文学—文学研究—中国 Ⅳ.①I207.921

中国版本图书馆 CIP 数据核字（2017）第 259737 号

口述与书写：满族说部传承研究

KOUSHU YU SHUXIE：MANZU SHUOBU CHUANCHENG YANJIU

著　者：高荷红

··

出　版　人：徐义雄
策划编辑：武艳飞
责任编辑：武艳飞
责任校对：叶佩欣
责任印制：汤慧君　周一丹

出版发行：暨南大学出版社（510630）
电　　话：总编室（8620）85221601
　　　　　营销部（8620）85225284　85228291　85228292（邮购）
传　　真：（8620）85221583（办公室）　85223774（营销部）
网　　址：http：//www.jnupress.com
排　　版：广州良弓广告有限公司
印　　刷：广东广州日报传媒股份有限公司印务分公司
开　　本：787mm×960mm　1/16
印　　张：14
字　　数：265 千
版　　次：2017 年 12 月第 1 版
印　　次：2017 年 12 月第 1 次
定　　价：48.00 元

总　序

　　本套丛书中刘大先先生的著作题名为"千灯互照"，本是形容中华多民族文学丰富多彩、交相辉映之态，现借以形容这套总数不过十本的丛书，自然太过夸张，但若以点出本套丛书之于中华多民族文学研究的多样性、丰富性，虽仍夸张，却并非漫无边际。至少我们的确可以罗列出本丛书相关的三五特点。第一，以主题、研究专题、研究领域为集结的文学研究丛书自然很多，但征诸不同地方的少数民族文学的研究者，将其成果集结起来，组成一套研究品质较为纯粹的丛书，且由国家出版基金资助，这样的情况恐怕还不多见。第二，本丛书的作者为中青年学者，有的已从事少数民族文学研究多年，成果丰硕；有的虽然才博士毕业几年，但已经显示出强劲的发展势头，其中更有几位已跻身于少数民族文学相关研究领域的前列。本丛书收录的十本著作中，或是博士论文、博士后出站报告，或是国家社科基金结项成果。这都保证了丛书的新锐性、前沿性、专业性与可靠性。第三，丛书的主题、领域、视角多样丰富，所涉族裔文学现象多样，时代纬度参差交错。有神话与史诗研究，民间口头文学及说唱文学研究，族裔文学个案剖析与多民族文学现象的互动分析，当下少数民族文学及少数民族文艺创作、表演现象的宏观扫描及理论概括，某一族裔文学、文化经典传统个案的诗学理论之内在结构、文本肌质、表演仪式、叙述模式的深度剖析与细致型构，某一族裔当代文学创作的文化转型、民族心理与时代张力的考察，族裔母语文学的考察或母语、汉语双语互动的分析，等等。第四，丛书名为"多元一体视域下的中国多民族文学研究"，这并非政治正确的口号，而是本套丛书研究特点的自然呈现，更是丛书作者之于中国多民族文学发展态势的敏锐观察与理论回应。而具体落实于本丛书上，则呈现为一个重要的共性——互文性。第五，互文性。中国多民族文学、文化的互文性，某一具体族裔文学、文化现象中的互文性，也为本丛书多数著作的特点之一。这既是研究者的理论自觉，更是中国多民族历史、文化、文学互动的自然结晶。比如神话研究，自新时期以来重新恢复生机，国外各种神话学理论渐次被介绍到中国，积三十多年的努力，中国神话研究取得了很大的发展。但是与此同时，神话所表征的民族或族群关系之"分"的趋势却日益明显，研究者、研究对象、接受群体的民族身份的"同一性"也似乎愈益强化。而《中国多民族同源神话研究》的作者王宪昭先生，在多年材料与研究积累的深厚基础上，有力地考辨了我国多民族神话"同源母题的作品占有相当高的比例"这一现象，不仅进行了数量可观的神话文本的互文性解读，也为中华民族多元一体关系增添了丰富多彩而又切实有力的论证。再如《锡伯族当代母语诗歌研究》一书，从书名上看，此书似乎只涉某一具体族裔的母语诗歌创作，但实际上，锡伯族的形成，它从祖国的大东北迁徙到大西北的历史本身就是一部波澜壮阔的宏伟史诗。因此在锡伯族的诗歌中，故土的大兴安岭、白山黑水，新家园的乌孙山脉、伊犁河畔，交相辉映；"大西迁"的刻骨铭心与"喀什噶尔"的深情咏叹，互为参照；族裔情感与国家情怀，水乳交融。满、汉、蒙、哈、维等语言因素都不同程度地结构或渗透于锡伯语中，因此，本书相当关注锡伯族母语诗歌创作与汉语之间的关系，也就再自然不过了。

《东巴叙事传统研究》一书，以更为纯正的理论品质，更为肌理性的文化、文本研读，从多角度、多层面探究了东巴叙事传统的成因、传承、流布、特征，并通过深描东巴叙事文本在祭祀仪式中的演述，揭示了口头文本、书面文本、仪式文本、表演文本在民众的生活与精神空间中的互文互构关系。作者还把东巴叙事传统与彝族、壮族、国外的史诗作了横向的比较研究，对当下的民间叙事学、史诗概念及类型作了深入的反思，表现出与国内、国际同行进行高水平对话的努力。

说到研究之间的互文性，对有心的读者来说，其实从本丛书的不同著作中也不难发现。比如说，丛书中有的研究主题相对比较封闭、形式化，所说、所论也容易被归为某一民族的特点，这尤其表现在那些神话或史诗研究中。而另一些有关当代少数民族文学创作的研究，则相对更注意"民族""民族文化""民族文学""民族意识""民族认同"的相对性、建构性。对其进行有意识的对照性阅读，或可互为弥补、相互启发。

比如《彝族史诗的诗学研究——以〈梅葛〉〈查姆〉为中心》和《凉山内外：转型期彝族汉语诗歌论》，所论文学现象皆属彝族，而前者着重于通过细读《梅葛》《查姆》揭示彝族史诗的诗学特征，后者则更敏感于新中国民族识别、少数民族文学工程的实施，之于整体性的彝族诗歌、彝族意识的生成、流变与转型的促动。这样，后者之于前者可能就对"彝族""彝族文学"的天然性、自在性多了质疑性价值，而前者则又可能提醒后者，彝族、彝族意识、彝族认同的建构，并非权力、他者的随心所欲。这样的互文性阅读，有可能突破本丛书有限的数量，更为宽广、丰富、深入地去理解、把握中国文学、中华民族的多元一体之复杂性。

当然，不管本丛书的认识价值与问题视野的可能性究竟有多大，其视域肯定是有限的，况且收录其中的著作质量并非齐一，也自然存在这样那样的缺陷。个中缺憾不知有无机会弥补。

感谢王佑夫、关纪新两位先生对本丛书的大力推荐，感谢丛书作者惠供大作，也感谢暨南大学出版社徐义雄社长的鼎力支持。

姚新勇

2017 年 7 月

于广州暨南园

目 录
CONTENTS

绪　论

一、研究对象与资料来源

继 20 世纪 50 年代大规模的民族识别和民族社会历史调查，80 年代的三套集成、十套艺术集成以来，21 世纪对文化事业影响比较大的国家政策乃至世界的大环境就是对非物质文化遗产的重视。随着联合国对非物质文化遗产保护的重视，我国从 2003 年加入《非物质文化遗产保护公约》后，于 2006 年公布了第一批非物质文化遗产名录，第二批、第三批、第四批、第五批非物质文化遗产名录随后陆续公布，国家级、省级、市级、县级四级保护层级已然建立。在这个过程中，以往未被关注的文类样式、传承人逐渐被媒介、学者所认知，被列入国家级名录的满族说部、锡伯族长篇叙事故事、苗族史诗《亚鲁王》等是近年来才被发现的，那些在 20 世纪 80 年代三套集成的普查中被发现的老人如锡伯族老人何钧佑、回族老人杨久清等获得多项殊荣。

因此，我们不仅要研究这些崭新而又古老的文类，更要研究掌握这些文类的传承人。不管他们是通过何种途径掌握了书写，也不必过问他们是以讲述为主还是以书写为主，而是要关注他们如何延续和传承传统以及民众对传承人的认知。民间文学的传承途径以口耳相传为主，且掌握民间文化知识的多是不识字的人。当下的传承中以会书写的传承人居多，且他们传承的主要途径就是书写。

研究时我们多利用满族说部的文本及其传承人的资料，其中也会涉及锡伯族长篇叙事故事、回族故事及其传承人。2006 年 1 月，笔者开始对满族说部传承人进行调研，获得了大量访谈资料；之后连续多年的调研资料也为本著作提供了诸多不同的角度。"满族口头遗产传统说部丛书"分别于 2007 年、

2009 年出版两批共 29 本，2017 年出版第三批 11 本说部①，余下 12 本将于近期出版，逾千万字的文本承载了厚重的历史，为我们提供了珍贵的感性材料。满族说部传承过程中的某些问题并非孤例，据我们所知，蒙古族的胡仁·乌力格尔、锡伯族长篇叙事故事如《三国之歌》的传承也多仰赖识文断字的民众。

二、写作目的

本书试图探讨 21 世纪在电子媒介大力冲击的情况下，不同民族如何传承其传统文类的问题。我们不会局限于满族说部这一特定的研究对象，还会涉及如生活在东北地域的锡伯族长篇叙事故事、回族千则故事家的讲述，还有苗族史诗《亚鲁王》等。从媒介的角度分析口述与书写的差异背后技术的变革以及后续影响。文字的发明给人类带来认识上的巨大变革，我们发现媒介的每一次变革都给人类认识世界、改变世界带来极其深远的影响。正因处于电子时代，以往那些以口头传承为主的民间文学文类都不同程度地改变了传承方式，这正是我们关注的问题。

三、研究方法

田野研究和文本分析相结合的方法是研究民族民间文学的本位；口述与书写之差异（或分野）更多借助了媒介传播理论的研究成果。

多年来，笔者到东北三省满族聚居地尤其是满族说部流传地进行田野调查，对个别传承人，如富育光先生、何世环老人、赵东升先生的调研持续了很多年。在此基础上，对锡伯族何钧佑老人的长篇叙事文学、回族杨久清老人的故事调查堪称满族说部传承调查的补充，从中可见东北少数民族对长篇叙事传统的偏爱。

口头程式理论是近年来学者们较多借用的方法，其中"演述中的创编"，对口头传统与书面传统之间谱系性的观照是本书的指导思想；表演理论中的"表演"（或称"演述"）的概念及其流布的影响、媒介传播学中媒介对口头传统的影响等，都值得我们借鉴。我们更关注理论发展背后的技术革新力量。正因为满族说部在传承过程中使用了满、汉两种语言，传承人充分利用书写这一媒介，才使得其传承样貌独具特色。

----

① 这 11 本说部为《萨哈连船王》《努尔哈赤罕王传》《王杲罕王传》《清代帝王的传说》《雪山罕王传》《金太祖传》《寿山将军家传》《乌拉秘史》《满族神话》《女真神话故事》《爱新觉罗的故事》。

四、术语阐释

乌勒本：满语为 ulabun，传或传记之意，这是目前最为大家所接受的概念，富育光先生将"乌勒本"分为"窝车库乌勒本""包衣乌勒本""巴图鲁乌勒本""给孙乌春乌勒本"。

满族说部：学者对这一概念的解读着力颇多，虽然大多数学者对"乌勒本"的认同程度更高，但也未能阻挡满族说部文本定型给人们带来的震撼。相对而言，大家普遍更接受富育光先生对满族说部的"四分法"，虽然这一分类中前三个是从内容层面进行划分，后一个以演述形式为分类依据。王卓提出"二分法"，即"给孙乌春乌勒本"和"非给孙乌春乌勒本"两类。通过分析已出版的诸多文本，笔者界定了"满族说部"这一概念：

> 满族说部沿袭了满族"讲祖"习俗，是"乌勒本"在现代社会的发展，既保留了"乌勒本"的核心内容，又有现代的变异。最初在氏族内部以血缘传承为主，后渐渐地以一个地域为核心加以传承。涉及内容广泛，包括满族各氏族祖先的历史、著名英雄人物的业绩、氏族的发轫兴亡及萨满教仪式、婚丧礼仪、天祭与海祭等；篇幅简繁不等，少则几千字，多则几十万字；原为满族民众用满语说唱，现多用汉语以说为主；以神话、传说、民间故事、史诗、长篇叙事诗等方式被民众保留下来，是韵散结合的综合性口头艺术。①

作为研究者及国家级传承人，富育光曾多次撰文分析与满族说部相关的概念由来，他认为由"乌勒本"发展到满族说部，主要出于对接受者的考虑。汉族评词、说书与满族"乌勒本"性质相近，便将满语"乌勒本"改为"说古""满洲书"等名称。"乌勒本"为满语称谓，仅在谱牒和萨满神谕里依稀可见。"满洲书"等称谓，无法鲜明体现"乌勒本"的艺术特征。20 世纪 30 年代后，爱辉（旧称瑷珲）等地满族说部传承人便用"说部"一词代替"满洲书"，借以表示并区别在满族民间文学遗产中，除有喜闻乐见、家喻户晓的"朱伦""朱奔"（即活泼短小的歌谣、俚语、"奶奶口中的古趣儿"）外，尚有大宗独特而神圣的以家传为主的满族说部，它们被恭放在神龛上炫耀氏族生存历史、记载家族非凡伟业。"说部"虽借用汉词，其实与爱辉大五家子村

---

① 高荷红：《满族说部传承研究》，北京：中国社会科学出版社 2011 年版，第 11 页。

老人们常说的"满朱衣德布达林"有关，这一满语汉意为"满洲人的段落较长的说唱文学"，与韵体满族说部含义近似。"德布达林"在满族等北方民族文学中很是常见，实际上就是民间叙事诗，有专门的讲唱艺人，其中很多文本堪称民间史诗。至今仍有满族老人会咏唱的《莉坤珠逃婚记》，又叫《莉坤珠德布达林》，就是一部史诗。①

尽管如此，围绕着满族说部和"乌勒本"，学界一直持不同的意见，不断有学者提出自己的观点。相较而言，大家更认同"乌勒本"，一则尊重民族内部知识及民族语的表达，二则遵循目前的分类标准。但我们也看到"乌勒本"和满族说部概念的外延有了较大差异。随着社会生活的巨变和观念的发展，"乌勒本"趋于丰富化或简单化。"乌勒本"从内涵到形式严循古风古制，使用满语讲唱，由氏族长辈或名师讲述，有着严格的礼俗和秩序，充分显示出氏族的凝聚力和神圣性。满族说部发展到近世，恰恰是满族社会生活变化后的演进形态，是"乌勒本"艺术传播过程中的嬗变。满语逐渐退出历史舞台，氏族（穆昆组织）影响力日淡，说部讲唱失去了往昔的排场。有的说部不再为某个氏族所独有，其表现为从家族秘传变为社会传承；有的说部从不公开讲唱变成北方各少数民族共同享有；说部形式也有扩散趋势，从说唱到讲唱再到讲述，有的说部甚至趋向于话本和评书。

言语与语言："言语"是指说话的个人在实践情境中说出的具体话段或表述，也就是具体的说话行为；"语言"则是指一个社会的全体说话人共享的语言系统，通常与言语对立。语言学中与言语类似的术语是"语言运用"。②

传统武库或个人才艺（repertoire）：repertoire 是一个常用的民俗学专业术语，但该词的翻译很难找到一个对应的汉语词汇。从字面上讲，它通常有两个层面的含义：①指某一个演员或剧团随时准备表演的全部歌曲、戏剧、歌剧、读物或其他作品，也指保留剧目；②个人的全部技能和本领，某人的一系列技艺、才能或特殊成就。鉴于要兼顾民俗传承与个人创造性两方面的因素，译者（译者为巴莫曲布嫫——笔者注）曾将其译为"传统知识贮备和个人才艺"，旨在同时强调传承人的传统性与创造性……从 repertoire 的角度来把握歌手、故事家这类口头文类的传承人及其个人生活史与地方民间叙事资源

① 满族"说部"一词的最早公布，见富育光：《萨满教与神话·后记》，沈阳：辽宁大学出版社1990年版，第340页。另，1986年4月在广西南宁"中芬民间文学搜集保管学术研讨会"上，富育光发表了吉林省学者多年对满族传统说部挖掘抢救成果的论文。次年12月，中国民间文艺出版社出版《中芬民间文学搜集保管学术研讨会文集》时编入该文。

② 格雷戈里·纳吉著，巴莫曲布嫫译：《荷马诸问题》，桂林：广西师范大学出版社2008年版，第328页。

及其所蕴含的传承性轨范和创造性张力，也是国内民俗学界应当重视的一个学理问题。①

　　口述录记说（dictation theory）：又作"口述记录说"。帕里和洛德于 20 世纪 30 年代在南斯拉夫王国进行史诗田野作业时，发现了直接从歌手的唇齿之间记录下来的史诗文本，即有着更加充盈的讲述色彩和细节因素的"口述录记本"（oral dictation texts）。通过对自己同步收集的演唱文本和口述文本的直接对比，洛德做出了如下推断：荷马史诗可能就是这样的"口述录记本"，是在演述中记录下来的歌，在此基础上，他提出了"口述录记说"，"对歌手而言，此种创作方式的首要优势是，为歌手提供了时间去思考他的诗行和他的歌。他的听众中有一小部分是固定不变的，这对歌手而言是一个尽全力发挥其表演才能的机会；并且，不是作为一位表演者，而是作为一位故事讲述者和诗人。他完全是按着他想做的和能做的努力去修饰他的歌……恰恰是荷马史诗的长度提供了最好的证据，说明它们是那一时刻口述记录的产物，而不是歌唱的产物。其进展速度之缓慢，讲述特点之充盈，也都是这种方法的表征"。② 石泰安在谈到藏族史诗的采录时说："说它们是'半口传的'，那是由于为了记录下这些文献，甚至藏族人也被迫让人慢慢地朗诵，这就必然会引起说唱艺人的犹豫不决。"③ 从这个角度看，朝戈金认为，"口述记录本并不能算是研究史诗演唱中的与口头特质相关诸问题的理想材料。因为演唱速度的放慢，会导致出错的减少或者消失，而出现口误也是应当研究的问题，例如在'声音范型'（sound – pattern）或者在韵式的引导下，歌手在句子或句子组合的特定位置（slot）上误植入词语的原因，就很值得研究。在我们的样例中，就有这样的情况。更何况速度放慢是对创编方式的某种改变，不是简单的速度问题。从另一个方面说，在历史上，口述记录本起到了巨大的作用，历史上重要史诗文本的保存，主要是经由这种形式完成的"。④ 根据史诗记录的方式和载体，朝戈金进一步将口传史诗文本分为以下五种类型：转述

---

① 格雷戈里·纳吉著，巴莫曲布嫫译：《荷马诸问题》，桂林：广西师范大学出版社 2008 年版，第 265 页。
② 转引自朝戈金：《口传史诗诗学：冉皮勒〈江格尔〉程式句法研究》，南宁：广西人民出版社 2000 年版，第 64 页。
③ 石泰安著，耿昇译：《西藏史诗与说唱艺人的研究》，拉萨：西藏人民出版社 1993 年版，第 73 页。
④ 朝戈金：《口传史诗诗学：冉皮勒〈江格尔〉程式句法研究》，南宁：广西人民出版社 2000 年版，第 64 页。

本、口述记录本、手抄本、现场录音整理本和印刷本。①

口头与书写：口头的（oral）并非只是简单地对立于书写的（written），口头诗歌中的诗歌，在这里也被赋予了最为宽泛的语词含义；在这一表达式的上下文中，诗歌不必按唱（singing）或歌（song）来加以区别。如果口头确实未被简单地理解为书写的对立物，那么也可以表述为口头文学（oral literature），这实际上是艾伯特·洛德曾经使用并捍卫过的一个术语。②

"书写型"传承人：满族说部与以往较为典型的民间文学传承人有所不同，如何界定满族说部的传承人就成为非常核心的问题。笔者最初将之称为"学者型"传承人，鉴于这类传承人与以往意义上的传承人不同，若称之为学者就将地方文化人、粗通文字的传承人排除在外了，斟酌后又改为"知识型"传承人③。在口头传统与书面传统大分野的视域下，以媒介为主要区分方式，又将其改为"书写型"传承人。笔者关注口语、文字对口头传统的影响。在近年的调查中，发现锡伯族、回族、苗族、柯尔克孜族、蒙古族都存在类似的情况。可以说，这也是民俗学发展的一个趋势。

知识分子作为一个新的社会阶层，在西欧城市形成史上扮演了重要的角色，他们的出现激活了西欧的知识领域，给西欧社会带来了知识的复苏。④但在长期以农业为生产方式的中国，知识分子仅是一个小群体，满族说部的传承是在满族民众内部传播的，加之八旗制度对满族阶层尤其是对汉民、旗民的分隔，使得能够掌握文字的人并不多，知识分子并没有成为一个阶层，将传承人称为"知识型"传承人也有不适合之处。

对不同民族来说，口耳相传的文化与文字记录的文化同样重要。在用文字记录的文化中，我们发现手抄本或称手稿文化在很多民族的文化传承中扮演着重要的角色。在一些民族中出现了新型的传承人，他们不再以口耳相传为主要传承方式。他们并非文盲，而是受过很好的教育（有的受教育程度很高），如有晚清的秀才、专门给皇室讲故事的黄大衫队、著名的故事家、地方

---

① 格雷戈里·纳吉著，巴莫曲布嫫译：《荷马诸问题》，桂林：广西师范大学出版社 2008 年版，第 287 页。

② 格雷戈里·纳吉著，巴莫曲布嫫译：《荷马诸问题》，桂林：广西师范大学出版社 2008 年版，第 17 页。

③ 该文发表于《民族文学研究》2007 年第 2 期，题为"满族传统说唱艺术'说部'的重现——以对富育光等'知识型'传承人的调查为基础"。文章扩大了传承人的范畴，将满族说部传承人称为"知识型"传承人，包括"那些能够演唱说部的人，不管是会唱一部还是多部；也包括那些搜集、整理、传承满族说部的文化人，还应该包括在历史上曾经创作过说部的文化人"。该文发表后，发现赵东升老人颇为认同这一提法，但后来笔者将之改为"'书写型'传承人"，他却未认同过。

④ 程德林：《西欧中世纪后期的知识传播》，北京：北京大学出版社 2009 年版，第 23 页。

文化人、研究人员或学者、氏族的萨满或穆昆达。他们从小生活在民族聚居区，本氏族或生活的村庄中都有浓厚的"讲祖"氛围；家族中的长辈经常给他们讲家族的历史或故事；他们对本民族的文化有着深厚的情感；他们阅历丰富，个人表达能力强，有的能够当众讲述，有的却只能说或写。这类新型传承人，我们称为"书写型"传承人。

文化专家：笔者在《满族说部传承研究》中曾介绍地方文化人对满族说部传承的影响：

在当地工作生活并熟悉本地区民间文化的地方文化工作者和民间文化爱好者，他们是"民间故事集成"搜集整理的骨干力量，是搜集者、记录者或整理者，在现今满族说部的调查、整理过程中起到了积极的作用。[①]

笔者更愿意在本书中将他们称为文化专家或地方文化精英，他们对传统的养成、表达、交流以及学习负有责任或具有个人的爱好；他们是社区的仪式专家、长者、口头传统的吟诵者或其他秘密专业知识的传承人。[②] 他们的身份各异，可能是中小学教师、农民、工人、地方政府官员、高中学生、私塾校长、小学老师或乡文化站的工作人员。他们从小听到很多民间故事、传说，有一定的文化程度，掌握大量地方知识、掌故、历史知识，但本身可能不很擅长讲古、说故事。我们调查的谢景田、马文业、富振刚、王树本、张育生等都为文化专家或地方文化精英。

陈泳超在调查山西洪洞县"接姑姑迎娘娘"的传说时，将传说的传播者按照"身份—资本"划分为七个层级，"民间知识分子"为其中的第五级。他认为：基于实地调查的人类学、民俗学界所关注的"地方精英"，可以被置于更小的地方（比如村一级）、更短暂的时间内起到决定性作用的底层领袖，甚至像"民间权威""仪式专家""地方头人"之类的话题也被置入"地方精英"的视野下而变得越来越热闹。但不容否认的是，不管将"地方精英"概念的时空或功能缩小到何种程度，至少其不同凡响的影响力应该不止于某一项事务，并且总体上给人以高出地方平均水平的人物印象。[③]

传承人现象：在21世纪初国家重视非物质文化遗产的大环境下，民众生

① 高荷红：《满族说部传承研究》，北京：中国社会科学出版社2011年版，第11页。
② 理查德·鲍曼著，杨利慧、安德明译：《作为表演的口头艺术》，桂林：广西师范大学出版社2008年版，第212页。
③ 陈泳超：《背过身去的大娘娘——地方民间传说生息的动力学研究》，北京：北京大学出版社2015年版，第151-152页。

活中多种媒介的使用，使得围着故事家听故事的场景多成过去式。年轻人在博物馆里、旅游区内、网络电视上即可获取相应的知识。随之而来的是学者、文化官员、媒体对传承人的重视，对传承人而言，他们的演述场域、受众都发生了变化，因面对的群体不同，传承人不断调整自己的演述思路，以便适应新的形势。这种现象我们称为传承人现象。

媒介四个历史分期：媒介环境学者认为媒介的四个历史分期为口语时代、文字时代、印刷术时代和电子媒介时代。这一分期取决于技术发明的更新，我们知道后三个时期对应的是文字、印刷术和电子计算机的发明，当然互联网时代的来临对媒介的影响最大。媒介的功用便是延伸人类传递和获取信息的能力。传播媒介从烽火、图案、结绳、击鼓到有声语言、文字、报纸、广播、电视、电脑等，传播技术越来越高明，传播速度越来越快，传播效果越来越好。人类传播媒介的历次革命，改变了人类的所见、所闻、所感，影响着人类的所思、所想、所为。

鉴于口头传统在互联网上的传播，约翰·弗里强调了口头传统在限制之内的变异，即在规则统治之下的变异，分析了表演者与点击者之间的关系，口头词汇与网络词汇的差异，试图创造一个"媒介的组合"，让各种媒介各尽所能，从而创造一个由各种媒介构成的最佳组合。在他的设想当中，这种"媒介的组合"包括：

（1）博客：人们可以把自己的一些想法记录在博客上，接受读者的批评，从而形成一个开放的讨论空间。

（2）网上伙伴：网络上可以建构一个多种媒介的文献库，包括视频、音频、照片、文本等。

（3）网上编辑：对口头传统表演的多种记录媒介的同步体验。

（4）一个链接化的数据库：相关书目、文献、网页的链接，不受空间的限制。

（5）汇总者：对上述相关资料的不断更新与汇总。①

口述与书写不仅是研究传承的一个角度，更是口头传统传承、媒介传播的一个过程，在电子媒介大行其道的今天，口述已不再是最初形态的口述，书写也非彼时的书写，只有多种视野的关注才能让口述与书写的异同更为清晰。

---

① 王杰文编著：《北欧民间文化研究》（1972—2010），北京：学苑出版社 2012 年版，第 299 页。

第一章　多重视野下的口述与书写

　　钟敬文先生提出民间文学的四个基本特征为集体性、口头性、变异性和传承性。其中，钟先生对口头性的论述值得我们在此重述，"……民间文学与作家文学显著区别的特征。作家书面文学作品，本来也可以口头背诵或讲述，但是对以文字写作为表达方式的作家创作来说，这种口头方式并不是必需的方式。例如诗词的吟诵，散文的朗读，口占口述都是辅助性的、第二义的，文字写作才是必需的第一义的方式。相反，民间口头文学也可以用书面文字记录下来，但是，对广大人民来说，文字形式也不是必需的表达形式，也只是对民间文学的流传起辅助性作用的第二义的方式"。① "文字的创造并没有根本改变绝大多数人进行口头创作的情况。随着阶级的分化、社会的分工，在有阶级的社会里，文字为剥削阶级所掌握控制，并成为他们统治压迫人民的工具和手段。占人口绝大多数的体力劳动者，基本上被剥夺了使用文字的权利。在这个漫长的历史时期里，人民继续承受着口头创作的优良传统，在自己的艰苦生活中广泛地开展口头文学活动，一直发展到现在。""人民的文学创作是口头的，他们的文学传播也同样是口头的。""口头语言本身是一种最灵便的表达工具，既便于传，又便于记，紧紧依附在人民生活的各个方面，牢牢刻在人民的记忆里，生动地活在人民的各种演唱、讲述活动中。人民用口头语言反映生活、进行斗争异常及时、方便。"② "掌握文字与否，并不是口头性能否存在的根源；而口头语言的存在，才是决定口头性存在的基本原因。口头语言这种现象的存在，给各阶级都提供了口头创作的条件；它对各阶级都一视同仁。只是由于人民在很长的时期里没能掌握文字，因而用口头创作的情况较之其他阶级特别突出罢了。当然，对使用文字进行创作的阶层

---

① 钟敬文主编：《民间文学概论》（第二版），北京：高等教育出版社 2010 年版，第 24 页。
② 钟敬文主编：《民间文学概论》（第二版），北京：高等教育出版社 2010 年版，第 25 页。

来说，口头性终归是不典型的，是非特征的；反过来，它对广大人民的文学创作来说，则是典型的，具有特征性质的。由于口头创作的文艺，与口头语言相依而存，人民的口头创作也必将沿着刚健清新的口头文学道路一直发展下去，与生动的丰富的口头语言永世长存。""社会主义时期的口头文学，在人民生活中仍然占有相当优势，新中国成立以来在人民口头上不断创新、流传着新歌谣、新传说和新民间故事（侯殊辉），特别是近年来广泛传播着新笑话，就是很好的证明。即使是一些刚刚掌握了文字的民歌歌手、故事家或说唱演员，他们虽有时也用笔头先写出底稿，再去说唱，但他们创作的主要方式仍是口头的，笔头只是辅助性的。这些作品即使整理、出版，也不能看做是书面创作。"①

从中，我们可总结出口头性的三个特征：

（1）口语是长期存在且永远不会退出历史舞台的媒介。

（2）因口语的特殊性，使得口语不仅是创作方式，还是传播方式。

（3）民间文学的创作者——民众因长期未能掌握书写技术，而选择口语为主要媒介；即便创作者掌握书写之后口头表达仍然是最为重要的方式。

民间文学的创作方式中口头是第一义的，书写是第二义的。随着民众掌握文字数量的增多、熟练程度的加深，越来越多的传承人选择了书写。这种现象在满族说部传承中尤为突出，使得初接触这一文类的学者会产生诸多疑问。与以往"文盲"的口耳相传方式不同，对"知识型"或"书写型"传承人的研究都应将媒介因素纳入考量。鉴于此，我们拟从信息传播历史、口述与书写、演述与文本三个角度进行分析。

第一节　信息传播历史

知识的传播、信息的传递、历史的记录伴随人类发展的始终。随着人类认知世界的发展，这三者的作用方式也发生了变化。有学者将知识分为三种：介说性知识（prepositional knowledge），即关于事物的知识；感觉和经验性知识（experiential knowledge），即事物本身的知识；技术性知识（skill knowledge），即如何具体做一件事情的知识。所以，首要关系应该是"本来是什么"与"说成了什么"，其次才是"以什么方式表述了什么"。从认识角度看，无论口述还是文字记录都不过是"关于事物的知识"，却不是事物本身，

---

① 钟敬文主编：《民间文学概论》（第二版），北京：高等教育出版社 2010 年版，第 26 页。

二者同处于事物的表述层面。① 如果要去考究"人类的知识传播行为，可以从远古人类口耳授受、结绳刻木、画符记事等开始考察。我们的先民借助最原始的载体，将集体狩猎、采集果实、保持火种、制造石器以及部落争斗与迁徙、图腾崇拜与巫术等种种原始知识保存积累和传承后人，从而翻开了人类知识传播的史册。随着文字的成型、传播技术的一次次革命，人类的知识传播活动进而不断扩大和深入，知识传播对人类社会发展的意义也越来越重要，知识传播史也越来越丰富多彩"②。金代以前，女真人尚未学会造纸术，书写文字十分不便，加之女真人重武轻文，相对来说对文字的需求并不大。为了记下家族中的大事，女真人发明了两种记事的方法，一是结绳记事，就是以绳结来表意记事；二是刻木记事，就是在树皮和木板上刻画符号记事。③ 在文字产生之前，记录历史有口述、图画、歌咏、巫技、舞蹈甚至凿刻石头（包括岩画）等方式。④

信息处理历史的若干突破，符木和符物⑤

时期	形态	相关的认知进步或新的传播能力
公元前 15000 年至前 8000 年	符木：刻痕的木棍，刻痕的骨器、小石子、贝壳等	计数：一对一
公元前 8000 年至前 3400 年	简单符物：三维的泥塑体	具体的计数和数字；记录和数据储存；信息或数据处理，原始的符号能力，分类—控制—集中化
公元前 3400 年至前 3250 年	复杂符物；更多的泥塑体：形制多样化、刻痕和冲压痕、穿孔	符号的明晰—暗喻；相同的形制表示抽象的类别，但表示不同的对象；复杂分类；复杂数据处理和记录；专门化
公元前 3250 年至前 3150 年	压有符物印痕的封套：符物容器、封套外压有内装符物的印痕	将三维的物体抽象为二维的符号；原始的集合理论或数据块；更抽象的象征—视觉暗喻

① 彭兆荣：《口述传统与文学叙事》，《贵州大学学报》（社会科学版）2010 年第 4 期。
② 程德林：《西欧中世纪后期的知识传播》，北京：北京大学出版社 2009 年版，第 15 页。
③ 杨春风、苏静：《满族说部与东北历史文化》，长春：吉林文史出版社 2013 年版，第 99 页。
④ 彭兆荣：《口述传统与文学叙事》，《贵州大学学报》（社会科学版）2010 年第 4 期。
⑤ 罗伯特·洛根著，何道宽译：《字母表效应：拼音文字与西方文明》，上海：复旦大学出版社 2012 年版，第 13 页。

（续上表）

时期	形态	相关的认知进步或新的传播能力
公元前 3150 年至前 3100 年	压有印痕的泥版：二维的泥版，其上压有符物的印痕	触觉转换为更抽象的象征；符物不再以实体呈现，完全能在二维平面的媒介里操作
公元前 3250 年	刻痕的二维泥版有：复制符物形态的刻痕、复制容器和量器符物的印痕、新增加的刻画符号	文字和抽象数字的到来：语标文字、抽象数字、拼音文字

一部人类文明史，既是人类使用媒介的历史，也是媒介不断发展的历史。

从整个传播史的角度看，人类用以传播信息的媒介发生过三次伟大的革命①：

第一次传媒革命		第二次传媒革命	第三次传媒革命
口语媒介————————→文字媒介————————→印刷媒介————————→电子媒介			
第一个阶段	人类能够交流	知识通过符号媒介进行传播	距今 10000 年前
		结绳记事等	
第二个阶段	距今 10000 年前	知识通过口语媒介进行传播	公元前 2000 年
		口耳相传	
第三个阶段	公元前 2000 年	知识通过文字媒介进行传播	868 年
		纸草文书等	
第四个阶段	868 年	知识通过大众传媒进行传播	1994 年
		印刷媒介 + 电子媒介	
第五个阶段	1994 年	知识通过网络媒介传播	未来若干年
		无纸传播、数字传播	

从口语到文字，再到印刷、电子媒介，指的是那些传播、增大、延长各种信息的物理形式，包括信息的媒介和信息的载体。如此革命的缘由与技术的革新有很大关系，如文字的产生，造纸术、印刷术的发明以及电子技术的

---

① 程德林：《西欧中世纪后期的知识传播》，北京：北京大学出版社 2009 年版，第 105 页。

发展，这几个关键的节点使得媒介传播呈现出多样化的发展态势：

口语媒介：这是一种以人类自然语言中的有声语言即口语作为信息载体的传播媒介。口语是人类最早使用也是最基本的媒介。

文字媒介：这是一种以文字为信息载体的传播媒介，是继口语之后人类用以传播信息的最基本的传播媒介。

印刷媒介：这是一种以印刷作为物质基础、以平面视觉符号（文字和图像符号）作为信息载体的传播媒介，印刷媒介属于大众传播媒介。

电子媒介：这是一种以电波的形式来传递声音、文字、图像等符号，并需要运用专门的电子设备来发送和接收信息的传播媒介，电子媒介也属于大众传播媒介。

从口语媒介到文字媒介，从印刷媒介到电子媒介，媒介的发展史可以说是人类知识的传播史。

一、口语媒介

从以上内容可以看到，大约在距今 10000 年前，口语开始作为日常交流的媒介，一直延续至今，可称为原生性口语文化。随着现代电子技术的发展，依托手机、电子交流平台的口语形态已转换为次生口语形态。

文字最早出现在公元前 3100 年，人类历史中的上万种语言只有 106 种可用于书写，大多数语言从未以书写的形式出现过。今天存在的约 3000 种语言中，仅 78 种有对应的书写文字。不知有多少语言在形成自己独特的书写文字之前就已经绝迹了，现在仍有上千种语言没有书写文字。如果将人类历史等比缩短为一年十二个月的话，有文字历史的时间只占第十二个月的最后几天。所以，我们生活在这最后几天内的文明人一定不可以低估那十一个多月的口传时期的意义。甚至是在书写文化新兴的时期，口传文化的作用依然是非同小可的。①

在口语媒介持续的上万年时间里，人们重点发展了五种能力：

1. 超强的记忆力

口头传统的记忆是在语言行动中的记忆——"关于一首歌的内容的问题只能在唱出这首歌之后才得以解答"！语言行动中的记忆是一种连续性回忆的

---

① 叶舒宪：《孔子〈论语〉与口传文化传统》，《兰州大学学报》（社会科学版）2006 年第 2 期。

方式，意味着口头传统中的知识贮备不是唾手可得的，需要演唱过程提供连续的暗示。今天的民间歌手仍有"山歌好唱口难开"的说法。歌唱一旦开了头，先出现的词语就成了下面词语序列的最好提示。

> 特乌斯声称：文字会增强埃及人的智慧，强化他们的记忆；毫无疑问，他找到了改善记忆和智慧的担保书。塔姆斯（Thamus）回答说：最天才的特乌斯……你的发明可能会使人成为健忘的人，因为他们不再依靠记忆。他们信赖外在的文字，而不再信赖自己。你的发现能帮助回忆，却无助于记忆。你赋予学生的不是真理，只是貌似真理的东西。他们听见许多东西，实际却一无所获；他们表面上无所不知，总体上却很无知。由于他们自负张狂，自以为有智慧而不是真有智慧，所以他们就会成为社会的负担；他们令人厌恶，炫耀虚有其表的智慧，却名不副实。①

2. 感悟自然界神奇现象的能力

有许多延续至今的原始信仰已无法辨别其产生的时代，如萨满教及万物有灵论。原始的口头文化中没有实体性的符号记载，当时的人们认为语词发声的瞬间具有法力。希伯来语中 dabar 一词既指向语言也指向行动。这可以解释原始人的"言灵信仰"，认为言语就代表着言语的指向本身，说出的话可以具有某种超自然的魔法巫术力量。②

3. 一切知识形式的承载物——语言

在前文字的社会里，口语是社会互动的媒介，也是协调活动的工具，其功能是完成狩猎或采集食物的合作。口语还衍生出更加复杂的功能，在社会的文化活动中被用来讲故事、唱歌。

人类社会在猿人阶段和古人阶段，属于原始群的阶段，人类的意识与人类的文化还处在萌芽状态。当时不仅没有任何文学可言，连人类第一种真正的语言——氏族语言——这一早期文献赖以产生的最起码的形式，也还没有出现。人类最早的文学形式即民间口头创作，大概是到了原始社会中期偏后的氏族社会（这一阶段人类已经是"完全形成的人"，即"新人"或称"晚期智人"）的末期，才得以产生。从那时起，文学经过了漫长的发展历程，由

---

① 罗伯特·洛根著，何道宽译：《字母表效应：拼音文字与西方文明》，上海：复旦大学出版社 2012 年版，第 94 页。

② 叶舒宪：《孔子〈论语〉与口传文化传统》，《兰州大学学报》（社会科学版）2006 年第 2 期。

民间创作的口头形式向作家创作的书面形式持续攀升。①

"说话是说话者的生命的一部分，且由于如此而分享了那说话者生命的活力。这给予它一种可以按照说者以及听者来剪裁的弹性。熟悉的话题可以通过新鲜的措辞而重新赋予生气。节奏可以引进来，配合以抑扬、顿挫、重音，直到说话几近吟诵，讲故事演变成了一种高深的艺术。"②

4. 口头性思维

学者们普遍认为，在一切影响思维过程的因素中，口语的影响是最无与伦比的，口语正是思维的源头，仅次于口语的是文字。雅克·艾吕尔认为，口语需要序列结构的、条理清晰的思想，口语有助于抽象和反思；与此相反，形象是直接而强大的实体，没有鼓励批判性思维的手段，更不会需要批判性思维。

口头性思维具有这样一些特点：口头性话语的语脉是连贯的、并列叠加的，句与句之间往往是简单的并行的排列，而没有语句间逻辑的主从复合关系；这种思维方式也不会对事物的因果关系做理论的分析。换句话说，使用口语思维的人们只关心实事本身。口头性思维总是紧密地贴近人们的日常生活，体现切身参与的特征而不与客体保持距离。它有具体的在场性，但并不会导致复杂深奥和概念抽象。③

《论语·季氏》中孔子的一段话充分表明了这种连贯的、并列叠加的语脉特点：

孔子曰："君子有九思：视思明，听思聪，色思温，貌思恭，言思忠，事思敬，疑思问，忿思难，见得思义。"

瓦尔特·翁（又译作沃尔特·翁）主张基于口头思维的表述是"添加的而非递进的"，也就是说，单元的组织倾向于并列，因而具有大量互相包容的层次。一个线索或者情景与另一个相接，而不是包孕于另一个紧密编织出的复合系统之中。还有一个极为常见的特点，是口头传统的"保守或传统化"性质。口头传统的现代化和更新一向是缓慢和渐进的，这是由于在生成含义上，来自过去和今天的表述，至少也是等量齐观的。根据瓦尔特·翁的总结，

---

① 关纪新、朝戈金：《多重选择的世界——当代少数民族作家文学的理论描述》，北京：中央民族大学出版社 1995 年版，第 154 页。

② 叶舒宪：《孔子〈论语〉与口传文化传统》，《兰州大学学报》（社会科学版）2006 年第 2 期。

③ 叶舒宪：《孔子〈论语〉与口传文化传统》，《兰州大学学报》（社会科学版）2006 年第 2 期。

基于口传的思维和表述是倾向于"情景的而非抽象的"。换句话说，就是口头传承往往是通过存于记忆中的故事范式来传递信息，而不是通过概要介绍进行总括的。瓦尔特·翁的样例取自口传史诗和口头传统样式中最好的叙事作品。

5. 共时性特征

以口耳相传的方式讲述的神话故事、历史更多呈现出来的是虚构的、模糊的、没有精确的时间性和事件性，即表现出强烈的共时性特征。共时性不仅表现在讲述者的无时间性感受上，也表现在口述内容的无时间的结构特征上。口述要穿越历史必须抹杀时间观念，体现说者与所说内容的共时感受。口述历史中的事件是无时间性的共时体现，而文本能够穿越历史却是依靠于文字恢复事件的历时性，凸显时间特点。

《论语》乃孔子弟子记述下来的，孔子没有选择著述而选择口述是有其深意的。从上古的语境看，"论"不一定就是指论纂、编次、编撰，它更古老的意义是指言论、谈话、论辩、论说，在文字和书写、编撰还没有出现以前就早已流行的口传文化的交流和教育现象。只要明白"论"和"语"在造字结构上同样从偏旁"言"，就不难窥见其本来与"言"即言说的关系了。①

二、文字媒介

以全球文明史的视野看，人类有文字记载的历史仅 5000 年而已。而从已知最早的汉字形态——甲骨文的使用来判断，汉字的成文历史仅有 3000 多年，在世界四大文明古国中居于末位。最古老的文字滥觞于公元前 3100 年，由苏美尔人创制。在文字存在的 5000 年之前，口语文化至少延续了 10 万年的深厚传统，这一传统的整体虽然在文明发生以后逐渐被书写文化取代了，但是其悠久积累的深远影响力并未即刻停止。早期文明中曾经有过相当长的一个过渡阶段——古老的口传文化的交流与教育同新兴的书写文化并存并重。只有当书写工具和书写条件在技术上达到相当的社会普及度以后，口传文化的信息交流方式才被正式取代。②

索绪尔认为："语言和文字是两种不同的符号系统，文字存在的目的是表征语言……语言学研究的题材不是书面词和口语词的贡献，而只能是口语词，口语词是语言学的研究对象。"

恩格斯指出：人类社会"由于文字的发明及其应用于文献记录而过渡到

---

① 叶舒宪：《孔子〈论语〉与口传文化传统》，《兰州大学学报》（社会科学版）2006 年第 2 期。
② 叶舒宪：《孔子〈论语〉与口传文化传统》，《兰州大学学报》（社会科学版）2006 年第 2 期。

文明社会"①。将文字记录下来即以书写的形式保留下来，曾经用于书写文字的媒介有硬笔和泥版、凿子和石墙或石碑、墨水和羊皮纸、墨和纸②、龟甲兽骨、竹简、树叶等。文字形式主要有语标文字③和字母文字，语标文字如汉字、古印度哈拉巴铭文和日语，是自上而下进行书写的，符合"自然的秩序，这种秩序把人头置于人的身体顶端，而把脚置于人体的底部"；字母文字如希腊文、阿拉伯文、英文，从古埃及文、腓尼基文一直到满文，从北非、西亚一直到亚洲的东部，沿着字母—音素文字的传播轨迹，在东西方之间连成了一条文字的丝绸之路……某些人类学者认为书写是人类认知能力取得重大突破性进步的基本前提，同时也为创造性思考和批评性判断提供了关键性的推动作用。对这些怀疑论者来说，口头能力与读写能力（literacy）显然是水火不相容的。④

　　文字发明之初以记录为主，其中一个重要的原始功能就是对口述材料进行记录，《诗经》的"采集"即一种范式，对于早期诗体铭文的记录也是一例。文字进入创作、传播阶段还需一段时间。我们以苏美人的文字为例，文字的使用在苏美尔地区并不普遍，仅限于经济和行政领域，在"祭司、抄书人、建筑师、艺人、监工、商人、作坊工人、士兵和农夫的圈子里"。

　　文字发明后的很长一段时间里仅少数人、特定阶层掌握书写能力，但文字对人类的知识积累及传承有极大的促进作用。爱德华·泰勒对文字的发明及其与知识的关系有如下论述：

　　发明字母文字是引导人类从野蛮走向文明的一个伟大步骤。为了评价它的全部意义，我们只要看一看那样一些部落的低级文化水准就够了：那些部落仍然没有文字，而只是信赖记忆中的传说和生活惯例。他们既不善于像我们借助记录事件那样积累知识，又不善于保留新的观察成果以利于后代。因此，的确，字母文字的出现，就是文明状态和野蛮状态的分界线。

---

　　① 恩格斯著，中共中央马克思恩格斯列宁斯大林著作编译局译：《家庭、私有制和国家的起源》，北京：人民出版社1972年版，第5页。

　　② 早在公元前2世纪，我国劳动人民就已经发明了造纸术，而且当时造出的纸已经可以用于书写。到了2世纪，在东汉宫廷中任尚方令的蔡伦，凭借充足的人力和物力，监制并且组织生产了一批良纸，于永元十七年（105）献给朝廷，从此造纸术在国内推广开来。

　　③ 每个词语都用一个视觉符号来表示，用象征手法（表意词）或表形手法（象形字）指代或描绘语词。——罗伯特·洛根著，何道宽译：《字母表效应：拼音文字与西方文明》，上海：复旦大学出版社2012年版，第3页。

　　④ 格雷戈里·纳吉著，巴莫曲布嫫译：《荷马诸问题》，桂林：广西师范大学出版社2008年版，第40页。

知识跟文字联系得如此紧密，假如说某人是个学者，那么在我们心中对他就会立刻出现一个这样的概念：这是一个读过许多书的人，因为书籍是人们学习的最主要的源泉。①

跟口语相比，文字有如下特征：

1. 反思能力

瓦尔特·翁表达了类似的观点："如果没有文字，识字人的头脑就不会也不能具有现在这样的思维能力，不仅没有用文字思考的能力，而且用口语表达思维时也不能达到现在的水平，文字改变人类意识的力量胜过其他一切发明。"②

吉登斯认为反思伴随着文字书写而出现，无文字社会没有反思的能力。理由是，"为了把传统理解为与组织起来的行动和经验模式不同的东西，就要求人们割裂时间和空间，而这只有在发明了书写文字以后才有可能。书写文字扩展了时—空伸延的范围，产生出一种关于过去、现在和将来的思维模式，根据这种模式，对知识的反思性转换从既定的传统中分离了出来"③。

2. 抽象性思维能力

文字极大地提高了人类抽象思维的能力。口语传统中语言的发展，显然说明了这个问题。名字本身就是抽象的结果。人的活动和力量的拓展，大体上与文字记载的使用和完善成正比。④ 有了命名，有了概念的出现，"概念语言固然是一种符号，是信息载体，但它又不止于此，不同语言间的真正差异并不在于词汇，也不在于词汇的构造，而在于概念的构造"⑤。

人类发明了文字，大多数人掌握了识字能力且主要的流传方式由文字取代了口传这种结果，有其正面意义，也有负面的。以象形为特征的汉字虽然在宰制心灵方面不像字母文字那样严重，但是由于同样依赖视觉识别到大脑分析的转换过程，其对人的直觉领悟力的破坏也是无法避免的。⑥ 而字母文字

---

① 爱德华·泰勒著，连树声译：《人类学——人及其文化研究》，上海：上海文艺出版社1993年版，第146—147页。

② 罗伯特·洛根著，何道宽译：《字母表效应：拼音文字与西方文明》，上海：复旦大学出版社2012年版，第43页。

③ 吉登斯著，田禾译：《现代性的后果》，南京：译林出版社2000年版，第33页。

④ 罗伯特·洛根著，何道宽译：《字母表效应：拼音文字与西方文明》，上海：复旦大学出版社2012年版，第43页。

⑤ 关纪新、朝戈金：《多重选择的世界——当代少数民族作家文学的理论描述》，北京：中央民族大学出版社1995年版，第97页。

⑥ 叶舒宪：《孔子〈论语〉与口传文化传统》，《兰州大学学报》（社会科学版）2006年第2期。

使人类整个心理生活以及对外在事物的领悟都出现了混乱，又因字母的倾向是要提升表述的思想性与思考性作为一切真实的唯一证据，因此与口传社会或部落社会全然不同。

书写文化的出现对中国汉语言文学有深远的影响，其负面的影响主要是：幻想能力与叙事能力均受到书写文字的压制；萨满—巫师的通神—迷狂式传唱传统终结了史官独断的书写权力，且有效地为最高统治者所控制、利用，成为维护统治的有力手段。文学的发展方向受到极大限制。所以从书写的文化土壤中发展起来的书面文学的流行样式以短诗为主。①

书写的五种弊病可概括为：

（1）生命交流方式的终结。在没有文字以前，人们主要依赖说话进行交流。说话是多面性的、情境式的交流方式，而文字则是单一性和脱离情境的。

（2）减弱人的记忆力。口传文化的最大优势在于社会领袖的敏锐听觉感知和超强的记忆能力。

（3）终止了人的诗意的生存。瓦尔特·翁认为口语创作与书写文学的区别之一是概念的有无。概念一旦形成就不会变化。而民间的表述很少用抽象概念，大多是情境化的。所谓"口传性"（orality）问题，在一定意义上说就是审美的法则问题。

（4）损耗了人通过非语言渠道去领悟神圣事物的能力。史密斯说，书写使神圣典籍成为至高无上的"天启渠道"，这就削弱了其他感悟神圣显现的方式。口传文化则不会掉入这种陷阱。口述的内容使人们的眼睛能够捕捉到其他神圣的预兆。在中世纪，不识字的人能看懂雕刻上的意思，"而现在只有受过训练的考古学家才能释意"。②

（5）文字书写无极限，大量积累的文献让人迷失在无止境的信息中。所以才有子路的"何必读书，然后为学"之尖锐质疑，而孔子的答词"是故恶夫佞者"，似乎也是把拘泥于书本知识的人看成他所讨厌的"佞者"。

3. 历史性特征

孔子《论语》创造了一种"论语"体式，佛陀、苏格拉底、柏拉图有"未成文字说"或称"口传学派"，这种"述而不作"对中国思想史的发端有重要的意义。

西方思想史起源于苏格拉底和柏拉图的类似观点。柏拉图对文明时代到来以前的口头传承的态度非常矛盾。他既公开反对口头文学的代表荷马，要

---

① 叶舒宪：《孔子〈论语〉与口传文化传统》，《兰州大学学报》（社会科学版）2006 年第 2 期。
② 叶舒宪：《孔子〈论语〉与口传文化传统》，《兰州大学学报》（社会科学版）2006 年第 2 期。

把诗人从理想国放逐出去，因为他们的非理性与"理念"相去甚远；又反对文字书写，认为书写是一种异化的僵硬的技术；认为写作是非人的、物化的，会毁掉人们的记忆力，他断言文字可以毁坏记忆，口头传承者的记忆力远胜于他的识字同伴。柏拉图时代以来，回忆部落历史记忆者朗诵长篇神话或史诗皆依托记忆。

当代作家博尔赫斯对柏拉图的评价颇具见地："（柏拉图）说书就是肖像，人们会把它看做是有生命的，但向它们提问时，它们却不会作答。为了改变书不会说话的缺陷，他搞了个柏拉图式的对话。这样，柏拉图就以许多人的身份出现了。有苏格拉底、高尔吉亚和别的人物……他死后也没有留下任何书面的东西，一位靠口授的宗师。"除此之外，博尔赫斯还提到基督教创始人耶稣、佛教创始人释迦牟尼，都是没有写过多少东西的"口授的大师"，他们的说教至今仍萦回于人们的耳际。①

博尔赫斯分析古希腊哲学家能书写却不动笔的原因，非常值得我们借鉴。"毕达哥拉斯故意不留下书面的东西，那是因为他不愿意被任何书写的词语束缚住。毫无疑问，他肯定已经感受到'文字能致人死命，精神使人新生'这句而后在《圣经》中出现的话的含义。他感受到了这一点，所以不愿意受制于书面语言。""毕达哥拉斯有意不写下任何东西，他是想在他逝世后，他的思想还能继续留在他的弟子们的脑海中。这就是'Magister—dinit'（我不懂希腊文，只能用拉丁文来表示，其意为'吾师曰'）（这与我们在孔子弟子那里看到的'子曰'，何其相似啊！引者注）的来源，但这并不意味着他的弟子们会被导师说过的话束缚住手脚。恰恰相反，这正好强调了他们可以完全自由地发挥导师指出的思想。"②

三、印刷媒介

868 年（咸通九年），唐朝出版了雕版印刷的佛经《金刚经》；1041—1048 年，中国一位名叫毕昇的普通劳动者发明了泥活字印刷术③；1440—1448 年，德国人谷登堡发明了铅活字印刷术。铅活字印刷机的发明被称为谷登堡星汉，而书面文化时代的第三个时期源于这一发明。铅活字印刷术的特征有：

---

① 叶舒宪：《孔子〈论语〉与口传文化传统》，《兰州大学学报》（社会科学版）2006 年第 2 期。
② 朱光潜：《柏拉图文艺对话集》，北京：人民文学出版社 1959 年版，第 87 页。
③ 沈括比毕昇小几十岁，是同时代的人，且毕昇制造的陶活字后来归沈括的侄子所有，因此在沈括《梦溪笔谈》中关于毕昇发明活字印刷术的记载是翔实可信的。

促成统一性和规整性、视觉偏向、记录的持久性以及有助于文化的普及。①

发明铅活字印刷术的意义有三个：

1. 成为技术的分界线

铅活字印刷术标志着和中世纪相关联的一种书面文化风格的结束、另一种新风格的开始。铅活字印刷术是印刷科学技术新开端的表征。"印刷术的发展是中世纪技术和近代技术分界线的标志，在这一点上，它胜过其他任何标志。"② 铅活字印刷术使 14 世纪的意大利复兴得以维持，也使 14 世纪的复兴和前两次复兴有所不同；前两次复兴是 9 世纪的加洛林王朝复兴和 12 世纪的复兴，依靠口语词和手抄书传播其精神。有了铅活字印刷术以后，14 世纪的复兴就能够持续不断地获得动力，因为铅活字印刷术是保存字母表文化的可靠媒介，使学者的精力获得解放，并能将其用于生产新思想，而不仅仅是靠抄书保存过去的思想。③

印刷技术的发展和普及是人类传播在技术上的重大改进。这是因为有了铅活字印刷术之后，人们可以用原件大批量地复制一模一样的信息，可以达到信息民主化，摆脱宗教、政治精英的控制。④ 泥活字印刷术的出现没有如此大的影响。

2. 出现印刷文本

为了增强文字媒介在知识传播过程中的作用，人类进行了漫长而艰难的探索，直到中世纪后期，西欧人利用文字媒介传播知识依然存在很多困难，只有在印刷文字出现以后知识传播才发生了巨变。⑤

铅活字印刷术使印刷文本这种新媒介诞生，给思想和意见的个人主义表达提供了机会，也为现代意义上的"作者"观念的出现提供了条件。在手抄本时代，学习是集体活动，每个作者都不得不投入大量精力，以严格地保存学问，而不是创造新的思想。⑥

铅活字印刷术出现之前，手稿就已大量存在。在印刷书籍出现之前，手

① 罗伯特·洛根著，何道宽译：《字母表效应：拼音文字与西方文明》，上海：复旦大学出版社 2012 年版，第 138 页。

② 罗伯特·洛根著，何道宽译：《字母表效应：拼音文字与西方文明》，上海：复旦大学出版社 2012 年版，第 138 页。

③ 罗伯特·洛根著，何道宽译：《字母表效应：拼音文字与西方文明》，上海：复旦大学出版社 2012 年版，第 138 页。

④ 林文刚编，何道宽译：《媒介环境学：思想沿革与多维视野》，北京：北京大学出版社 2007 年版，第 34 页。

⑤ 程德林：《西欧中世纪后期的知识传播》，北京：北京大学出版社 2009 年版，第 112 页。

⑥ 罗伯特·洛根著，何道宽译：《字母表效应：拼音文字与西方文明》，上海：复旦大学出版社 2012 年版，第 156 页。

抄本是以文字为载体传播知识的重要媒介，也是后人研究古典及中世纪文化遗产的重要渠道①。欧洲中世纪手稿生产有三个时期。第一个时期大约始于550 年，止于 1200 年，仅限于修道院的活动，其目的是保存古典文本，组建缮写房抄书；第二个时期大约始于 1200 年，止于 1400 年，与之对应，这时图书生产的主导者是经院和大学书商或文具商；第三个时期大约始于 1400年，直到铅活字印刷术接手手稿的生产。至此，出版活动走上商业化的道路，走出了大学校园。第三个时期清晰可辨的三种书稿市场是：《圣经》和其他宗教书籍市场；新兴的通俗文学市场；大学图书市场。② 铅活字印刷术降低了书价之后，人们广泛的文学兴趣和图书需求有增无减。手抄书和机印书是迥然不同的传播媒介，但最初的机印书生产者和消费者觉得，机印书是手抄书的继续。这是初期的机印书使用者能得到的唯一感觉，因为最早的机印书的内容和手抄书的效应，他们是不能理解的。他们不知道，由于机印书更加便利、成本更低、副本更多，它们必将对文化和教育的普及产生影响。他们不能想象新兴的组织方式，不能想象印刷书页的规整性和统一性会对信息产生什么样的影响，也不能想象铅活字印刷术将使他们的思维产生视觉偏向。他们没有预见到，机印书多副本的持久性将影响科学数据和文学书籍的保存。③ 铅活字印刷术提供了容易获取的图书格式，不仅有助于数据的处理，而且有助于科学思想的形成。铅活字印刷术使生产数以千计的副本成为可能，成本低、速度快，使思想跨越空间和时间的传播简便易行。④

铅活字印刷术有如此多的益处，尤其是对字母文字而言，"印刷术是字母表文化的极端阶段，首先，它使人非部落化或非集体化。其次，它还提升了字母表的视觉特征，使之极端清晰。如此，印刷术推进拼音字母表使人富有个性的功能大大超过了手写稿文化"⑤。最后，印刷术使更多古典时期的文本得以传播，而古典文本是颂扬个人主义的。印刷文本这种媒介的效应就被其内容强化了。

---

① 程德林：《西欧中世纪后期的知识传播》，北京：北京大学出版社 2009 年版，第 118 页。

② 罗伯特·洛根著，何道宽译：《字母表效应：拼音文字与西方文明》，上海：复旦大学出版社 2012 年版，第 135 页。

③ 罗伯特·洛根著，何道宽译：《字母表效应：拼音文字与西方文明》，上海：复旦大学出版社 2012 年版，第 137 –138 页。

④ 罗伯特·洛根著，何道宽译：《字母表效应：拼音文字与西方文明》，上海：复旦大学出版社 2012 年版，第 147 页。

⑤ 罗伯特·洛根著，何道宽译：《字母表效应：拼音文字与西方文明》，上海：复旦大学出版社 2012 年版，第 156 页。

3. 促成更多手稿的复兴

出版商"为自己的磨坊四处寻觅新的谷物"。铅活字印刷术是传播手稿的新手段，可以确保从古董中淘到的文件能继续流通。铅活字印刷术使图书的种类增加，使读者容易获取图书。学者不再被拘囿于中世纪极少数的图书馆里，从而拥有了动态活力。"动态活力是听觉世界的显著特征，尤其是口语词的显著特征。"①

"口头传统之式微，意味着对文字的倚重（因而倚重眼睛而不是耳朵），也意味着对视觉艺术、建筑雕塑和绘画的倚重。……15 世纪中叶铅活字印刷术的发明，意味着一个回归的开始。我们回归眼睛占支配地位的文明，而不是耳朵占支配地位的文明。"②

文艺复兴和印刷革命的标志之一是蓬勃、活跃的人文主义形式，这和字母表文化在希腊兴起之初的人文主义相似。"印刷机使更多的读物得到传播，使文本格式规整，在促进个人主义方面，它产生的影响胜过中世纪和古典时期的手写稿。"③

四、电子媒介

科学技术的迅猛发展，使人类得以不断创造出新的传播媒介以延伸自身器官的功能，"顺风耳"（广播）和"千里眼"（电视）的诞生，迎来了电信传播时代。先进的电信技术使信息传播瞬息万里，彻底突破了时间和空间的限制，为信息传播开辟了一条快捷高效的空中通道，同时，又克服了人类识字障碍。信息传播跨越国界，使国内传播变成了国际传播，文明为全球共享，世界变成了"地球村"，人类的传播能力跃上了一个崭新的历史阶段。

第三次传媒革命是以电脑为主体的多功能传播媒介手段，以互联网的开通、信息高速公路的实现为前提，将以往各自独立的单一传播改变为综合传播，将单功能媒体转变为多功能媒体。以电脑为主体的多功能传播媒介，囊括了报纸、杂志、广播、电视、电影的所有功能，成为信息时代传媒中的霸主。④

---

① CAROTHERS, J. C. Culture, Psychiatry and the written word. Psychiatry, 1959：311.

② INNIS, H. Bias of communication（2nd. ed.）. Toronto：University of Toronto Press, 1971：130 - 131, 138.

③ EISENSTEIN, E. L. The printing press as an agent of change. Cambridge：Cambridge University Press, 1979.

④ 宋昭勋：《非言语传播学》，上海：复旦大学出版社 2008 年版，第 130 - 131 页。作者将电信传播时代视为第四次传媒革命，这是该学者的个人观点。

至于利用网络进行的知识传播则是一种超文本的知识传播。超文本是一种描述信息的方法，是电脑文本实现开放性的技术手段，实现网络知识共享的桥梁。在这种网络传播中，知识以超文本为载体，把文字、数据、图像和声音等融为一体，从而形成了一个新的超文本语境，在这种全新的网络传播语境中，知识传播表现出了一些新的特点和规律。①

从口语媒介到电子媒介的发展，背后离不开技术的支持，我们看到当下最新技术的日益更新，改变了传统的传承方式。毋庸置疑，口语、文字、印刷文本依然在我们的生活中扮演重要的角色，但与过去相比已有很大差异。

第二节　口述与书写

口述和书写互相承接、互为补充，其语境、情境性限制都有共性。文本的编纂和阅读涉及情境，这个情境不是指场合，而是个人的学术或者人生经历影响着历史真实性的叙述或阅读。而口述的情境性突出表现在无法突破语言的边界。无论是书写还是口述，在记忆历史的过程中都可能因为各种原因而导致失真，口述及书写都不能穷尽历史叙述。

口述与书写的区别

我们来看书写论者关于口述与书写的观点：

书写论者对口述—书写问题的基本观照②

口述	书写
听觉的（aural）	视觉的（visual）
暂时的（impermanent）	持久的（permanent）
流动的（fluid）	固定的（fixed）
有节奏的（rhythmic）	有规则的（ordered）
主观的（subjective）	客观的（objective）
不准确的（inaccurate）	定量法的（quantifying）

---

① 程德林：《西欧中世纪后期的知识传播》，北京：北京大学出版社 2009 年版，第 171 页。

② 巴莫曲布嫫：《口头传统与书写文化——兼写文化多样性讨论中的民俗学视界》，转引自李扬编：《作家文学与民间文学》，青岛：中国海洋大学出版社 2004 年版，第 24 页。本表有删节。

（续上表）

口述	书写
引起共鸣的（resonant）	抽象的（abstract）
时间（time）	空间（space）
现时的（present）	永恒的（timeless）
参与的（participatory）	分离的（detached）
公共的（communal）	个体的（individual）
保守的（preserved）	创造性的（creative）

　　书写社会与口述社会的区别不可能按照二分法画出一道清晰的界线，口述社会的某些文化特征也不能简单地归咎于非书写本身；在书写社会中，口头言说也是表现集体心理的重要媒介。一旦文字被掌握并用于经济活动和行政事务以后，其应用范围随即会延伸至宗教、文学和历史记述。于是，故事、寓言以及神话、英雄、国王甚至动物的创作应运而生并诉诸文字。表现智慧的文学比如箴言谚语被搜集起来分类集成了。① 希伯来人用文字记录了文学，到公元前六七世纪，希伯来社会就达到了基本的读书识字水平。希伯来人率先用非神话的方式记录自己的历史，把历史事件联系起来，既记载引以为豪的事件，又记载深以为耻的事件，达到了一定程度的客观性。苏美尔人、巴比伦人、亚述人、赫梯人和古埃及人记录历史事件太过粗略，只记录自己的胜利，绝不会记录自己的失败（希腊人采用拼音字母表以后，最终形成了类似于希伯来人客观记述的方法）。②

　　从口述的宗教到有文字记录教义的宗教，文字的创造作用是非常明显的，如《旧约·圣经》《古兰经》对历史的记载及传播。《旧约·圣经》记载的希伯来人的历史更接近现实，它始于亚伯拉罕在两河流域的乌尔城与父亲告别。除了宗教和形而上的意义，《旧约·圣经》是富有魅力、风格独特的历史记述，详细描绘了一个民族从传统的、部落的口语社会向组织形态发达、参与国际事务的书面文化社会过渡的历史。③ 伊斯兰教也是如此，除了少数使用文

---

① 罗伯特·洛根著，何道宽译：《字母表效应：拼音文字与西方文明》，上海：复旦大学出版社2012 年版，第57 页。

② 罗伯特·洛根著，何道宽译：《字母表效应：拼音文字与西方文明》，上海：复旦大学出版社2012 年版，第76 页。

③ 罗伯特·洛根著，何道宽译：《字母表效应：拼音文字与西方文明》，上海：复旦大学出版社2012 年版，第68 页。

字的，阿拉伯人的交往完全依赖口头交流。他们基本上是游徙的牧民，不相信文字。《古兰经》是先知穆罕默德的预言和启示的汇集，成为伊斯兰文化的核心，使阿拉伯人从口语文化民族转变为有文字的民族。[1] 如今《古兰经》的内容是先知在世时搜集的，转写成经典却在他身后。一切未经授权的版本都被焚毁，权威的版本始终未变，直到今天。尽管先知有可能不识字，但事实已然彰显：文字是新传统的重要组成部分，所以我们才看见许多阅读和书写的暗喻。文字乃伊斯兰教不可分割的一部分，还有进一步的证据：将文字引入阿拉伯世界的人和在伊斯兰教形成初期发挥作用的人有历史关联。[2] 文字在伊斯兰教的传播中至关重要，反过来，伊斯兰教的传播又对书面文化在阿拉伯世界的渗透起到了重要的作用；在阿拉伯人征服的许多国家里，伊斯兰教对书面文化的传播也发挥了重要的作用。[3] 此前，伊斯兰散文仅限于《古兰经》、圣训和论辩，其形式基本上是口语。口语和散文的联结通过《古兰经》即基于一神教的宗教思想实现；这和希伯来散文起初与希腊散文的联系类似。在起初的伊斯兰文化里，字母表、一神教和典章化法律同时发展，和希伯来文化力的发展模式类似。随即兴起的科学、逻辑和哲学是通过犹太人、叙利亚人、基督徒和波斯人的介入从古希腊人那里借来的。[4] 满族人信奉的萨满教神词、神谕大多是韵文，即使到现在很多萨满已经不懂满语，但也通过师傅口耳相传的方式掌握了其内容。现在萨满教虽然被称为宗教或原始或原生性的信仰，但并没有发展成为制度化的宗教，且没有固定的教义，为了吸引更多信众，借助了大量的口传、讲经等形式。

我们经常说某一文类是特定民族的百科全书，这一文类多用恢宏的表述方法。史诗的意象、故事情节、音步、节奏和韵脚都是为了确保用记忆保存重要信息的辅助手段。诗歌的常规手法和标准化意象对神话和传说的记忆至关重要，其隐形效应是严格限定文化所传承的内容。如满族说部"窝车库乌勒本"中用韵体的形式记录下了满族先民的生活、历史。

荷马既是讲故事的人又是部落的百科全书，为希腊的部落社会提供生活所必需的一切信息。在荷马那里，希腊人学会了如何驾帆船出海，如何披坚

---

① 罗伯特·洛根著，何道宽译：《字母表效应：拼音文字与西方文明》，上海：复旦大学出版社2012年版，第108页。

② 罗伯特·洛根著，何道宽译：《字母表效应：拼音文字与西方文明》，上海：复旦大学出版社2012年版，第109页。

③ 罗伯特·洛根著，何道宽译：《字母表效应：拼音文字与西方文明》，上海：复旦大学出版社2012年版，第110页。

④ 罗伯特·洛根著，何道宽译：《字母表效应：拼音文字与西方文明》，上海：复旦大学出版社2012年版，第112页。

执锐出战，如何在法庭上攻防。围绕这些故事形成了希腊文化的基本学问和智慧。"荷马史诗的基础是教谕式，而且其故事要服从其中所承载的教育任务。"① 满族说部对族众的教育、知识的培养是一贯性的，尤其是举行重大的年节活动时，其神圣性使得讲述者和听众都对之肃然起敬。在发展过程中满族说部出现了大量手抄本固定下来的文本以及传承人书写自己讲述内容的文本。在口述和书写的发展中，我们看到了两者的差异。

1. 抽象与具体

一切口语词都是其表征事物的抽象。书面词是在此基础上的进一步抽象，拼音字母赋予书面词的抽象性超越了会意符号或象形符号。由此观之，字母表的使用是超越口语词两个层次的抽象，口语词的转写迈出了两大步：口语词首先被分解为无意义的音素，音素又用无意义的符号即字母来表征。② 满文是字母文字，汉字是表意文字。有的文本同时用满文和汉字就使得满族说部呈现出不同的样貌。

荷马史诗缺乏抽象性和普适性，这应在意料之中，因为他的诗歌是严格按照口语传统创作的。到了希罗多德时代，字母表留下了自己的印记，这是一个新层次的抽象主导希腊精神的时代。书面文化来临后，希腊人突然发现，宇宙是秩序井然的。但他们新的世界观和他们从口语传统中继承的词汇是传统的。③

哈罗德·伊尼斯认为：文字的艺术便利了人与人之间记忆的传颂。于是，人就有了人为拓展的可以确认的记忆。记忆之中的物体和事件不必目力所及，也不必依靠回忆。人在思考的时候，用的是符号而不是物体。思想过程超越具体的经验世界，进入概念的关系。在这个观念的世界中，时间和空间均已被放大。概念的关系就是这个世界创造的。时间的世界超越了记忆中的物体范围，空间的世界超越了熟悉的地方范围。

2. 信息组织方式不同——分类化、系统化

一切口语形式都拥有推进人类思想的两个维度：传播观念和信息处理。用一个简单的公式来表达就是：语言＝传播观念＋信息处理。④

———————————

① 罗伯特·洛根著，何道宽译：《字母表效应：拼音文字与西方文明》，上海：复旦大学出版社2012年版，第81页。

② 罗伯特·洛根著，何道宽译：《字母表效应：拼音文字与西方文明》，上海：复旦大学出版社2012年版，第83页。

③ 罗伯特·洛根著，何道宽译：《字母表效应：拼音文字与西方文明》，上海：复旦大学出版社2012年版，第83页。

④ 罗伯特·洛根著，何道宽译：《字母表效应：拼音文字与西方文明》，上海：复旦大学出版社2012年版，第179页。

口述多半是按照一连串的事件或发生的事情展开的，对事物的描绘是按照神祇的活动展开的。书写是分门别类、逻辑清晰的，体现了历史记述、分析和客观性的新精神。

3. 主观与客观

有文字的人或社会都培养了一种能力，就是做任何事情都抱持相当疏离超越的态度。不识字的人或社会却事事都有情感或情绪的介入。诗歌和艺术是主观思维的例子，哲学和科学是客观思维的例子。[①]

有文字民族和无文字民族在思维模式上的巨大差异应该在意料之中，不仅如此，在文字系统差异很大的社会里，类似的思维模式上的重大差异也应该在意料之中。伊尼斯、麦克卢汉和福柯均已指出文字对思维的影响。根据我们的假设，传播模式的差异也会造成思维模式和社会形式的差异。[②]

前文字文化存在于听觉世界里，一切信息加工都是同步实时进行的。相反，有文字的时代出现了感知偏向，因为书面文化偏重视觉的使用，一切信息加工都是按线性序列的范式展开的，即按一个个字母、一个个语词逐一展开。[③]

书写与口述的问题会以"书面"（written）与"口头"（oral）这样一副新面孔呈现出来。被书面语所决定的大众文化是口述性文化，不过自从书面语成为社会范畴借以"制造历史"的"工具"和"数字"而不再是"符号"之后，口述变了样。18 世纪美洲和欧洲的革命使人们对书籍产生了信任：书籍用于书写社会、重塑社会，书籍似乎还成为开明的资产阶级的权利标志。但由于一个社会是通过劳动获得进步的，因此，在开明文化的内部，书写"变成"了对劳动的阐述与整合，口述的地位由此发生改变。口述似乎被书写排除了出去。口述遭到抛弃，失去了自然、女性、儿童、民族等一类的"声音"。口述就是发声，不受辅音—数字逻辑规则束缚的发声。它是"说"，虽非书面文字，但"说"和由文字组成的"人工语言"有关。口语是音乐，是难以名状的激情和语言，是歌曲，是歌剧，是让有组织的理性遁形的地方，是在亦真亦幻的背景下"渲染力"得以展现其千姿百态的地方，涉及深不可测的多变的"我"。启蒙时代既是书写规范大行其道的时代，也是"音乐称

---

① 罗伯特·洛根著，何道宽译：《字母表效应：拼音文字与西方文明》，上海：复旦大学出版社 2012 年版，第 85 页。

② 罗伯特·洛根著，何道宽译：《字母表效应：拼音文字与西方文明》，上海：复旦大学出版社 2012 年版，第 43 页。

③ 罗伯特·洛根著，何道宽译：《字母表效应：拼音文字与西方文明》，上海：复旦大学出版社 2012 年版，第 94 页。

霸"的年代，这并非偶然。由谷登堡派生出来的文化中，古代话语似乎只存在于专门为客体制造出来的"书写"以及没有内容的激情"吟唱"之中，其原因在文本之外，出于一种业已流逝但令该世纪所有作家着迷的无尽的愿望。①

孔子处在书写文化取代口头传统的过渡期，依然执着地坚持古老的价值观，从而有效地在我们的书写文明中存留了口头传统及其学习—教育方式的精髓——通过口耳不断重复的经久训练，达到身心统一的至高人格修养境界。②

荷马被追述为英雄歌的原创天才，一位原型诗人（proto poet），他的诗篇被后继演述者持续不断地复制着。然而，每一位演述荷马诗歌的后继者，都一步步地远离了这位独创的天才。例如，在柏拉图的《伊翁》中，苏格拉底将史诗吟诵人伊翁设想为依凭独创性诗人荷马的吸引力而连接起来的磁石链条上的最后一环。在柏拉图关于荷马及其后继者所创作的神话般的意象中，诗歌创编所具有的磁石般的吸引力，随着每一位后继演述者的出现而衰落。由于伊翁被描述为最后一位，或者说最晚近的一位荷马的复制者，因而他成了所有复制者中最拙劣的一位。③

书写或者"一种书写构建"（广义而言，即语言能指的组织）是通往许多奇异思想的通道。它使得实践走向文本，从没完没了的"研究"走向马洛所谓的书写的奴役。④

普通叙述类型学模式⑤

	内容	外延
讲述	A、B、C、D一系列的时间	时间的连贯性（E、C、A）
历史叙述	"真相"	时间的连贯性
逻辑叙述	语句的真实性	三段论（归纳与演绎）

---

① 米歇尔·德·塞尔托著，倪复生译：《历史书写》，北京：中国人民大学出版社 2012 年版，第 166 页。

② 叶舒宪：《孔子〈论语〉与口传文化传统》，《兰州大学学报》（社会科学版）2006 年第 2 期。

③ 格雷戈里·纳吉著，巴莫曲布嫫译：《荷马诸问题》，桂林：广西师范大学出版社 2008 年版，第 125 页。

④ 米歇尔·德·塞尔托著，倪复生译：《历史书写》，北京：中国人民大学出版社 2012 年版，第 24 页。

⑤ 米歇尔·德·塞尔托著，倪复生译：《历史书写》，北京：中国人民大学出版社 2012 年版，第 74－75 页。

　　书写最初作为演述的等效物，最早记录下来的这些表述及其语言清晰地说明，当时书写被用作演述的一个等效物（equivalent），而不是演述的一种手段（means）。从公元前 8 世纪以降的初期铭文和它们的语言中可以找到明显的证据，而其模式自始至终地保存了演述的言语行为（speech – act），直至公元前 550 年前后，在当时看来这种演述的言语行为是附着在特定的铭文上得以承袭的，通常以第一人称来交流，好像铭文就是一个谈说的对象。在这种业已证实的初期字母书写阶段中，铭文并不是一个誊录本（transcript），而是一种形象化的演述，一种以第一人称传达其自身信息的言语行为。只是到了公元前 550 年之后，铭文的语言才开始显现出一种谈话模式的端倪，而不再严格地对应于固有的铭刻对象。因此，一般性铭文就此渐渐地趋近于某种表述的"誊录本"，无论是诗体与否，已然都不能等同于表述本身。①

　　在公元前 550 年之前，希腊诗体铭文尚处于最初阶段，因为它是被书写下来的，还因为这样的书写被设想为具有与演述一样的等效性权威。铭文的高声诵读，就成为被书写下来的演述的一部分：那是为了聆听书写的本身，而不是任何现场演述（live performance）。书面铭文的话语由此甚至能够在真正的现场演述中得以引用。② 公元前 5 世纪出现了这样一些案例，即以手抄本形式写下来的某个物件的确会成为一次演述的等效物。换句话说，我们现在开始注意到有一种突现的推动力及其清晰的痕迹；通过一部手抄本的写定语词去再次展现完成行为式的维度（performative dimension）。③

　　语言与物在一个共有空间内的相互缠绕，是以书写的绝对优先权为先决条件的。④ 这个优先权主宰着整个文艺复兴时期，并且可能是西方文化中的一个重大事件。印刷术、东方手稿传入欧洲，文学作品的问世不再是为了朗诵或上演（因而也不受制于朗诵或表演），宗教文本的阐释优于教会的传说和权威——所有这些事情都证明了西方人赋予书写以基本地位，当然，这种证明是不可能表明因果的。从此以后，被书写成了语言的一个初始本性。发声只是对语言所做的暂时的和不确定的翻译。上帝置于世上的，就是书面词语；当亚当把初始的名词置于动物之上时，他只是在读这些可见的沉默的标记；

---

　　① 格雷戈里·纳吉著，巴莫曲布嫫译：《荷马诸问题》，桂林：广西师范大学出版社 2008 年版，第 46 页。

　　② 格雷戈里·纳吉著，巴莫曲布嫫译：《荷马诸问题》，桂林：广西师范大学出版社 2008 年版，第 47 页。

　　③ 格雷戈里·纳吉著，巴莫曲布嫫译：《荷马诸问题》，桂林：广西师范大学出版社 2008 年版，第 87 页。

　　④ 米歇尔·福柯著，莫伟民译：《词与物——人文科学考古学》，上海：上海三联书店 2012 年版，第 52 页。

"律法"被托付给"图表",而不是人的记忆;正是在书本中,真正的"言语"会被重新发现。① 很有可能,在通天塔以前,在大洪水之前,早已存在着一种由自然本身的标记组成的书写形式,结果是,其符号会拥有一种力量,直接作用于物,产生吸引或排斥,表现物的属性、功效和秘密。也许,某些秘传知识,尤其是犹太人对《旧约全书》所做的传统解释,对一种原始的自然的书写只具有分散的记忆,现在却设法恢复它的长期沉睡着的力量。16 世纪的秘传学识是书写现象,而非语言现象。无论如何,后者被剥夺了全部力量;维涅耐和迪雷告诉我们,后者只是语言的阴性部分,恰如其消极的智力一样;书写则是积极的智力,是语言的"阳性因素"。书写独独包含着真理。②

不管它是多么平常,不管人们把它出现的后果想象得多么微不足道,不管在它出现之后是否会被迅速地遗忘,不管人们是否设想它很少被理解或被识破,陈述都始终是一个无论是语言还是意义都无法使之枯竭的事件。很显然,它是一个奇怪的事件:首先,它一方面同书写的动作或者某句话的连接相关联,另一方面它又在记忆中,或者在手稿、书籍以及任何记录形式的物质性中,为自己展开一个暂时存在;其次,因为它同每一个事件一样,是独一无二的,但它出现在重复转换和复活的过程中;最后,因为它不仅同产生它的环境和它产生的结果相关联,而且以完全不同的方式,同它最后的陈述相关联。③

口述与书写就这样交织在一起,虽然二者不同,但有些特性在新的电子媒介下会发生改变,如瓦尔特·翁所言的次生口语文化,就是通过键盘敲击出的口语文化。

第三节　演述与文本

民间文学在口头中创作、传播,被记录下来成为文本。被记录下来发生在有文字之后,且并非其创造后不久,前人已证实文字的创作并非为了记录

---

① 米歇尔·福柯著,莫伟民译:《词与物——人文科学考古学》,上海:上海三联书店 2012 年版,第 52 页。

② 米歇尔·福柯著,莫伟民译:《词与物——人文科学考古学》,上海:上海三联书店 2012 年版,第 53 页。

③ 米歇尔·福柯著,谢强、马月译:《知识考古学》(第二版),北京:生活·读书·新知三联书店 2012 年版,第 29 页。

口头传统，且掌握文字的是绝少数人。没有演述①，口头传统就不是口头的；没有演述，传统就不再是传统。演述与文本之间的关系可以用"演述中的创编"来总结，"演述中的创编"是帕里—洛德学说的基本命题，他们认为真正的口头诗歌文本是"演述中的创编"，"诗即是歌"，"每一次演述都是一次创编"。由于演述涉及演述者和听众，正是二者的互动作用才产生了"文本"；因而"文本"的概念来自"演述中的创编"。纳吉教授提出的"创编、演述和流布"三维度及它们之间的互动，强调从共时性与历时性的双重视野来高度关注"演述中的流布"。

将书写下来的创作当作文本，并不意味着书写就是文本创作的先决条件——只要生产文本的口头传统继续保持着活力。此外，对演述中以其他方式产生的任何一种创编所进行的书写记录，并不一定会凝固为"演述中的再创编"及其过程。②

一、情境中的演述、演述中的创编

活形态口头传统的共时性分析揭示出，创编和演述是一个过程的两个方面，且处于不同的变异程度。荷马文本，或以其口头演述自身的存在，绝不可能显示出这样一个现实。对此，洛德做出了基本阐述："一首口头诗歌的创编并不是为了演述，而应该说这样的诗歌是在演述中创编的。"（我更关注的是表述或话语的"完成行为式"维度，正如从人类学视角加以分析的那样——译者巴莫曲布嫫）③

就口头诗学（oral poetics）这个术语而言，作者身份由演述的权威性和文本性所决定，并且从演述到演述，由其间创编的非变异性（invariability）及其程度所决定。文本概念本身能够隐喻般地从"演述中的创编"这一概念推导出来。④

米尔曼·帕里指出：在创编过程中，（诗人）做得最多的不外乎是根据自己的需要，将他常常听到或惯常使用的术语装配在一起，而后这些术语，按

---

① 巴莫曲布嫫在翻译《荷马诸问题》中，将 performance 译为"演述"，之前有学者将之译为"表演"或"展演"，本书中不拟统一为"演述"，在引用不同的论述时使用学者自身使用的术语。但本书认同并采纳"演述"这一翻译。

② 格雷戈里·纳吉著，巴莫曲布嫫译：《荷马诸问题》，桂林：广西师范大学出版社 2008 年版，第 90 页。

③ 格雷戈里·纳吉著，巴莫曲布嫫译：《荷马诸问题》，桂林：广西师范大学出版社 2008 年版，第 23 页。

④ 格雷戈里·纳吉著，巴莫曲布嫫译：《荷马诸问题》，桂林：广西师范大学出版社 2008 年版，第 25 页。

照一种固定的思维模式自行组构，使得句子或诗行自然而然地形成。①

创新发生在传统之内，并没有超越传统。即便演述本身是口头传统至关重要的一个方面，即便传统在演述的语境中并且就在演述者本人那里获得了生命，也不能苟同那些过于关注演述者而忘却了传统的人，因为演述的那个人正是置身于传统之中来演述的——这样一种传统可以从内在承继的法则乃至演述的语境中做出归纳法的观察研究。（诚然，也存在没有运用法则的地方，以便引出"自由变异，对描述传统中的创新及其最可能发生的方方面面是极其有益的"。②）创新是在传统限度内的创新，这是必须遵守的规则。

因创新而产生的新生性文化，"新的意义与价值、新的实践、新的意味与经验正在被不断地创造出来"。它是人类社会生活中的一个基本要素，但一直处于民俗学的视阈之外，究其原因，或许部分源于民俗学缺乏一个统一的出发点，或者一个能够将残留的形式与事象、当代的实践以及新生性结构都囊括在内的餐桌框架。而表演正提供了这样一个出发点，使得口头艺术中的传统、实践与新生性联结起来。③ 在我们的研究中的确有些许这样的现象，若依赖以往的研究范式就无法解决新生性文化的意义，正如我们所言的如何看待"书写型"传承人的问题，而表演理论的相关阐述为此提供了理论依据。我们见到的文本是在表演框架下形成和定型的，这是其根本。

创造性是在新的情境下、以新的方式对传统形式的一种应用。对此，就是对作为交流模式的表演事件的情境化语境的关注。所谓情境化语境，指的是讲故事、唱歌或引述谚语等活动发生于其间的某种事件或情境。④ 因为"事件的结构是由许多情境性因素的相互作用而产生的，其中包括物质环境、参与者的身份和角色、表演的文化背景原则、互动和阐释原则、行动发生的顺序等。这些因素将决定选择什么来表演、表演的策略、新生文本的形态，以及特定情境的自身结构"⑤。

而我们将表演（演述）转换为文本的形式，就涉及符号之间的转译问题，

---

① 转引自格雷戈里·纳吉著，巴莫曲布嫫译：《荷马诸问题》，桂林：广西师范大学出版社 2008 年版，第 31 页。

② 格雷戈里·纳吉著，巴莫曲布嫫译：《荷马诸问题》，桂林：广西师范大学出版社 2008 年版，第 33 页。

③ 理查德·鲍曼著，杨利慧、安德明译：《作为表演的口头艺术》，桂林：广西师范大学出版社 2008 年版，第 53 页。

④ 理查德·鲍曼著，杨利慧、安德明译：《作为表演的口头艺术》，桂林：广西师范大学出版社 2008 年版，第 215 页。

⑤ 理查德·鲍曼著，杨利慧、安德明译：《作为表演的口头艺术》，桂林：广西师范大学出版社 2008 年版，第 250 页。

即将一个符号系统中的信息编码向另一个符号系统转换。这种转换也可以通过其他的方式来进行，那就是从表演行为转换为誊写文本，就像把一段舞蹈转换为拉班舞谱（Labanotation），或者把一段口头表演的民间故事转换为书写形式。口头艺术研究中的民族志诗学方法，就集中应对这类转换的问题。①

洛德曾这样说过："有的人或可暗示，它（书写）可能是一种记忆手段，但是这也是不现实的。在一种演唱的状态下，歌手并不需要一种记忆手段，这种演唱是为了满足他的需要而设定的，无须书写的辅助。"② 沿着洛德的推理论证，拉斐尔·西利指出，"歌手几乎不会觉得对紧扣书面文本有些许的义务"。他接着拒斥了这样一种书面文本观，并将之归为一种臆断的"吟游诗人的文本"（bardic text），还辩驳道，若是像《伊利亚特》这样的创作在公元前8世纪就已经作为"吟游诗人的文本"被保存下来，那么它也可能早就被"拙劣的诗人"保存了。"但是，听众肯定会喜欢更优秀的诗人。"他总结说："一个主要以'吟游诗人的文本'而被保存下来的诗篇，极有可能会因缺乏普及性而消亡。"反观洛德在南斯拉夫口头史诗传统的田野作业中观察到的口述录记，明娜·斯卡夫特·詹森阐述了相似的立场：没有理由认为"同样的"歌的后来演述（经受过）来自口述录记（的某种影响），并以任何方式区别于其他前在的诗歌演述所施加的影响。有一种观点认为，古代口头诗人将书面的版本视为一种特别重要的东西而加以保存。这在我们看来犯了文化上的时代错误，表现出识文断字者过高地估计了书写的重要性。

提及"荷马史诗"的口述录记，有学者"同意这样的推理思路，至少上溯到公元前8世纪或公元前7世纪，它是适用的，正如我们目前所看到的那样，根据口述录记说的阐述公式，那正是荷马口述录记的时期。然而，我们将会发现，在后来的时代中，对书写技术所抱持的态度可能已经彻底地改变了。所以，一种书面版本，尽管未必是一种口述录记版本，的确可能随着时间的推移，最终被理解为'某种特别重要的东西'"。③

只要口头传统还保持着活力，正在进行的某种程度的再创编就依然有可能出现在每一次的演述中，即使传统本身显示出自身特有的、绝对的固

---

① 理查德·鲍曼著，杨利慧、安德明译：《作为表演的口头艺术》，桂林：广西师范大学出版社2008年版，第66页。

② A. B. LORD. Epic singers and oral tradition. Cornell University Press，1991：44.

③ 格雷戈里·纳吉著，巴莫曲布嫫译：《荷马诸问题》，桂林：广西师范大学出版社2008年版，第43–44页。

定性。①

　　纳吉提出："从各种不同的口头史诗传统及其比较例证中，希望揭示出流布的实际过程并非仅呈现为一种方式，也有一种更为专向化的模式，它可能基于一个功能上的中心点而建立起来，为了正在一起到来的各种各样的听众，也为了正在向外扩布的、更为统一化了的传统，从而形成一个中心化的语境。换言之，一个固定了的流布中心，能够将向心的和离心的两种力量聚合起来产生作用。"②

二、文本类型

　　根据史诗记录的方式和载体，朝戈金将口传史诗文本分为以下五种类型：转述本、口述记录本、手抄本、现场录音整理本和印刷本。

　　我们见到的满族说部文本较为多样，有口述记录本的，如《天宫大战》《乌布西奔妈妈》《松水凤楼传》《雪妃娘娘和包鲁嘎汗》。还有手抄本，如宁安十二部族的原始神话和《两代罕王传》《萨布素将军传》《红罗女三打契丹》。手抄本的形式多样：有专业的抄写员记录的本子、传承人书写的本子、文化专家记录搜集整理的本子。提要本也是手抄本之一种，但是它的篇幅较短，萨满内部的传承基本上是以口耳相传的方式为主或提纲挈领地传授主要内容，神谕（"窝车库乌勒本"）③ 就为提要本。有现场录音整理本，如傅英仁老人讲述的《萨布素将军传》《红罗女三打契丹》《东海窝集传》。也有两种方式的杂糅，如关墨卿讲述的说部《比剑联姻》开场白为现场录音整理本，其余部分为其手抄本。有异文综合本，有的说部在流传过程中形成多个异文，传承人以其中的一个文本为主，自觉地接受了其他异文的主要内容，并对其进行增删、润色、加工；有的是将搜集到的文本综合整理形成异文综合本；较为特殊的就是以传统为导向的文本，如《女真谱评》《扈伦传奇》《天命雄鹰》《招抚宁古塔》。这些说部都与口头传统密切相关，但是在形成书面文本的过程中加入了较多的个人观点。

　　手抄本和印刷本之间存在着较大的差别：其一是手抄本的不稳定性，不

---

　　① 格雷戈里·纳吉著，巴莫曲布嫫译：《荷马诸问题》，桂林：广西师范大学出版社 2008 年版，第 52 页。

　　② 格雷戈里·纳吉著，巴莫曲布嫫译：《荷马诸问题》，桂林：广西师范大学出版社 2008 年版，第 57 页。

　　③ "窝车库乌勒本"（wecheku ulabun），wecheku 指神祇、神主（家内祭祀之神），ulabun 为传记之意，意为神传。"窝车库乌勒本"包括的说部文本前文已有介绍。神谕的内容包括创世神话、宇宙神话、族源族史，还包括萨满起源故事、家族萨满故事等。

易保存，因书写工具的差异受保存环境的影响；其二是数量的差异，手抄本限定了阅读群体及范围；其三是完整性不同，手抄本一直处于变动状态，异文较多，没有定型，而印刷本一旦出版，其内容基本定型；若需变更内容，则要等下次大规模印刷。

首先，从演述理论的视角看，民间叙事文本不再是集体塑造的传统和文化的反映，也不是"超机体的"，即它不再是一个自足的、具有生命力的、能够自行到处巡游的事象，而是植根于特定情境中的，其形式意义和功能都植根于由文化所限定的场景和事件中；研究者也不再局限于以文本为中心，追随其历史嬗变、地区变文或者蕴含的心理和思维信息的研究视角，而是更注重在特定语境中考察民间叙事的表演及其意义的再创造、表演者与参与者之间的交流，以及各种社会权力关系在表演过程中的交织与协调。①

传承人演述的文本发生了变化，很多传承人不再面对传统社会的受众进行讲述，而是面对录音机进行讲述。20 世纪 80 年代，很多传承人如《伊玛堪》的歌手被请到宾馆，面对采访者进行讲述；《格萨尔》的艺人玉梅作为职业艺人从家乡来到西藏社会科学院，她的工作就是面对录音机演述史诗；21世纪初，满族说部在搜集整理的过程中，为了将长篇说部记录下来并印刷成文本，富育光作为传承人自觉对着录音机讲述，这是他作为传承人自觉完成的任务。

演述理论认为，演述者与观众的互动和呼应是至关重要的维度，因为演述本身是一种社会行为。② 我们调查的传承人，在讲唱时大多缺乏传统意义上的观众，除了录音机，传承人还要面对专家学者讲述，当然也少不了现代化的录音设备；还有听取各种采录者的讲述，如学生、文化工作人员；有时他们还要面对媒体。这时，因受众的身份发生了变化，演述者与受众之间如何互动和呼应就是一个问题。

其次，从传播媒介看，传承人开始通过录音机、磁带、光盘、网络等电子媒介学习。如伊玛堪讲习所的许多传承人通过不间断地观看黑龙江省非物质文化遗产保护中心提供的《希特莫日根》史诗光盘来学习《伊玛堪》的演述。苗族史诗《亚鲁王》的学习传承也有这样的趋势，那些外出打工的年轻人带着磁带或其他电子设备如 MP3 等在远离山寨的都市聆听史诗的演述。

---

① 理查德·鲍曼著，杨利慧、安德明译：《作为表演的口头艺术》，桂林：广西师范大学出版社2008 年版，第 252 页。

② 理查德·鲍曼著，杨利慧、安德明译：《作为表演的口头艺术》，桂林：广西师范大学出版社2008 年版，第 253 页。

　　最后，从"演述中的创编"来看，传承人演述的文本可能会出现下列情况：故事情节插曲的增加、母题的粘连、故事内容的丰富；因语言问题，难以理解字词之义，无法了解其语境等。我们不仅要关注这种变化对故事讲述的影响，还要关注故事的变化与讲述语境变化之间的联系。如堂吉诃德的整个存在只是语言、文本、印刷纸张和已被记录的故事。他是由相互缠绕的词组成的；他是书写本身，在世界上，书写漫游在物的相似性中间。①

小　结

　　我们从知识传播历史不同时期使用不同媒介入手，来分析口头传统因媒介不同在表现方式上发生的相应变化；在漫长的历史过程中，传播媒介中占主导地位的是口述与书写，时至今日，印刷术、电子媒介的高速发展仍然无法完全替代它们的作用；口头程式理论、演述理论、民族志诗学对演述本身及其记录文本的分析阐释是面临新问题时的指导性理论。

---

　　① 米歇尔·福柯著，莫伟民译：《词与物——人文科学考古学》，上海：上海三联书店 2012 年版，第 61 页。

第二章　满族、满语及满族说部

"满族历史的确切记载，约始于明朝初年。满族的先民被明人泛称为女真。"① 富育光认为"满族是由其历史上先世族称肃慎、靺鞨、女真（诸申、曼殊、曼殊什利）等族称沿袭而来，一脉相承的"②。满族本身以女真族的后裔为主体，吸收朝鲜族、蒙古族、锡伯族、汉族、达斡尔族，经过长期的杂居生活形成新的共同体，也就形成了目前具有独特性质的民族志的复合。③ 即在八旗制度内融合而成的民族。辛亥革命后，很多满族人冠了汉姓，并将民族身份改为汉族。1912 年大清王朝灭亡后才有"满族"这个称谓，之前都称为满洲人。

满族说部反映了满族及其先世从远古至清末、民国不同时期的生活。我国东北地区是满族及其先世自古以来的活动地域，在漫长的历史长河中，他们不断迁徙和远征，这些经历也以口耳相传的方式留在他们的记忆中。在旧石器时代的中后期特别是晚期，东北的古人类体质显著增强，族群迅速扩大，生产力也较前有了很大的发展，这为他们冲出狭小的天地，扩大活动范围，提供了可靠的物质条件。因而在这个时期，他们进行了规模空前的迁徙和远征。他们从辽河流域走向黑龙江流域，并通过东北这条天然通道，络绎不绝地走向毗邻的朝鲜半岛，走向乌苏里江以东的日本海沿岸，走向从黑龙江流域直到楚克奇半岛的广大地区。再向东去就是浩渺无际的汪洋大海，但是他们的脚步没有停下来，他们以惊人的毅力和勇气，沿着冰川期间海峡或近海间裸露出来的海洋陆桥，追踪着猎物的足迹，又徒步走向一衣带水的日本列

---

① 刘小萌：《满族从部落到国家的发展》，沈阳：辽宁民族出版社 2001 年版，第 1 页。本书不去探究历史学家探讨的满洲、诸申等称呼，只采用约定俗成的称呼。

② 富育光：《萨满教与神话》，沈阳：辽宁大学出版社 1990 年版，第 194 – 195 页。

③ 畑中幸子：《中国北方少数民族的文化复合》，《北方民族》2003 年第 3 期。金启孮认为还应包括赫哲族，笔者也赞同这一观点。

岛，走向大洋彼岸的美洲荒原，成为那里最早的原始居民。以中国东北为枢纽的古人类大举迁居，在亚洲和美洲的北部扩大了人类活动的范围，播撒下了人类文明的种子，这是这一时期中国东北古人类的壮举。① 大多数研究者认为，大约在五万年前，因气候②和地理③条件的改变，第一批亚洲古人类开始通过海洋陆桥走向美洲。这些美洲最早的居民，主要以狩猎为生，同时采集植物的果实和根部，捕获各种鱼类，作为生活资料的补充来源。他们不仅会用火，还学会了缝制毛皮护脚物，来抵御冰川期间漫长的严寒时期。④

大约四千年前，即夏王朝建立之后，东北大部分地区基本完成从母系氏族社会向父系氏族社会的过渡。⑤ 三千多年的"肃慎"⑥ 就与后世的女真有了关联，汉朝至晋朝时期称"挹娄"，南北朝时期称"勿吉"（读音"莫吉"），隋朝时期称"靺鞨"，辽金时期称"女真""女直"（避辽兴宗耶律宗真讳）。"女真"在明朝初期分为建州女真、海西女真、野人女真三大部。后又按地域分为建州、长白、东海、扈伦四大部分；依汉化程度及活动区域分为：汉化程度高、南境者为熟女真，汉化程度低、北境者为生女真。清朝以后，"女真"一部分融合其他民族称为"满洲"，后通称为满族，一直沿用至今。同为女真族，不同的是：金国为生女真创建，后大量进入中原，主体部分同化于汉族；清朝为熟女真创建，以努尔哈赤1616年创建后金为萌芽，后皇太极于1636年改国号为清。满族自从入关和驻防各地以后，族人便分散在全国各地，北自黑龙江，南至广州，东自山东青州，西至新疆伊犁，许多城镇都有满族驻防。

---

① 佟冬主编：《中国东北史》（第一卷），长春：吉林文史出版社2006年版，第33页。

② 在更新世的晚期内，从七万五千年到一万年前，西伯利亚经历了波列谢冰期，中国东北内地也进入了大理冰期。这次冰期，有两个高峰，一次在六万年前，一次在一万五千至一万二千年前，一次小峰在三万五千年前。高峰期，地球表面温度较今下降6℃～8℃。……在冰川期的几次高峰期间，海水几次骤降，因此平均水深44米的黄海、18米的渤海以及东海的大陆架成为一片露出海面之上的坦荡平原。——佟冬主编：《中国东北史》（第一卷），长春：吉林文史出版社2006年版，第38－39页。

③ 朝鲜海峡、对马海峡、津轻海峡、宗谷海峡、鞑靼海峡以及北部的白令海峡也都露出了海面，使日本列岛与亚洲大陆紧密连接起来，北美阿拉斯加也与亚洲的东北角连接在一起。这些冰川期间裸露出来，连接亚洲与日本列岛、北美大陆的连接点，就是东北古人类和古动物群走向北美和日本列岛的陆桥。——佟冬主编：《中国东北史》（第一卷），长春：吉林文史出版社2006年版，第38－39页。

④ 朗诺·席勒：《冰原上的足迹》。转引自佟冬主编：《中国东北史》（第一卷），长春：吉林文史出版社2006年版，第41页。

⑤ 佟冬主编：《中国东北史》（第一卷），长春：吉林文史出版社2006年版，第42页。

⑥ 《金史·世纪》记载："金之先，出靺鞨氏。靺鞨本号勿吉。勿吉，古肃慎地也。元魏时，勿吉有七部：曰粟末部、曰伯咄部、曰安车骨部、曰拂涅部、曰号室部、曰黑水部、曰白山部。隋称靺鞨，而七部并同。唐初，有黑水靺鞨、粟末靺鞨，其五部无闻。"

第一节　民族文字的创制

　　据称，全世界属于阿尔泰语系满—通古斯语族的语言计有 14 种，分布在中国的有满语、锡伯语、赫哲语、鄂温克语、鄂伦春语和历史上的女真语；分布在俄罗斯境内的有埃文基语、涅吉达尔语、那乃语、乌利奇语、奥罗克语、乌德语、奥罗奇语等；蒙古国的一些地区还有操鄂温克语的。女真、满族都曾问鼎中原，在创制自己的文字后，因与汉族的接触日渐频繁，其语言、文学形式深受汉族文化的影响。从语言来说，契丹语与女真语、蒙语与满语均属于阿尔泰语系，蒙古与女真两族的语言在语音、词汇、语序等方面也有共同之处，女真族借用蒙语与蒙文获得了许多有利条件。[①] 从文字而言，女真文字有女真大字和女真小字，满文也有老满文和新满文之分，这两种文字的创制与汉文、契丹文有一定关系。

　　在契丹创制文字之前，东北地区基本上通用汉字。燕秦时代东北通行的文字字体的演变情况，与中原基本一致。总的趋势是由繁趋简，更加便于应用。战国早期，东北地区基本沿用商周以来的大篆字体，至战国中期，字体发生了变化，书写渐趋潦草，形体有所改变，字的结构也有所简化。[②] 秦统一六国后，东北地区文字的字体立即改为小篆。书写工具也有进步。大约是在新石器时代彩陶绘制出现的时期，东北地区就已经有了类似毛笔的书写工具。[③]

一、契丹文字的发明及使用

　　契丹文字是在汉人的帮助下创制的，"以隶书之半增损之，制契丹字数千，以代刻木之约"[④]。契丹曾先后创制出两种不同类型的文字，先创制的称契丹大字，后创制的称契丹小字。契丹大字应属于表意文字，据有关专家对已出土墓志等资料的研究统计，契丹大字计有一千余字。这些文字或直接借用汉字的字形、字音和字义，或借用汉字的字形和字义，或只借用汉字的字

---

① 佟冬主编：《中国东北史》（第三卷），长春：吉林文史出版社 2006 年版，第 1260 页。
② 佟冬主编：《中国东北史》（第一卷），长春：吉林文史出版社 2006 年版，第 294 页。
③ 佟冬主编：《中国东北史》（第一卷），长春：吉林文史出版社 2006 年版，第 296 页。
④ 陶宗仪：《书史会要》（卷八），转引自佟冬主编：《中国东北史》（第二卷），长春：吉林文史出版社 2006 年版，第 515 页。

形，并不借用字音和字义，更多的是改造汉字而成。① 而契丹大字创制使用后人们发现契丹语因属于阿尔泰语系黏着语，使用表意文字无法记录其音，因此又创制了契丹小字。契丹小字是在契丹大字仿照汉字的基础上，结合契丹语言特色，参照汉字反切的原理创制出来的拼音文字，有可能参照了同属于阿尔泰语系的回鹘文字，其特点是"数少而该贯"②。从传世的契丹文字资料看，契丹文字只用于镌刻记功碑、哀册、墓志铭、庙宇佛塔题字、摩崖山洞石刻及铸造银币、铜镜、牌符印章的铭文等；从文献资料看，主要用于外文书函、著书、译书、诗词、考试以及祭祀诸方面。而辽朝的通行文字仍然为汉字。③ 契丹文字一直使用到金章宗明昌二年（1191）方停止使用。契丹文字对后来女真文字、西夏文字、蒙古文字或满族文字的创制，都起到了一定的作用。④

耶律大石建西辽，把契丹文字同汉文一道带入了中亚地区。西辽末年，中书李世昌通契丹外资，耶律楚材"学辽字于李公，期岁颇习"。⑤

二、女真文字的发明及使用

女真文字是在汉字、契丹字的基础上创制的，金亡后，女真文字在东北女真人中流传了很长时间。景祖乌古乃时被辽朝任命为女真部族节度使，初通契丹语。世祖劾里钵其弟颇剌淑任国相，也颇通契丹语。因没有本民族文字，重要的军事情报、命令只好口授给强记者，令其口头传递。《金史·耨盌温敦思忠传》载："太祖伐辽，是时未有文字，凡军事当中覆而应密者，诸将皆口授思忠，思忠面奏受诏，还军传致诏辞，虽往复数千言，无少误。"当时有关文书、政令的书写以及与邻国外交往来，均用契丹字。"及破辽，获契丹、汉人，始通契丹、汉字，于是诸子皆学之。"完颜宗雄仅用了两个月时间，便"尽通契丹大小字"。女真贵族子弟中通晓契丹字的逐渐增多。⑥

完颜希尹和耶鲁在阿骨打的指令下，"仿汉人楷字，因契丹制度，合本国语，制女真字"，于天辅三年（1119）八月创制出女真大字，由此，女真大字成为官方通行的文字。女真大字是以汉字和由汉字改制的契丹字为基础，增添其笔画或变换其结构而成的。构制方法有表意和表音两种，以表意字为主。

① 佟冬主编：《中国东北史》（第二卷），长春：吉林文史出版社2006年版，第521页。
② 佟冬主编：《中国东北史》（第二卷），长春：吉林文史出版社2006年版，第522－523页。
③ 佟冬主编：《中国东北史》（第二卷），长春：吉林文史出版社2006年版，第524页。
④ 佟冬主编：《中国东北史》（第二卷），长春：吉林文史出版社2006年版，第525页。
⑤ 佟冬主编：《中国东北史》（第二卷），长春：吉林文史出版社2006年版，第525页。
⑥ 佟冬主编：《中国东北史》（第二卷），长春：吉林文史出版社2006年版，第806－808页。

1138 年，金熙宗完颜亶在女真大字基础上创制出一种笔画较简的女真小字，"与希尹所制字俱行用。"① 汉字、契丹字并行使用。女真小字传至高丽，有专人教授。金亡后，进入中原地区的女真人改操汉语，使用汉字。留在东北北部和边远地区的女真人，仍然使用本民族语言和文字。元代，蒙古统治者对东北部之合兰府水达达路等地，即混同江（今黑龙江）南北之地的女真人，"各仍其俗"，"随俗而治"，基本上保持其原来的习俗和生活习惯。可知当时这些女真人仍在继续使用自己的民族语言和文字。至明代，明成祖永乐五年（1407）设置四夷馆，其中专设女真馆，翻译东北女真人进贡的表文和明朝廷对东北女真各部的谕令。一直到明嘉靖十九年（1540），才不复见于载籍。

三、满文的发明和使用

明代初年，女真人与明朝廷之间的文字往来，完全使用女真文。朝鲜政府与女真人之间的文字往来也使用女真文。由于蒙文的传入，至少从元末明初起，女真文逐渐被废弃。海西女真从正统九年（1444）起正式宣布全面借用蒙文。建州女真是通过海西女真学会借用蒙文的，因此开始借用的时间稍晚，初期运用水平也不高。据朝鲜史料记载，明宪宗成化十三年（1477）建州女真开始以蒙文书启与平安道沿边女真往来致意，一段时间内还是女真、蒙古两种文字兼用。就建州女真来说，当时对蒙文的运用还很不熟练，如弘治十五年（1502），建州部中的岐州卫（寄往毛怜卫）所写蒙文书信"文理不通"，使人"未得详究情意"。正德十三年（1518）建州右卫都督沙吾章致朝鲜的"蒙古书启"，即使译成汉文后，也仍然十分蹩脚，词不达意。② 努尔哈赤势起后，蒙文已成为建州的主要通用文字，史载："胡中只知蒙书，凡文簿皆以蒙字记之。"女真人也自称"文稿往来，必习蒙古书，译蒙古语通之"③。

从 15 世纪 90 年代开始，在东部地区女真人中，出现了女真文与蒙文并用的情况。15 世纪末开始，女真人进入大规模应用蒙古回鹘文作为交往工具的阶段。"因女真字造字比较复杂，表音、表意、音义结合的字都有，而且一字一义，一字一音或数音，必须依靠大量形音各异的单字构词造句，在学习、书写、印刷条件都比较落后的情况下，女真文是比较难于学习、掌握和运用

---

① 佟冬主编：《中国东北史》（第二卷），长春：吉林文史出版社 2006 年版，第 809 页。
② 佟冬主编：《中国东北史》（第四卷），长春：吉林文史出版社 2006 年版，第 1260 页。
③ 佟冬主编：《中国东北史》（第四卷），长春：吉林文史出版社 2006 年版，第 1261 页。

的。"① 而作为字母—音素型文字的蒙古回鹘文是最便于学习、应用和推广的文字，"只要掌握了二十几个字母和基本语法，就可以比较自如地表达蒙古族语言"②。

由此，女真族在面临借鉴表意文字型的汉字还是字母—音素型文字的蒙古回鹘文的问题时，从使用范围、借用目的、运用水平③几个方面考虑，认为蒙古回鹘文比汉字简便易学，因而成为他们创制满文的基础。

万历二十七年（1599）二月，努尔哈赤顺应女真族长期借用蒙文的习惯，借鉴构制蒙文的方法，命额尔德尼、噶盖创制新文字。努尔哈赤指出创制的途径是：用蒙文字母拼写女真语言，编制的方法是："写'阿'字下合一'妈'字，此非'阿妈'（阿妈，父也）乎？'厄'字下合一'脉'字，此非'厄脉'（厄脉，母也）乎？"④ 后噶盖因罪伏诛，额尔德尼"遵上指授，独任拟制"⑤，完成无圈点老满文的创制。经过三十多年的实践应用，女真人总结了老满文存在的问题，即拼写成文后"若不能合上下文字之意义，诚属不易辨识"，找到解决办法后，天聪六年（1632），皇太极命达海对老满文"酌加圈点以分析之，则音义明晓，于字学更有裨益矣"⑥。

新满文较之老满文的变化有：将同一部位（字首、字中、字尾或独立形体）的同一字母的字形统一起来；同一字母表示两个以上不同音的，用"圈"或"点"加以区别；把原来的音节联系加以系统化、规范化；增加了 10 个特定字母，以便能够较准确地音译汉语等语言中的某些专有名词⑦。

老满文创制后，迅即被用来书写公文、记载政事。大约从万历四十年（1612）开始，额尔德尼被下令专门为努尔哈赤记录"一切的善政"。⑧

从其文字的来源看，古埃及文、腓尼基文等文字，是蒙文、满文的古老源头，同时后者特别是满文不仅仅简单照搬某个民族的文字，而是吸收了其他民族某些造字经验，并加以发展的结果。如蒙文、满文都吸收了印度文字的特点，把辅音字母和元音字母拼成合体字母，组成一个词的字母用粗线连

---

① 佟冬主编：《中国东北史》（第四卷），长春：吉林文史出版社 2006 年版，第 1260 页。
② 佟冬主编：《中国东北史》（第四卷），长春：吉林文史出版社 2006 年版，第 1260 页。
③ 从使用范围看，懂蒙文的人多于懂汉文的；从借用目的看，汉文仅限于某些公文往来，蒙文则既应用于公文往来，也应用于女真社会内部的交往；从运用水平看，女真人对汉文多限于听、读，能够用之撰文者少，对于蒙文则听、读、写均较熟练。——佟冬主编：《中国东北史》（第四卷），长春：吉林文史出版社 2006 年版，第 1263 页。
④ 《清太祖武皇帝弩儿哈奇实录》（卷二）。
⑤ 《清史列传》（卷四），额尔德尼。
⑥ 《清太祖实录》（卷十一），天聪六年三月戊戌。
⑦ 佟冬主编：《中国东北史》（第四卷），长春：吉林文史出版社 2006 年版，第 1265 页。
⑧ 佟冬主编：《中国东北史》（第四卷），长春：吉林文史出版社 2006 年版，第 1241 页。

接起来，从而更加易于区分识别。在字形上也有所改进，形态更加美观，特别是满文，又增加了一些新制字母和附加符号。①

在满文刚刚发明创立的时期，最重要的功能就是建立和维持人与人的关系，尤其是氏族内部的关系。满族非常重视家族谱系的传承，逢龙虎年修谱是常态，修谱时讲述祖先或家族、氏族的英雄事迹是维系氏族关系很重要的手段。那时家谱都是用满语书写的，讲述祖先的事迹也主要用满语，满语在其中起到了重要的作用。

契丹文字、女真文字、满文都属于阿尔泰语系黏着语型，以表音为主，契丹文字、女真文字兼具表意。在创制过程中，这三种文字主要结合了契丹语、女真语、满语的发音，并借用了其他语言（或汉字或满文）。在使用过程中，契丹大字因不能表示契丹语音而创小字；女真大字因笔画较为烦琐而创小字；老满文因不易辨识字母组合的发音而创新满文，即圈点文字。但其各自废止的原因不同。契丹文字在契丹灭亡之后仍被使用了几十年，直至金章宗明昌二年（1191）方停止使用。女真文字是在女真社会有所发展、女真文字逐渐丧失了作为女真语载体的功能时，伴随着对较先进的蒙文的借用而逐渐被废弃的。此时书面语与现实口语之间出现了很大距离，一些单词的发音、含义或者部分语法，已经不能反映明代女真口语的实际情况，严重丧失了作为语言载体的功能②。满文是因辛亥革命后满语在政治、生活中已不作为主要交流媒介而渐趋消亡的，现在讲满语的人极少，习满文者多为满族文化的爱好者或语言文化从业者。

契丹文字、女真文字、满文的发展历史

文字类型	创制年份	创制人	创制方法	流传范围	废止时期	创制前使用文字
契丹大字	923 年	耶律突吕不耶律鲁	仿汉字隶书增减笔画（表意文字）	少数人掌握，通行汉字		汉文
契丹小字	923 年或 924 年	耶律迭剌	表音文字		1192 年	

---

① 佟冬主编：《中国东北史》（第四卷），长春：吉林文史出版社 2006 年版，第 1264 页。
② 佟冬主编：《中国东北史》（第四卷），长春：吉林文史出版社 2006 年版，第 1258 页。

（续上表）

文字类型	创制年份	创制人	创制方法	流传范围	废止时期	创制前使用文字
女真大字	1119 年	完颜希尹、耶鲁	仿汉字楷书（表意表音）	学校教授		契丹字、汉文
女真小字	1138 年	完颜亶	简化大字笔画	传至高丽	1540 年	契丹字、汉文
老满文	1599 年	额尔德尼、噶盖	借鉴蒙文构制方法（表音文字）			女真字、蒙古回鹘文、汉文
新满文	1632 年	达海	老满文圈点			

　　从上表中我们看到，在契丹文字、女真文字、满文创制之前，汉文都曾作为这几个民族的日常交流工具。虽然满文在创制过程中并没有借鉴汉文，但是在满洲人与外界的交流中汉文依然占据重要的地位。

　　在没有语言文字之前，各个民族都经历了使用各种符号传达信息和记事的阶段。如契丹本无文字，唯"刻木为契"。契丹建国前，在与中原政权交际中可能使用汉字。[①] 金建国前，女真人没有文字。《金史·世纪》载，金四世祖献祖绥可带领完颜部"定居安出虎水之侧"时，生女真社会"无书契、无约束、不可检制"。至昭祖石鲁时，"稍用条教，民颇听从，尚未有文字，无官府，不知岁月晦朔，是以年寿修短莫地而考焉"。此时使用刻木为之的"信牌"，只是作为出使者的凭证，出使的内容必须依靠口述。蒙古汗国初建之时，蒙古族尚无本民族的文字，因而只能靠一些简单、原始的方法进行记事和传达信息，如"约言""结草""刻指""刻木""木契"。[②] 明代女真人内部经常使用"传箭"[③]"木契"[④]，类似于汉族军队使用的虎符、信牌，用于约

---

　　① 《辽史》（卷一），《太祖》载：906 年，"汴州朱全忠遣人浮海奉书币、衣带、珍玩来聘"。
　　② 佟冬主编：《中国东北史》（第三卷），长春：吉林文史出版社 2006 年版，第 459 页。
　　③ "传箭"，是东北地区少数民族各部之间较为普遍使用的表示约结出兵的传递信息的方式。其使用非常简单的标记、信号，表达的内容极为有限。
　　④ "木契"，又称刻木、画木、手指木等，是一种刻或画有一定符号或标记的木牌，其性质与作用大体与"传箭"相同。有时与木契一起使用的还有其他东西，如弘治五年（1492）都骨兀狄哈等"以刻木及貂皮为信"。——佟冬主编：《中国东北史》（第四卷），长春：吉林文史出版社 2006 年版，第 1253 – 1254 页。

兵、战争、遇险等情况之时；有时还将符号或其他标记书写于"桦皮书"上，如金代洪皓以桦皮四书教女真子弟①。

这些民族创制文字之后，掌握书写能力的人最初仅限于该氏族、部落或民族的宗教领袖或领导者。对文字的崇拜，让我们想到中国神话中仓颉造字时"天雨粟，鬼夜哭"的奇观。他们创制文字后，开始大量使用纸张来翻译和征集汉文书籍，在实际生活、交流过程中民族文字虽然是主要交流工具，但汉文仍然占据一定的地位。辽代虽然使用契丹文字，但因掌握的人较少，通行的仍然是汉文，包括朝廷的诏令奏议，对中原、西夏的一切国书，对高丽的各种文件等，都借用汉文；女真文字由于金朝统治者和女真贵族的提倡得到了广泛传播达于四境，以致越过国境影响到高丽；元代跟契丹相似，官方虽然兼用汉文和蒙古八思巴文，实际通用的仍然是汉文。不仅墓志碑刻大多使用汉文，士人研习的经书是汉文，除少数蒙古生员外，科场考试的程文也是汉文，就连一些蒙古族文人的诗文集，也都用汉文书写。② "国语骑射"是清朝统治者为维护满族统治地位而施行的重要政策，但在顺治中叶已出现满语与满文逐渐被荒疏或废弃不用的趋势，乃至于福临不准皇族子弟"习汉字诸书"，担心他们"习汉字，入汉俗，渐忘我满洲旧制"③，尽管如此，清代道光年间，除少数"满洲聚族而处"以及僻远之处尚通用满语外，绝大部分地方，包括满族人在内的绝大多数居民，均以汉语为社会交际语言。满文的使用，也仅限于黑龙江以及吉林部分地区。④

四、汉文的优势

汉字及其文化在各少数民族中的影响和传播非常广，不仅与汉字自身的特性及使用人口较多有关，也与少数民族一统中原的时间相对较短有关。中国的文字系统"成为一个高度发达的文化的源头，给文化发展以激励；中国文化对一切东亚文化都产生了强大的影响。正如凯特里所言，'在东亚历史上，汉字也有重要的、压倒性的重要意义，这就是中华帝国对朝鲜、日本和东南亚大部分地区所拥有的文化支配地位'"⑤。

汉字视觉形象很美，给许多诗歌创作提供了灵感。"写作者不仅能全神贯

①　佟冬主编：《中国东北史》（第四卷），长春：吉林文史出版社2006年版，第1252页。
②　佟冬主编：《中国东北史》（第三卷），长春：吉林文史出版社2006年版，第467页。
③　佟冬主编：《中国东北史》（第四卷），长春：吉林文史出版社2006年版，第1877页。
④　佟冬主编：《中国东北史》（第四卷），长春：吉林文史出版社2006年版，第1880页。
⑤　罗伯特·洛根著，何道宽译：《字母表效应：拼音文字与西方文明》，上海：复旦大学出版社2012年版，第39页。

注于语词，而且能聚精会神于汉字的符号，透过运笔的气势，仿佛是在作画……书写的方式几乎和内容一样重要。"要得心应手地掌握汉字，一般要花20年的工夫。这样的学习是很费时间的，是精英主义的。汉字还有一个有趣的特征，方言不能互通的人交谈时无法沟通，但如果诉诸笔端，他们就能读懂同样的文字，并将其译解为自己的方言。汉字的语标性质使"口语不能相通的人能够交谈，办法就是用铅笔写，而不是用舌头说"①。3000多年来汉字变化很小，所以当代中国人能阅读3000多年前的文字。

每一种语言都有长处，也有短处。汉语既成全又限制了中国作家，在某种程度上，它规定了中国文学的发展方向。表意文字创造的艰难，再加上远古文人书写条件的限制，自然形成汉语简洁的表达习惯；汉语没有严格的数、格，复句少，逻辑性不强，故中国人相对长于"醉"的诗而短于"醒"的文；文言文言简意赅，语义含糊，故重意会，重领悟，这促使中国诗人避开"易于穷尽"的"正言直述"，而言比兴，求含蓄。也许，对中国叙事诗影响最大的，还是因使用表意文字造成的语音、文字严重脱节。

远隔千年，中国人仍然可以凭借书本跟先秦诸子直接对话，这自然是十分惬意的。也正因为这种语言文字的便利，中国人容易养成深厚的历史感与崇古的价值取向。对于文学传统的形成，中国表意文字的延续性和相对凝固的特点起了不容忽视的作用。秦始皇统一了文字，但没有，也不可能统一读音，这就给后世文、言的严重分离留下了祸根。生活在方言区的诗人不一定用超方言性质的通用语言（如先秦时代的雅言、明代的官话、新中国成立以后的普通话）讲话，却必须用它作诗——借助于韵书，各方言区的诗人获得了同一种音调，但这必须以舍弃充满生活实感的口头语而归附书卷气十足的书面语为代价。诗人要想使自己的诗篇进入文学交流系统，为各方言区的读者所接受，就必须学习通用语言。尽管也有诗人别出心裁，以方言土话入诗，但那只能偶而为之，方能出奇制胜。

正因为契丹、女真、蒙古、满族在其民族的历史发展过程中，与汉族的交往贯穿始终，所以接受汉字和汉文化的影响也是必然的。

---

① 罗伯特·洛根著，何道宽译：《字母表效应：拼音文字与西方文明》，上海：复旦大学出版社2012年版，第39页。

第二节　满族及其先世与汉族的文化交流

有记载的满族及其先世与汉族的文化交流始于唐代。隋唐之际，东北各族文化教育发展情况千差万别，各有特点。但由于竞相与中原交往，特别是在盛唐文化的影响、辐射下，民族间的文化交流与融合日益加深，中原汉文化深深扎根于各族之中，使其风俗文化发生了根本性的变化。因此，唐代许多知名人士称东北各族为"洲（海）东之国，知义之道，与华夏同风者"[①]，或称"大抵东夷书文并同华夏"[②]，盛赞同内地"车书本一家"[③]。

文化上，渤海政权建立后，为适应自身发展需要，诸王大力提倡学习中原文化。一是将中原文化典籍作为施政依据和参考，以及兴学助教之用。二是不断向唐朝派遣生徒，进入太学，习识古今制度，增长管理国家的才干，培养出许多汉文化修养高的官吏，在治理渤海中发挥了重要作用。[④]

契丹、女真、满族所创文字在百姓间的传播情况不一，掌握文字的也是人数较少的贵族或官吏子弟。各个政权在重视接受和吸收汉文化的同时也采取了一定的措施促进对汉文字的学习、使用和传播。

一、吸收借鉴汉文化

1. 教育组织——从官学到私学

契丹文字在辽朝是一门专门学问，并没有被平民百姓普遍掌握。在《辽史》列传中，提到通晓契丹文字者，仅有耶律倍、耶律庶成、萧韩家奴、耶律大石等十几人。

金朝对女真字的使用非常重视，首先，朝廷在京城和各路设学校，立学馆，传授女真字，培养女真族人才。金世宗时，为了鼓励民众学习女真字，特将招收条件放宽，从招女真贵族子弟放宽到"择猛安谋克内良家子弟"，诸路学生达三千人。同时，增设女真字学校，加强对学校的管理。全国共设府

---

① 元稹：《元氏长庆集》（卷四十九），唐穆宗敕《渤海王子加官制》。
② 杜佑：《通典》（卷一五八），《东夷序略》。
③ 温庭筠：《送渤海王子归本国》，见《温飞卿诗集笺注》，上海：上海古籍出版社 1998 年版，第 96 页。
④ 佟冬主编：《中国东北史》（第二卷），长春：吉林文史出版社 2006 年版，第 184－185 页。

州学 22 处。① 其次，创设女真进士科，通过女真文考试，为金朝遴选官员。②我们可以设想，金亡之后女真字还能使用二百多年，与其使用、流布范围广有一定关系，与金朝对文字的重视有关。

明代前期和中期，女真族几无学校教育可言，但是建州女真"用女真文字献书"与明朝和朝鲜往来，海西女真"用达达文字"作为交往工具；特别是嘉靖至万历初，一些女真首领，如女真建州右卫的王皋（1539—1575）"有才辩，能解番汉语言字义"，努尔哈赤"读书识字，好看《三国》《水浒》"。明代女真族的第一个著名的学者达海（1595—1632）"九岁读书，通晓满汉文义"。另一女真学者额尔德尼（1581—1623）"兼通蒙古、汉文"，与噶盖两人称"夙习蒙古文字"。可见在女真族中还是存在学习语言文字的行为，但传授知识的具体途径不得详知，估计可能有私塾之类的教育。③ 天命六年（1621）六月，后金在八旗中每旗设学校一所，任命八人为学校的"巴克什"教授汉文。当时的师傅还有一批汉族的辽东秀才。天聪五年（1631），皇太极开始强调学校教育，但效果不大，"金人家不曾读书，把读书极好的事反看作极苦的事，多有不愿的，若要他们自己请师教子，益发不愿了"。因而，汉官胡贡明建议"当于八家各立官学，凡有子弟者，都要入学读书，使无退缩之辞"，并要求选拔"有才学可为子弟训导的"，"供以衣食"，使之教授八旗子弟。④

八旗学校规模不大，专门教授八旗贝勒、大臣子弟，一般女真—满族百姓子弟仍然没有学校可以读书。八旗学校为教授 8～15 岁儿童的初级启蒙学校，直到天聪十年（1636）三月改文馆为内三院后，才在内三院之下设立了专门培养文职官吏的学校。⑤

据《清史稿·选举志·学校》载：清代倍加重视八旗教育，"有清学校向沿明制，京师曰国学，并设八旗宗室等官学。直省曰府州县学。世祖定鼎燕京，修明北监为太学，顺治元年置祭酒、司业及监承、博士、助教、学录、典籍、典簿等官，设六堂为讲肆之所，曰率性修道，诚心正义、崇志广业，一仍明旧"。又载："康乾间天子东巡，亲诣阙里，拔取生员。"

清代前期，东北的学校教育事业有官办与民办两种。官办学校中又分为八旗官学与州县儒学两种，八旗官学主要教育旗人子弟，盛京、吉林、黑龙

---

① 佟冬主编：《中国东北史》（第二卷），长春：吉林文史出版社 2006 年版，第 811 页。
② 佟冬主编：《中国东北史》（第二卷），长春：吉林文史出版社 2006 年版，第 810－812 页。
③ 佟冬主编：《中国东北史》（第四卷），长春：吉林文史出版社 2006 年版，第 1227－1228 页。
④ 《天聪朝臣工奏议》（卷上），胡贡明"陈言图报案"。
⑤ 佟冬主编：《中国东北史》（第四卷），长春：吉林文史出版社 2006 年版，第 1229－1230 页。

江以及东三盟的南部均设有八旗官学；州县儒学主要教育汉人子弟，仅设于盛京及吉林地区。民办私塾，则广泛分布于黑龙江中上游以南的各主要城镇，不分民族，而以教授汉文与儒学为主。① 在辽东广大城乡开设私塾教授民间子弟的，大体为三种人，一是適迁辽东的内地官员，二是当地屡试不第的秀才，三是致仕乡居的官吏。这些人大多具有较高的文化修养，或在学术上有一定的造诣，家居无事，应乡里之请，便以教授学童为业。②

2. 搜集汉文书籍及汉族人才

在破辽过程中，金太祖开始留心文事，不仅收揽辽渤海、汉族文士，而且诏令访求女真博学雄才之士，赴阙从政。太宗即位后，在与宋作战的同时，网罗宋朝文士，大批收取图籍、仪仗。③ 1127 年，金军攻占汴京，史书记载宗翰遣兵进城，搬运的第一批财物是书籍。④

完颜勗，好学问，女真人呼为秀才。太宗天会初年，参与政事，时金克宋汴京，太宗遣其往军中慰劳，宗翰等问其所欲，答曰："惟好书耳。"载数车而还。"好访问女真老人，多得祖宗遗事"，后奉命采撷遗言旧事，作实录，"自始祖以下十帝，综为三卷"，"事有详有略，咸得其实"。⑤

洪武十五年（1382），刊行了由火源洁编纂的《女真译语》，供明官吏学习女真文用。

天命后期，努尔哈赤结集了一批女真和汉人秀才，负责文书记录及典籍档案的收藏等工作。皇太极积极提倡学习汉文化，促进满族文化的发展。天命三年（1618）设立文馆，因为皇太极"乐观古来典籍"，把文官儒臣分成两组，一组由巴克什达海主持，率领笔帖式刚林等四人"翻译汉字书籍"；一组由巴克什库尔缠主持，率领笔帖式吴巴什等四人"记注本朝政事，以昭信史"。⑥

3. 重视汉文化的翻译工作

金朝非常重视对女真文字的使用，设置译经机构组织翻译汉文经籍。翻译《贞观政要》《白氏策林》《史记》《汉书》及各家子书和史书，传播先进的中原汉文化，"令译'五经'者，正欲女真人知仁义道德所在耳"⑦。

---

① 佟冬主编：《中国东北史》（第四卷），长春：吉林文史出版社 2006 年版，第 1843 页。
② 佟冬主编：《中国东北史》（第四卷），长春：吉林文史出版社 2006 年版，第 1222 页。
③ 佟冬主编：《中国东北史》（第二卷），长春：吉林文史出版社 2006 年版，第 814 页。
④ 佟冬主编：《中国东北史》（第二卷），长春：吉林文史出版社 2006 年版，第 804 页。
⑤ 佟冬主编：《中国东北史》（第二卷），长春：吉林文史出版社 2006 年版，第 805 页。
⑥ 佟冬主编：《中国东北史》（第四卷），长春：吉林文史出版社 2006 年版，第 1240 页。
⑦ 佟冬主编：《中国东北史》（第二卷），长春：吉林文史出版社 2006 年版，第 810 – 812 页。

　　17 世纪前，从整体看来明代女真的文化是相当落后的，甚至没有用旧女真文为我们留下任何有关女真人自身历史的记载。女真新文字——老满文的创制，为女真人用自己的文字记录本族的历史，以及翻译介绍汉文典籍提供了条件，促进了满文著述事业的发展。①

　　天聪三年（1629）十月，皇太极遣人至朝鲜，索回《春秋》《礼记》《周易》《通鉴》《史略》等一大批汉文书籍。② 皇太极时期，命人翻译完成《刑部会典》《素书》《三略》《万宝全书》《金史》等书。用满文写作史学著作始于天聪三年的编年体《满文老档》，原本 37 册，译成汉文约 69 万字。另还有满文撰写的《太祖、太后实录》《太祖实录战图》两种。③ 清代，由满洲翻译家用满文来译著的汉文作品，数量相当之大。有研究者综合各种书目文献，专门对清代译自汉文的满文作品做过一项自称是尚不完全的统计，结果居然有 153 种之多。④ 其中小说占到了十之八九，差不多纳入了当时汉文创作中所有较受欢迎的作品。而《三国演义》《金瓶梅》《聊斋志异》的翻译被学术界推崇为民族语文译著的经典。

　　清末光绪帝和宣统帝由于自幼受南方汉族师傅的熏陶和影响，被灌输了"民族（满族）文化无用论"的思想。宣统帝疏远满文师傅伊克坦，甚至不愿学习满文。⑤

　　辛亥革命之后，"严格禁止用满语教学。从此之后，满语只局限在家庭生活中继续使用，并且一点一点地让位给汉语"。"在吉林和盛京，汉语的影响一直很大。在 20 世纪前半叶，满语的运用已经明显衰微，而在宁古塔地区这一满族人本来的范围内，人们几乎完全不再使用满语。"⑥ 20 世纪中晚期，只有远在黑龙江流域与嫩江流域的少数村屯的满族人，还会进行一些日常的满语对话，时至今日，齐齐哈尔市富裕县三家子村还有一部分满族老人可用满语日常交流并讲述民间故事。但就整体而言，满族已进入"后母语"阶段⑦。

二、汉文化与满族文化的交流

　　从民族构成而言，"满族更像一个民族志上的综合体，包含了一些通古斯

　① 佟冬主编：《中国东北史》（第四卷），长春：吉林文史出版社 2006 年版，第 1240 页。
　② 佟冬主编：《中国东北史》（第四卷），长春：吉林文史出版社 2006 年版，第 1242 页。
　③ 佟冬主编：《中国东北史》（第四卷），长春：吉林文史出版社 2006 年版，第 1243 页。
　④ 赵志忠：《清代满语文学史略》，沈阳：辽宁民族出版社 2002 年版，第 98－104 页。
　⑤ 金启孮：《北京城区的满族》，沈阳：辽宁民族出版社 1998 年版，第 119 页。
　⑥ 前两条均引自史禄国著，高丙中译：《满族的社会组织——满族氏族组织研究·引言》，北京：商务印书馆 1997 年版，第 12 页。
　⑦ 关纪新：《巡礼满族文学与文化》，《社会科学战线》2012 年第 8 期。

人的因素、一些古亚细亚人的因素，后来又加入了汉族人的因素"①。从民族之间的交往情况而言，"满族（及其前身女真族）与汉族有着悠久的历史关系和文化关系，习惯上的相互影响，在十一二世纪以前就已开始。早在金朝时期，汉人就有冠女真姓的。女真人更有冠汉姓的"②。

从 17 世纪 20 年代中叶起，女真族进入辽沈地区，打破了辽东边墙这一人为的文化区域樊篱，特别是女真—满族上升为东北地区内占统治地位的民族，于是民族文化融合的发展趋势便从以汉化为主流，转变为以满汉文化融合为主流。满族文化具有了更强劲的发展势头，并有力地影响着其他民族文化的发展。因而东北地区各族文化习俗的发展，以女真族进入辽沈地区为分界点，分成了两个不同的发展阶段。③

有学者因满族母语文学未得到充分的发展而扼腕，当然，对汉文化的吸纳不仅有统治者出于统治的需求，也有下层民众交往过程中的互相吸引。"满族政治军事的迅速崛起与疾速进入中原，没有给自身文化的长足推衍留有充裕时间。全民族倾巢进关，政治利益上的巨大攫取，跟文化库存上的大幅流失，几近同步，亦自是宿命。满语满文与满族间的彼此乖违，是满洲民族的莫大损失。"④ 入主中原后，因清政府"国语骑射"政策的影响，"几乎所有的满族人都懂满文，写满文。但是，他们也懂汉语，并且对汉语文献极有兴趣，于是汉文书本逐渐把他们的兴趣转移到汉族人的天地之中来"。他们学习汉文化，书面文学创作越来越多，诗词歌赋、弹词戏曲、笔记说部各种体裁都有。对于其创作，汉族文人也给予了高度评价。因为这些书面创作，都是按着汉族文人写作的模式写出来的。满族下层人士对它们没有太多的兴趣，他们的兴趣寄托在口头文学上，因此口头文学也在向前发展。于是，满族文学的发展，呈现出"双轨制"。⑤ 满洲民间喜好"讲古"，在他们与汉族文化接触之初，也将这方面的兴致，转移到汉族的"讲古"作品上。努尔哈赤、皇太极，都痴迷于罗贯中所著长篇历史小说《三国演义》的故事。天聪年间，皇太极亲自命学者达海着手翻译这部作品。当时的满洲将士能读懂汉文书籍的极少，通过阅读满文本《三国演义》，他们不但满足了艺术愉悦上的享受，

---

① 史禄国著，高丙中译：《满族的社会组织——满族氏族组织研究》，北京：商务印书馆 1997 年版，第 188 页。
② 金启孮：《北京城区的满族》，沈阳：辽宁民族出版社 1998 年版，第 45 页。
③ 佟冬主编：《中国东北史》（第四卷），长春：吉林文史出版社 2006 年版，第 1187 页。
④ 关纪新：《巡礼满族文学与文化》，《社会科学战线》2012 年第 8 期。
⑤ 金启孮：《北京城区的满族》，沈阳：辽宁民族出版社 1998 年版，第 81 页。

更把书中的文韬武略，直接运用到现实政治、军事乃至思想修养上。①

满族人长于思考各种问题，"满族人在聚会时讨论各种问题。历史问题、哲学问题、宗教的特别是萨满教的问题，以及政策问题，是最有意思的讨论内容。正因为如此，可以进入的人际圈子现在变得越来越有限了。所以说，满族社会是一个非常挑剔的社会"②。

然而，对汉族文化的吸纳与民族文化的融合并未完成，尤其是史禄国于19世纪末、20世纪初调查时发现，"满族人就总的来说，正在大量采纳汉族的社会制度和文化；他们正在一点点放弃他们的民族语言，毁损他们的古老文化；他们正在逐步把氏族的观念移交给国家。由于发生了这一过程，满族固有的文化开始解体，却未能弥补由此造成的制度、习惯和伦理道德的空乏——尚未完全采纳汉族的文明。满族人已经失却了文化的平衡，并且，作为一个民族整体，他们正处于一种没落状态"③。

在尚未完成融合的文化状态下，遇到像辛亥革命这样的事件，满族人无法形成本民族的文化向心力。"满族人在中国形成了一个统治阶级，与此同时，他们具有强烈的民族感情，但是，汉族环境对他们的影响是如此见效，以致当1911年革命爆发时，满族人甚至未能捍卫他们民族的独立——他们已经失去了他们的民族抵抗力。经历这次失败之后，他们改变了他们的同情心和感情，在外省的满族人中，开始掀起一场恢复本民族的制度的运动。由于涌现了这种新的精神，就我在旅行中所见的满族人而论，他们经常讨论的话题是萨满教、满族书籍、满族教育，等等。他们开始在他们自己人中区分谁'背叛了清朝'，谁没有；并指责一些氏族失去了它们的谱牒和神灵，或忘掉了本民族古老的歌曲和风俗。这种普遍的民族主义激情特别强烈，也特别富于挑战性，因为有一帮官员，他们失去了地位，不得不回乡，于是他们有大量时间来宣泄民族主义情感。与此同时，这些人不可能找到有益地发挥他们治理汉族人的经验的机会，他们也不想使自己适应和'劣等人种'一样的地位。他们从这一情绪化的立场考虑一切事实，他们的所有观点都涂上了这种恼怒的自恋色彩。而现在，他们的观念出现了一种奇怪的混乱和替换。一些纯粹是汉族式的制度，他们现在认为是他们本民族的，而一些满族的制度和

---

① 关纪新：《展读清代满洲文学》，《西南民族大学学报》（人文社会科学版）2012年第6期。

② 史禄国著，高丙中译：《满族的社会组织——满族氏族组织研究》，北京：商务印书馆1997年版，第164页。

③ 史禄国著，高丙中译：《满族的社会组织——满族氏族组织研究》，北京：商务印书馆1997年版，第171–172页。

风俗，他们却归于汉族。"①

辛亥革命后，满族贵族不仅丧失了统治全国人民的政治权力，也失去了对满族人民的控制权。昔日清政府在政治、军事、法律、经济诸方面对满族实施的特别待遇被取消，改变了满族高于国内其他民族的地位，满族人民自身也挣脱了影响其发展的沉重束缚，从此开始同全国各族人民，特别是汉族人民更为广泛和自由的接触，"满、汉畛域"终被破除。满汉人民共同生产劳动，共同生活娱乐，共同参加维护自身利益的斗争，传统文化相互影响和新文化普遍建立。相比之下，汉族对满族的影响更甚，此时满族文化发展的总趋势是满汉融合。另外，资产阶级革命不可能正确处理民族问题，因而满族部分成员受到迫害，在一段时期内受到歧视，居于北京和关内驻防各地的八旗人家多有隐瞒民族身份者。此种情状同样汇入满汉融合的大潮流。②

正如满族这一族群是多民族的聚合体一样，"满族文学是在国内不同质地的民族文化彼此碰撞与互动中形成的。没有自我的魂魄，与没有向文化先进的汉民族学习，对满族文学的成长与成熟，都是不可想象的"③。文学呈"双轨制"发展几乎是中国所有少数民族文学发展的规律。双轨制发展，当然包含了竞争，但是口头文学总是处于劣势，在该民族的发展进程中不断消失，越来越少。直到五四运动以后，由于提倡使用白话文，民间口头文学才受到重视，就满族文学来说，此时已濒临危机边缘了。④ 口头文学因长期没有人记录，又在许多邻近民族中流传，内容必然受到许多邻近民族语言、习俗的影响。北京的京旗满族的口头文学也一样。其邻近民族语汇、称呼、习俗的羼入，实达可惊的程度。⑤ 京旗满族的口头文学，非常丰富。因为只是代代口耳相传，越传越少，现在几乎没有了，更不用说被写入民族文学史了。⑥

满族人中，精读经史子集者是极少数，绝大多数人喜爱的是口头文学。"满族文学本以口头文学为主，老北京人人知之。满族最初和赫哲、达斡尔、鄂温克等族一样，流行的是如《尼山萨满》那样的说唱文学，因而对汉族的词话、鼓儿词一类的边说边唱的文学，极易欣赏和接受，在这种影响下才创造了满族曲艺八角鼓和《子弟书》，成为特有的一种曲艺。"⑦ 而"元明两代

---

① 史禄国著，高丙中译：《满族的社会组织——满族氏族组织研究》，北京：商务印书馆1997年版，第165页。

② 富育光、孟慧英：《萨满教研究》，北京：北京大学出版社1991年版，第60-61页。

③ 关纪新：《巡礼满族文学与文化》，《社会科学战线》2012年第8期。

④ 金启孮：《北京城区的满族》，沈阳：辽宁民族出版社1998年版，第81-82页。

⑤ 金启孮：《北京城区的满族》，沈阳：辽宁民族出版社1998年版，第82页。

⑥ 金启孮：《北京城区的满族》，沈阳：辽宁民族出版社1998年版，第88页。

⑦ 金启孮：《北京城区的满族》，沈阳：辽宁民族出版社1998年版，第104页。

说部如《水浒传》《金瓶梅词话》多是说唱文学，唱的部分多为七字一句，鼓儿词说唱本也都是七字一句。所以《子弟书》多七字一句，实受以上这些既有的书的影响"①。满族下层极喜看说唱一类小套的书，家庭妇女识字的亦然；极喜爱的还有《康熙私访》、《乾隆下江南》（当时叫做"打江南围"）、《永庆升平》和各种"侠义""公案"小说，但这些不一定都是满族人作的。②而满洲著名作家的文学名著，如《红楼梦》《儿女英雄传》等书，在京旗下层特别是旗兵中没有市场。满族下层中念书的孩子不多，基本是到私塾中读书，但念几年就不念了。他们知道一些历史故事，"如瓦岗寨、罗通扫北、十二寡妇征西、三国、隋唐、西游等，多半是从每年 4 月村中的庙会上听说书或看拉大片得来的（那时电影还没普及到农村）。年下也有背着草廉子宝卷年画到村中去卖的。最受欢迎的年画是清朝列代皇帝像——从顺治到光绪，外加一个西太后——每个皇帝像在一个椭圆的圆光里，一共十个（我曾看见许多人家贴着这个）。再有就是'吉庆有余''多生贵子'之类，这些都是套印画。还有'吴三桂请清兵'，也是苏拉们所欢迎的，那是杨柳青的木版画，现在早已看不见了"③。

满族文学和汉族文学在互相借鉴吸收的基础上，"你中有我，我中有你"，但并没有完全丧失自己的民族特性，仍最大限度地保留了民族文化的独特性，"你还是你，我还是我"。

三、宗教层面的满汉交流

进入明代之后，元时曾在东北地区有所传播的基督教基本绝迹，伊斯兰教的活动也处于沉寂的状态。比较活跃的是佛教与道教两大传统宗教，尤以佛教最为兴盛，以辽东地区为中心，北至黑龙江下游奴儿干有永宁寺，东至朝鲜半岛北部海洋有大广济寺，西部兀良哈地区也建有许许多多佛教楼子，影响所及十分广阔。④ 女真及蒙古族固有的萨满教，在明代发生了很大变化，一是从万物有灵向把天作为至高无上的神转化；二是在某些宗教活动上受到了法令的限制与制止；三是从整体上看，萨满教的主导地位已为佛教所取代，在蒙古族中主要是喇嘛教占据统治地位。⑤ 满族在很长一段时间里保留着特有的民族信仰习惯——崇信原始萨满祭礼，一直到新中国成立后，在东北的满

① 金启孮：《北京城区的满族》，沈阳：辽宁民族出版社 1998 年版，第 103－104 页。
② 金启孮：《北京城区的满族》，沈阳：辽宁民族出版社 1998 年版，第 81 页。
③ 金启孮：《北京郊区的满族》，呼和浩特：内蒙古大学出版社 1989 年版，第 94 页。
④ 佟冬主编：《中国东北史》（第四卷），长春：吉林文史出版社 2006 年版，第 1319 页。
⑤ 佟冬主编：《中国东北史》（第四卷），长春：吉林文史出版社 2006 年版，第 1319 页。

族中，仍有许多姓氏家族萨满定期举行的以祖先崇拜为主的萨满祭祀礼仪。萨满教的传播是民族古老文化的稳定剂，使数千年来固有的民族信仰习俗，得以持久延续和表达。清代前期在东北地区仍以佛教、道教及萨满教为主要宗教流派，与明代比较，佛、道两教势力又向北部地区有了较大的扩展。佛、道两教主要在汉族中广为传播，佛教在满、蒙古两族中也有发展。萨满教仍是满族等少数民族的主要宗教信仰。来自内地的汉族，把内地的一些民间信仰移植到了东北地区，结合东北的社会与自然条件特点，创造出不少新的崇拜偶像。

据说满族进入北京之后，到光绪末年为止，清朝宫廷中跳神所供的神是关圣帝君、白衣观音、长白山神等，这些神多是汉族的或受汉族影响而被创造的神。日常生活中如正月初二祭财神，十九日赴西便门外白云观会神仙，安定门外黄寺（十五日）、黑寺（二十三日）、雍和宫（三十日）打鬼，建造大钟寺、土地庙、药王庙等，多是明朝原有的（有的甚至是明朝以前的），没有哪一个神、哪一个庙是清朝满族统治者为供满洲神盖起来的。而黄寺、黑寺、雍和宫等喇嘛庙，是清代统治者为笼络蒙古族、藏族的上层而修，无关京旗的满族。①

京旗满族除在家祭祖之外，其信仰已和汉族基本一致。他们的宗教信仰，只能说是一种年中行事，如在白云观、土地庙、药王庙、蟠桃宫、东岳庙、妙峰山等处也多半只是应节烧香或许愿，兼带旅游性质而已。② 汉族信仰的，也就是满族信仰的。蒙古族、藏族的神除蒙古、藏二族外，满族也信仰。汉族人去烧香的就比较少一些。③

满族信仰汉族、蒙古族、藏族的神，且超出本民族的神之上，就不只是简单的同化问题，其中很有可能包含着团结各族的策略。满族看清了宗教的力量，这种做法很有远见，很了不起。满族对它所信的萨满教，并不特别推崇，甚至东北流传着一个萨满和喇嘛斗法最后皇帝帮助喇嘛迫害萨满的民间传说故事。其实这是萨满教徒出于对本民族皇帝的不满而编造的。④ 值得注意的是汉族的佛教、道教，蒙古族、藏族的各派喇嘛教和满族的萨满教，从教义到信仰都有一脉相通之处，相互之间极容易"求同存异"，和睦相处。这对中国的长治久安起到一定的作用。⑤

---

① 金启孮：《北京城区的满族》，沈阳：辽宁民族出版社 1998 年版，第 22 页。
② 金启孮：《北京城区的满族》，沈阳：辽宁民族出版社 1998 年版，第 22 页。
③ 金启孮：《北京城区的满族》，沈阳：辽宁民族出版社 1998 年版，第 22 页。
④ 金启孮：《北京城区的满族》，沈阳：辽宁民族出版社 1998 年版，第 22 页。
⑤ 金启孮：《北京城区的满族》，沈阳：辽宁民族出版社 1998 年版，第 22 页。

清朝统治阶级为了长治久安、巩固本民族的统治，无论在文化还是宗教上都有其独特的策略，文化上实行双轨制，宗教上兼收并蓄。而民众中对长篇说唱艺术、叙事文学的喜爱一以贯之。

第三节 满族说部的历史

1999 年，钟敬文先生跟前去陈述满族说部事项的工作人员说："满族是一个伟大的民族，千百年来，有那么多氏族传承下来这么多的英雄故事，而且都是长篇，很了不起。周扬在世时我曾向他汇报过，周扬说，满族说部篇幅长，蕴藏量大，哪一卷集成也容纳不下，等我们搞完三套集成再集中力量抢救它。说起来，这已经是十几年前的事情了。现在你们吉林的民间故事卷已经出版了，有力量来抓抢救满族说部的工作。因为满族说部都是大部头的作品，我想，你们不要往三套集成上靠，要单独申请国家科研项目，我给你们写满族说部的推荐信。"①

在这之后的几年时间里，吉林文化部门高度重视满族说部的抢救、搜集、整理工作，终于出版了三批"满族口头遗产传统说部丛书"40 本，给大家的印象是体量大、篇幅长，其发掘出版的历史较为坎坷，使用的语言有女真语、满语和汉语，被记录下来的文字有满文和汉文。这些说部作品将"从远古到近代，满族及其先民如何薪火相传，坚韧跋涉历史长河的历时性作为，相当饱满、直观、立体地展现于前"②。

一、满族说部与长篇叙事文学

满族说部特指在满族民间流传的口头文学样式，记载见于 20 世纪 30 年代出版的清人笔记小说中③。大致与此同时，黑龙江省大五家子、四季屯一带的文化专家们对这一概念也有多次讨论。在此之前有"讲古""讲祖""乌勒本""德布达林"等称呼，现在满族说部和"乌勒本"依然并存。而那些以往被界定为神话、传说、故事或说唱文学的某些民间文学文本也被纳入满族说部，如《尼山萨满》《天宫大战》《东海窝集传》等，因而在其传统分类中

① 荆文礼：《三年筹划为抢救满族说部奠定思想、组织基础》，见周维杰主编：《抢救满族说部纪实》，长春：吉林人民出版社 2009 年版，第 21 页。

② 关纪新：《文脉贯今古 源头活水来——满族说部的文化价值不宜低估》，见郛汉明主编：《满族古老记忆的当代解读——满族传统说部论集（第一辑）》，长春：长春出版社 2012 年版。

③ 在笔者的调查中，发现满族说部传承人如此说，但是具体问到出自何处，又语焉不详。

出现了重叠和交叉的现象。"讲古""讲祖"习俗在大多数少数民族中都有，不宜作为学术概念处理，这是满族说部产生、传播的民间土壤；"德布达林"特指满族中比较古老的叙事诗，流传的时间较长，现已难寻踪迹。

我们可从史禄国先生的记述中查到相关的记录。他"于 1912 年开始对通古斯人进行民族调查，并于 1915 年来到阿穆尔河两岸，在这里的通古斯部落和满族人之中待了约 18 个月"①。"1912 年和 1913 年我曾到后贝加尔做过三次考察，1915 年至 1917 年我又去蒙古和满洲做了考察。"② 史禄国在《北方通古斯的社会组织》中最早提及满族民众中传统的"说古"盛事："讲述传说和故事是满族人喜闻乐见的一种消遣方式。这里有一种半专业性的故事能手，他们在人们空闲的时候表演。满族人把幻想性的故事（他们称为'说古'）与历史性的故事相区别，他们通常更喜欢历史性的故事。只有在冬天，满族人才为了听故事聚在一起，他们在下午和晚上花很长的时间听故事能手讲述。他们更喜欢男故事能手，而不是女故事能手。"③

"讲古"在满族民间又称为"说古"，或叫"说古趣儿"，这是满族往昔极为普遍的民俗活动。从时间上看，满族的"讲古"习俗历史非常悠久，从金朝开始就已有相关的文字记载，这种"讲古"活动，在晚清还相当活跃，伪满时期以后逐渐衰落，迄今只在少数满族人比较集中的村屯或可看到。④

史禄国还特别记录了《尼山萨满》，"在访问瑷珲（今黑河）地区的满族人期间，我采录了称得上是满族《奥德赛》的《特普塔林》（Teptalin，应为 Debtelin），它是由一位老太太口述给我的。我所记录的这一诗篇以及其他的故事、传说和各种不同的萨满歌词是我们进行民族研究的极好的参考资料"，"这部美不胜收的史诗以及满族民间文学的其他资料有一些部分已被翻译出来，但由于俄国的政治动荡而未能发表"⑤。可惜史禄国所采录的《特普塔

---

① 史禄国著，吴有刚等译：《北方通古斯的社会组织·作者序言》，呼和浩特：内蒙古人民出版社 1985 年版。

② 史禄国著，吴有刚等译：《北方通古斯的社会组织·作者序言》，呼和浩特：内蒙古人民出版社 1985 年版。

③ 史禄国著，高丙中译：《满族的社会组织——满族氏族组织研究》，北京：商务印书馆 1997 年版，第 166 页。

④ 王宏刚、金基浩：《满族民俗文化论》，长春：吉林人民出版社 1991 年版，第 191 页。

⑤ 史禄国著，高丙中译：《满族的社会组织——满族氏族组织研究·前言》，北京：商务印书馆 1997 年版，第 2、3 页。

林》现在已确认是彻底散失了。①赵志忠认为德布达林是满族说唱文学，比较
有代表性的是《莉坤珠逃婚记》（又称《琛鄂勒斗莫日根》）。② 20 世纪 80 年
代，赵志忠在黑龙江、嫩江一带采风时，曾记录下一部满族说唱故事《空古
鲁哈哈济》。有的德布达林作品和"朱春"③ 的剧目类似，如朱春的代表性剧
作《莉坤珠逃婚记》由叙事说唱诗《莉坤珠与森额勒斗》直接演变而来。④
据称有的学者近年来搜集到了满文记录的《莉坤珠逃婚记》片段，2013 年，
富育光等人在黑龙江省沿江乡四季屯村何世环家中听到老人用满语、汉语讲
述的《耶钦哈哈吉的故事》，这是《莉坤珠逃婚记》流传于民间的片段。

　　从上文中我们发现满族人在发展过程中从上至下地吸收并接受了汉语、
汉文化。正如史禄国所言：满族人是东亚大陆非汉族人口成为中国的统治阶
层的民族之一，只是部分地采纳汉族文化而实现对中国的统治，但是，在获
得这一胜利后不久，他们失落了固有的民族文化——正是依靠它，他们才成
为中国的统治者。当他们的民族文化陨落时，他们也丧失了自己的权力。现
在，满族人作为一个独立的民族，注定要完全消失，不过，他们已经把他们
的新知识传给了与他们同源共祖的一些民族群体，例如，满洲和蒙古的通古
斯人，以及西伯利亚的部分民族群体。⑤

　　通古斯人极其喜爱故事，史禄国记录他们"非常喜欢各种社交活动，如
婚礼、萨满跳神、像年度集市那样的商业集会等等。他们利用这些机会娱
乐"。"通古斯人爱听故事。有各种年龄、性别和风格的讲故事人。优秀的讲
故事人受到场人们的赞赏。……他们讲的故事有好多种类，即多少被遗忘的

---

　　① 马丁·吉姆著，定宜庄译：《汉文小说和短篇故事的满文译本》，见克劳婷·苏尔梦编著，颜
保等译：《中国传统小说在亚洲》，北京：国际文化出版公司 1989 年版，第 130－190 页。在吉姆的另
一篇论文《满洲文学述略》中提到："具有满族史诗或'满族奥德赛'之美名的 Tebutalin bithe（Shi-
rokogorov 误写为 Teptalin），汉文'特普他里'或误写成'达穆特里'。Tebutalin bithe（特布达林书）
以全篇毫无例外地运用重复字句著名。还有 Ciya bala 描述满人与朝鲜的战役亦属此类史诗。1915 年
S. M. Shirokogorov 曾把一来自瑷珲的老年职业吟唱诗人'特布达林妈妈'所唱的约两万诗节记载下来。
可惜这位女吟唱诗人去世以后，所提及的诗稿亦于 1937 年失踪，另一份较短的记录于 1965 年'文革'
时也失踪了，今日我们只能在尚存的民俗中找到部分这个有历史价值的家族传说兼英雄传说。"吉姆
于 1983 年 3 月在东北地区又记录下了这部满文叙事诗的一部分。亦有人将"吉姆"译为"稽穆"，他
指的应是《尼山萨满》。——笔者注。
　　② 赵志忠：《清代满语文学史略》，沈阳：辽宁民族出版社 2002 年版，第 223 页。
　　③ 朱春是融说唱文学、"倒喇"（歌舞演唱）为一体的满族民间曲艺表演艺术，在乾隆年间比较
兴盛，后来被汉族传统戏曲和新地方戏逐渐取代。但在少数满族聚居地区，如承德、会宁、瑷珲、永
吉、肇州等地尚流传着节庆日演出满族戏——朱春的习俗。直到二十世纪二三十年代，在黑龙江的阿
城、拉林、瑷珲等地还有朱春的演出活动。
　　④ 隋书今：《满族戏朱春拾遗》，《民族文学研究》1989 年第 3 期。
　　⑤ 史禄国著，高丙中译：《满族的社会组织——满族氏族组织研究》，北京：商务印书馆 1997 年
版，第 172 页。

叙事诗、历史传说、狩猎故事、恋爱故事以及关于动物和萨满教的故事等。……生动的场面和表情，往往由于听众的要求而重复表演。""往往因为受较长的故事或议论的吸引通宵不寐，一般是过半夜很久之后才就寝。"①

我们从通古斯人的喜好中看到满族对长篇叙事诗及长篇故事的喜爱，对于这一点，关纪新先生曾有过鞭辟入里的评述，并对满族说部的概念做了独特的解析：

阿尔泰语系满—通古斯语族，是世世代代繁衍生息在东北亚地区的古老人种之一。对于他们的初期人文以及一路走出的足迹，人们一向知之不多。就肃慎—挹娄—勿吉—靺鞨—女真—满洲，该语族的这一主体谱系而言，虽有过金代女真和清代满洲两度本民族文字书写的绽现，所留存的历史记录却仍嫌过于地片段支离。幸好，像其他许多古老民族一样，满族先民运用有效的口承文化方式，向后世传递了许多他们绵绵瓜瓞的关键信息。满族说部，正是包藏大量此种历史核心密码的信息库。这一信息库，年深日久地尘封于满族民间不同地域、不同氏族一辈辈宿贤耆老们的脑子里，至近现代以来空前的社会大变动中，遭掩埋葬送者早已不知凡几。②

关纪新曾对此有过一系列论述，我们深以为然，在此借用以说明满族说部与其民族自古以来的喜好一脉相承的体现：

我们总是习惯用统一的标准尺码跟学术观念，去度量所有民族的人文历史及文化遗产。具体到民间文学的解说，也喜欢把各民族口承文化的作品，依次分别装入"创世神话""英雄史诗""民间故事""叙事长诗"等经典"分类"的口袋。笔者在起初阅读满族说部作品的时候，遇到了同样的问题：从内容上看，满族说部里面既有纯属创世神话一类的篇章，也有分别颂赞母系社会、父系社会乃至近古社会不同时代各色英雄的作品；从形式上看，满族说部更包括有一唱到底的长诗体例、载叙载咏的讲唱体例和一讲到底的全散文式体例。如果一定要把它们强行剥离，分装到既定的民间文学中，不单

---

① 史禄国著，高丙中译：《满族的社会组织——满族氏族组织研究》，北京：商务印书馆1997年版，第493、503、504页。

② 关纪新：《文脉贯今古 源头活水来——满族说部的文化价值不宜低估》，见邵汉明主编：《满族古老记忆的当代解读——满族传统说部论集（第一辑）》，长春：长春出版社2012年版。

第二章　满族、满语及满族说部 | 61

勉强，还会偏离了这样一个古老民族先民对本身文化的自识价值理念。①

那么，是否有必要对多元文化进行一式的分辨和框定？笔者虽尚无能力对"满族说部"概念做出精准的归纳提炼，却倾向于通过学界讨论，精心保留这个概念并使之获得科学阐发，进而实事求是并且客观确切地将它认定下来，让它成为民间口承文化视阈下一个被广泛认可的，既有个性价值又具普遍意义的概念和范畴。关于满族说部概念的基本认定，是我们首先应当重视的问题。②

而该民族一俟闯进书面文学领域，优先从前人那里继承的，是在艺术世界驰骋想象的超常能力，与全民酷爱大型叙事作品的审美定式。各个民族的书面文学向本民族民间文学及文化汲取营养的方式及路径是有差异的。有些民族的书面文学，还保留着较多与民间文学作品"形似"的成分；有一些民族的书面文学，则能够较多地超越本民族民间文学的若干表层特征，向本民族更为深广的传统精神文化内里挖掘，从而打造出一系列"神似"于传统的作品。我们在观察满族书面文学流变的时候，常常会意识到，它的前一种特点或许较弱，而后一种特点却颇为突出。③

中外某些民族确有后代作家喜好从先民口头创作中间找寻创作灵感，翻新原有叙事题材，做原有民间文学故事原型和题材单元脱胎工作的情形。然而，这种情形远非各个民族文学流变过程的通例。满族书面文学中这类作品确实不多。据此便推断满族的作家文学创作与民间文化是断然脱节的，甚而判定满族书面文学是别民族文学的延伸演进，不但是不符合实际的，而且是对民族文学大千景象在理解上的偏差。民族文学从民间口头蜕变到作家笔头，赓续传承的道路有多条。升华后的满族作家文学与本民族民间文学在艺术选择、审美趋势上面的"神似"，大抵是属于民族文学发展的更高境界。④

我国北方的阿尔泰民族，历来都以长篇叙事文学为其欣赏偏好。满洲先民流传下来了令世间瞠目的大量说部，确切证明了，从肃慎以降直到满洲入关前后的民间审美活动，最是短缺不得叙事性散文体鸿篇巨制的滋养。清代康熙、乾隆年间，满族文人文学由较多模仿汉人笔下诗歌创作为主，逐渐移

---

① 关纪新：《文脉贯今古　源头活水来——满族说部的文化价值不宜低估》，见邵汉明主编：《满族古老记忆的当代解读——满族传统说部论集（第一辑）》，长春：长春出版社 2012 年版。
② 关纪新：《文脉贯今古　源头活水来——满族说部的文化价值不宜低估》，见邵汉明主编：《满族古老记忆的当代解读——满族传统说部论集（第一辑）》，长春：长春出版社 2012 年版。
③ 关纪新：《文脉贯今古　源头活水来——满族说部的文化价值不宜低估》，见邵汉明主编：《满族古老记忆的当代解读——满族传统说部论集（第一辑）》，长春：长春出版社 2012 年版。
④ 关纪新：《文脉贯今古　源头活水来——满族说部的文化价值不宜低估》，见邵汉明主编：《满族古老记忆的当代解读——满族传统说部论集（第一辑）》，长春：长春出版社 2012 年版。

位，刮起来一阵小说写作的热风，连京旗满族作家群中不写小说的人，也大多愿以各自方式为本民族的小说创作摇旗呐喊、推波助澜。探究原因，那其实是一个原本有着独特文化传统的民族，在娴熟地掌握了文字书写技能（哪怕是以别民族的文字为书写工具）而后，一种本能地要兑现民族文化审美回归欲念的冲动。①

满人喜爱长篇叙事文学，是由历史深处带过来的文化嗜好。在相当长的时期，他们依靠母语口传的说部作品，来填充这一精神需求。清朝入关，使用满文写作本民族书面叙事文学的可能性过早夭折。满人转而通过汉文创作为媒介，解决自己此类文化的饥渴。他们不单通过写作实践，试探进入文言小说的写作领域，而且一批精通满、汉双语的满族翻译家也通过翻译汉族长篇小说为满文作品，来满足只粗通一些满文拼读的下层同胞。而从古到今满族作家文学史册上最为惹眼的，或者可以说是满族作家文学的最强项，则是从清代到现代，满族长篇白话小说创作的风光无限、历久不衰，曹雪芹、文康、老舍、端木蕻良等绝代名家，以及人们有所了解的诸如顾太清、石玉昆、蔡友梅、王冷佛、徐剑胆、穆儒丐、王度庐、舒群、马加、颜一烟、关沫南、赵大年、朱春雨、赵玫、叶广芩、孙春平、关仁山……满族小说创作领域繁星满天、业绩斐然，在笔者看来，都是民间说部文化"活水"充分流灌不同时代而产生的水到渠成。②

关纪新的论述有四点值得我们关注：

（1）满族说部是信息库，保留了大量民族文化历史信息。

（2）满族说部与现行文类标准体系有相悖之处，我们不能按其标准分析满族说部。

（3）满族民间文学与作家文学水乳交融。

（4）满族人喜爱长篇叙事文学的缘由多样，且喜好持续至今，影响了后来很多的文学样式。

在多年北方民族文化田野考察中，富育光深切感受到了满族等北方诸民族有着豪迈乐观的禀赋和叱咤风云的民族性格，在社会生存和原始古祭中创造出众多激情澎湃、饱蕴理念的长歌长诗，如《天宫大战》《乌布西奔妈妈》

---

① 关纪新：《文脉贯今古 源头活水来——满族说部的文化价值不宜低估》，见邵汉明主编：《满族古老记忆的当代解读——满族传统说部论集（第一辑）》，长春：长春出版社 2012 年版。

② 关纪新：《文脉贯今古 源头活水来——满族说部的文化价值不宜低估》，见邵汉明主编：《满族古老记忆的当代解读——满族传统说部论集（第一辑）》，长春：长春出版社 2012 年版。

《恩切布库》《西林安班玛发》《苏木妈妈》等，但这仅仅是凤毛麟角，还有许多脍炙人口的古老民族古歌久已散失，更令人痛惜的是不少天才的满族故事家和民歌歌手，曾在历次政治运动特别是"文革"期间遭到迫害，近些年相继离世，许多传世长歌没能被记录下来。这个重大的损失是永远无法弥补的。①

富育光推测"乌勒本"在辽金时期应已成熟。最早的说部体遗文，可追溯到辽金时代，而且数目可观，如《苏木夫人传》《忠烈罕王遗事》《金兀术传》《女真谱评》《金世宗走国》《海陵遗闻》《白花公主》等。满族众姓及其先民，亘古生存于荒寒漠北，以渔猎为生，在与自然界和猛兽的拼搏中食肉寝皮，养成强悍的、自强不息的凝聚力。《瑷珲十里长江俗记》言："古昔生计，向以域地巍石为徽，以岩画铭胸臆，以踏捶声号啸聚群氓。辽金智能文兴，乐吟'乌勒本'扬家风，缅祖仪礼益诚焉。"② 可知属于满族及其女真先民传袭古老民间口承艺术的"乌勒本"，最早应成熟于辽金之际，当时在我国北方各部落中发展势头强劲。③

在辽金时期的史籍中，有过这样的记载："女真即未有文字，亦未尝有记录，故祖宗事皆不载。宗翰好访问女真老人，多得祖宗遗事。太宗初即位，复进士举，而韩昉辈皆在朝廷，文学之士稍拔擢用之。天会六年，诏书求访祖宗遗事，以备国史，命勖与耶律迪越掌之。勖等采摭遗言旧事，自始祖以下十帝，综为三卷"④。这必对当时金代女真部族讲唱"祖宗遗事"或"乌勒本"活动起到积极的影响。世宗完颜雍，女真名乌禄，是《金史》中颇有政绩的著名女真君主，不忘女真旧俗，热心倡导女真古风。大定十三年（1173）四月，他对皇太子说："朕思先祖所行之事，未尝暂忘，故时听此曲（指在睿思殿上歌者所歌之女真词），亦欲令汝辈知之。汝辈自幼惟习汉人风俗，不知女真纯实之风，至于文字语言，或不通晓，是忘本也。"⑤ 金世宗不令女真后裔忘本，重视女真纯实之风，于大定二十五年（1185）四月，幸上京，宴宗室于皇武殿，共饮乐。在群臣故老起舞后，自己吟歌，"曲道祖宗创业艰难……至慨想祖宗音容如睹之语，悲感不复能成声"⑥。元人宇文懋昭在《大

① 富育光、朱立春：《富察氏家族与满族传统说部》，见邵汉明主编：《满族古老记忆的当代解读——满族传统说部论集（第一辑）》，长春：长春出版社2012年版。

② 富希陆、富育光：《瑷珲十里长江俗记》，《东北史地》2014年第5期。

③ 脱脱等：《金史》（卷六十六），《列传第四》，北京：中华书局2011年版，第1558页。

④ 脱脱等：《金史》（卷六十六），《始祖以下诸子传》，北京：中华书局2011年版。

⑤ 脱脱等：《金史》（卷七），《世宗纪》，北京：中华书局2011年版。

⑥ 脱脱等：《金史》（卷三十九），《乐志上》，北京：中华书局2011年版。

金国志》中，还记载金代女真人有趣的古习，"贫者以女年及笄，行歌于途，其歌也，乃自叙家世、妇工、容色以申求侣之意，听者有求娶欲纳之，即携而归，后复方补其礼，偕来，以告父母"①。这一记载形象生动地描绘了当年在民间就有女孩子们讲唱故事，以此求偶的喜乐活动。

渤海靺鞨时期，满族说部主要以红罗女的故事为主。在吉林省珲春搜集到日伪时期日本人采录的传颂红罗女忠贞爱情的《银鬃白马》②和新中国成立以来富育光等人陆续记录和征集的《红罗女》《红罗女三打契丹》《红罗与绿罗》《二十四块石传奇》等，均属同一主题。

进入明代特别是明中叶以后，满族说部的产生和传播则进入空前的繁荣期，题材广、形式活泼、内容宏富，讲述与传承者亦不单纯拘泥于某个氏族姓氏，甚有高官显贵加入说部的创作、讲述与传播中，更加彰显了满族说部的史乘和文学艺术价值。如为人们熟知的《扈伦传奇》《萨大人传》《老将军八十一件事》《飞啸三巧传奇》《雪妃娘娘和包鲁嘎汗》《东海沉冤录》《两世罕王传》等，都载述明清以来在历史上卓有建树的名人伟业。③

1911年，清政府退出了历史舞台，这自然殃及满族文化遗产，使其遭受被抛弃的噩运。民国以后满族文化遗产并未得到复兴。近世随着社会的变革、生活的变迁，满族文化包括满族说部"乌勒本"，也渐被人们遗忘，早已濒临消散的边缘。"乌勒本"的传播区，随着满族人口自清乃至民国以来的变化，日益融入强大的汉族族群，满族诸多固有习俗，随着民族文化的融合，特别是最能保持民族性的语言和文字的废弃和消失，其民族特征亦日显淡薄。根据近三十年来对满族说部的社会调查，满族文化遗产仍主要分布在中国东北地区。若以能够简单保留满族地方口语为标准计算，目前，全国属于上述形态——满族民族文化和习俗较浓厚的代表性区域，已为数不多。在东北地区满族文化保持态势方面，亦是由南向北其民族习俗越来越浓重。辽宁逊于吉林，吉林逊于黑龙江，黑龙江原始生态保留更多些，那里的满族众姓老人还能讲述一些满族说部故事，满族固有的语言词汇和古俗也较丰富。辽、吉、黑东北三省，严格说来，主要是黑龙江省富裕县三家子村以及爱辉区、孙吴县、逊克县等相关村镇，较有代表性。这些地方仍有许多满族文化知情人和传承人，应为满族古老文化挖掘抢救和保护的重点地区。

---

① 宇文懋昭：《大金国志》（卷三十九），北京：中华书局1986年版，第554页。

② 《银鬃白马》系在日伪时期由日本东京出版的一本名叫"满洲昔话"的书中刊载。此文1985年译后存于富育光处。

③ 富育光、朱立春：《富察氏家族与满族传统说部》，见邵汉明主编：《满族古老记忆的当代解读——满族传统说部论集（第一辑）》，长春：长春出版社2012年版。

二、满族说部文本解读

现已出版说部三批共 40 本，第三批尚余多本①未出版。从已经出版的文本来看，前两批质量良莠不齐。第一批满族说部出版前经多位专家审阅，2005 年 7 月 13 日，在中国民族民间文化保护工程国家中心、全国艺术科学规划领导小组办公室、吉林省文化厅联合主办的"满族传统说部阶段性成果鉴定暨研讨会"上，专家们就各自审阅的说部提出了意见和建议，后来经过整理者的反复打磨，因而保证了较高的质量。两年后，第二批说部出版时审稿程序相对简略，有多部入选文本引发争议，也使学者重新思考何为满族说部，哪些文本可列入其中等问题，这些问题或许在说部全部出版后方能更确切地解决。

综观这几十本说部，我们按文本内容所反映时代将其分为四类：

1. 反映满族先世宋代以前生活之说部

有被称为史诗或神话的"窝车库乌勒本"《天宫大战》（富育光讲述，荆文礼整理，2009）、《西林安班玛发》（富育光讲述，荆文礼整理，2009）、《恩切布库》（富育光讲述，王慧新整理，2009）、《乌布西奔妈妈》（鲁连坤讲唱，富育光译注，2007）、《奥都妈妈》（富育光讲述，王卓整理，未出版）；有反映渤海时期英雄人物红罗女的《比剑联姻》（傅英仁、关墨卿讲述，王松林整理，2009）、《红罗女三打契丹》（傅英仁、关墨卿讲述，王宏刚、程迅记录整理，2009）及《绿罗秀演义》（残本）（关墨卿讲述，于敏整理，2007）；有反映东海女真人从母权制激烈斗争过渡到父权制的《东海窝集传》（傅英仁讲述，宋和平、王松林整理，2007）等。

《天宫大战》《西林安班玛发》《恩切布库》《乌布西奔妈妈》属于"窝车库乌勒本"，即神龛上的故事。我们发现这一类文本主要是满族长篇叙事诗，重点反映满族民众的历史和生活，带有满族独特的萨满文化印记，颇具史诗性，我们称之为"萨满史诗"。《恩切布库》《西林安班玛发》《乌布西奔妈妈》都与东海有关，《恩切布库》延续了《天宫大战》的很多内容，似与《天宫大战》的关系更为密切；乌布西奔妈妈的主要任务是开拓疆土，恩切布库虽然多次提到要"关爱我们的寸寸海域，探取大海为我们提供的衣食之源"，但并没有像乌布西奔妈妈那样组织了五次东征；西林安班玛发为莎吉巴

---

① 到 2017 年 10 月底，第三批满族说部出版 10 部（11 本）。

那寻找安居之地甘愿变作鼹鼠，考虑更多的是部落生产生活方面的内容。①

《天宫大战》在民间有多种异文，又称《神魔大战》《天神会战耶鲁里》《博额德音姆故事》等，其内容以自然界众神的宇宙鏖战为主，讲述了人类创世之初，善与恶、光明与黑暗、生命与死亡、存在与毁灭等对立势力的激烈抗衡。在正式出版之前已为人所知，其文本曾刊载在富育光的《萨满教与神话》②中。其异文零星地出现在其他民间故事中。在逊克县说法也不一致，在孙吴县四季屯搜集到阎铁文之父讲唱的异文。《天宫大战》原本为唱的，白蒙古传承下来的文本是用满文讲唱的，目前我们见到的是翻译为汉语的文本，有很多不太通顺的地方。2009 年出版的《天宫大战》除了白蒙古演述的文本，还纳入了 6 篇异文，分别为《佛赫妈妈和乌申阔玛发》《阿布凯恩都哩创世》《老三星创世》《阿布凯赫赫创造天地人》《大魔鬼耶鲁哩》《神魔大战》。前两篇异文选自《中国民间故事集成·黑龙江卷》，后四篇异文多选自《满族萨满神话》③，都与傅英仁有关。

《恩切布库》为《天宫大战》中的一段故事，恩切布库妈妈是萨满教中一位非常伟大的女神。她带领远古先民开拓了北方疆土，成为早期的北方住民，并为民众留下了各种生活生产的规矩与材料，如传下了婚规和籽种等，最后"魂归天国"。分为"序歌""火山之歌""光耀的经历""恩切布库女神被野人们拥戴为头位达妈妈（乌朱扎兰妈妈）""恩切布库女神率领舒克都哩艾曼开拓新天地""恩切布库女神传下了婚规和籽种""恩切布库女神创制约法""违者遭神谴""恩切布库女神索求长生之药""魂归天国"，共 4507 行，4 万多字。

《西林安班玛发》主要在珲春何舍里家族中讲唱，讲述了西林安班玛发从海里来，带领查彦部击败强敌、遴选萨满、创建族规、救治病患、阖族迁徙，因获罪返回大海的故事。

《乌布西奔妈妈》为东海女真人古老的原始长歌，记述了满族先世东海女真乌布逊部落乌布西奔妈妈为氏族部落呕心沥血，最后统一东海诸部，开拓东海海域的丰功伟绩。乌布西奔妈妈具有部落大萨满和罕王的双重身份，一生活动以萨满的神事活动为主线。萨满教的思想观念及萨满文化的诸多因素

---

① 高荷红：《满族说部"窝车库乌勒本"研究——从天庭秩序到人间秩序的确立》，《东北史地》2012 年第 3 期。

② 富育光：《萨满教与神话》，沈阳：辽宁大学出版社 1990 年版。

③ 傅英仁讲述，张爱云整理：《满族萨满神话》，哈尔滨：黑龙江人民出版社 2005 年版。

渗透于史诗全篇。共6213行，有"引曲"（10行）、"头歌"①（113行）和与"头歌"相呼应的"尾歌"（10行），其余八个部分为主要内容。《乌布西奔妈妈》在传播中产生不少变异故事，有说唱形式的，也有叙述体的。

奥都妈妈是教育子孙神，与生育子孙神佛陀妈妈为两位并列的大神，深受满族各哈拉的崇敬，年年祭祀。《奥都妈妈》讲述她到处奔波，教导民众要拯救人类、教育子孙团结友爱、孝敬父母、仗义救人的故事。

《东海窝集传》共30回，主要讲述佛涅部落女王的长子先楚、次子丹楚被东海窝集老女王看中，强迫娶进东海窝集后发生的一系列斗争故事。后两个年轻人被迫殉葬，但死里逃生。长白山玛法看中先楚和丹楚，要教授他们武艺，万路妈妈屡次搭救他们。他们拜师、学习汉文化、请教汉人，征服其他部落。该说部描写了佛涅女王母子经过残酷、激烈的争斗，丹楚取代母亲掌管部落，完成由母权制向父权制的转变。与之相对应的是，"东北大部地区母系氏族社会后来的发展，特别是向父系氏族社会过渡的完成，拖得很长，一直延迟到四千年前左右，即夏王朝建立之后"②。

渤海国时期，红罗女是具有典型北方民族性格的巾帼英雄，关于她的长篇说部俗称"一文一武"，"文"指红罗女的爱情故事《比剑联姻》，"武"为《红罗女三打契丹》。

《比剑联姻》以渤海公主红罗女与大唐王子比剑联姻的故事为主线，展现了渤海国初期大祚荣开拓疆域分三路东征过程中之种种事情，反映了渤海与唐朝政治、经济、文化的密切联系。《红罗女三打契丹》讲述红罗女师从长白圣母学艺归来，承担起抗御契丹入侵的重任，在爱侣被害的情况下，忍辱负重、三打契丹、智除奸相，保卫了家园，投湖殉情后，仍然在镜泊湖吊水楼瀑布织绣锦绣山河。《绿罗秀演义》（残本）为关墨卿去世前交与傅英仁的书稿，共7回，仅简单提到绿罗秀，重点介绍的是唐朝军队中将领的女儿马文琼、马文芳、马文芬姐妹。

2. 反映辽金元时期的说部

反映这一时期的说部有关于阿骨打夫人苏木妈妈一生的"给孙乌春乌勒本"《苏木妈妈》（富育光讲述，荆文礼整理，2009）；有从函普到阿骨打完颜部勃兴史的《女真谱评》（马亚川讲述，王宏刚、程迅记录整理，2009）；

---

① 头歌，满语为"乌朱乌春"，"是叙事体长歌开篇前常见的引子，多以长调、长滑腔、高亢的音律开头，令听者精神为之振奋，如有万马突来、平步惊雷之感，于不知不觉中将自己的思绪融入长诗感人的情节之中"。

② 佟冬主编：《中国东北史》（第一卷），长春：吉林文史出版社2006年版，第42页。

有讲述阿骨打的《阿骨打传奇》（马亚川讲述，王宏刚整理，2009）和《金太祖传》（赵迎林讲述，于敏整理，2017）；有关于阿骨打儿子金兀术的说部《金兀术的传说》（富育光、傅英仁讲述，荆文礼整理，未出版）和《忠烈罕王遗事》；《金世宗走国》（傅英仁讲述，王松林记录整理，2009）；还有《泾川完颜氏传奇》（完颜玺讲述整理，未出版）等金源说部和《白花点将》等，为典型的"巴图鲁乌勒本"。

《苏木妈妈》为"给孙乌春乌勒本"，由头歌、正文五部分和尾歌组成。以极罕见的说唱形式，歌颂阿骨打的大夫人苏木帮助阿骨打灭辽兴金的英雄业绩和传奇的一生。

《女真谱评》以 172 个传奇故事相连接，从九天女与渔郎成婚繁衍出女真族起始，讲述了从函普到阿骨打的完颜部勃兴史。阿骨打追封十位先帝，每个人物都性格鲜明，故事古朴生动。史籍中人物的记载寥寥数言、一鳞半爪，《女真谱评》却比较完整地展现出了一幅栩栩如生的完颜部发家的历史画面。

《阿骨打传奇》是《女真谱评》的一部分，由 161 个传奇故事连缀而成。以阿骨打起兵反辽，建立金朝为主线，并以阿骨打逝世为故事终结。《金太祖传》讲述阿骨打神奇的出生和成长。阿骨打自幼随父辈征战，统一女真，抵抗大辽王朝的暴政，最终以三千女真兵勇誓师起兵抵抗大辽二十万大军，进而建立金朝。

《金兀术的传说》是流传在松花江、乌苏里江、牡丹江流域的满族、赫哲族中的女真民族英雄的长篇传说。阿骨打的四儿子金兀术（完颜宗弼）才貌出众，武艺高超。为了起兵反抗大辽暴政，兀术到三川六国借兵，历经曲折，终于和貌丑心慧的葛门女结为夫妇，借来葛门女罕的十万大军，取得了征辽伐宋的胜利。

《忠烈罕王遗事》同样是关于金兀术的传说，是富育光于 1984、1985 年在石家庄搜集的。传承此说部的是王氏家族，原为满族人，复姓完颜，现为汉族。该说部主要讲述氏族的家族史，如金兀术如何成为重要君王的故事。

《金世宗走国》反映了女真族勃兴建国的过程。海陵王完颜亮杀熙宗后，自己称王，但荒淫无度，稍不如意便杀人。金世宗完颜雍与海陵王完颜亮之间几经争斗，最后金世宗称王。金世宗掌政 48 年，省刑罚，薄税敛，有"小尧舜"之称。

《泾川完颜氏传奇》讲述完颜亮杀害了金兀术的长子完颜亨，完颜亨的族人将其尸体秘密埋葬在甘肃泾川县，从此留下完颜氏后人代代传承"讲古"的习俗，并继承先人勇于斗争的精神，保留完颜氏女真人的风俗习惯。

《白花点将》讲述了女真部落首领的女儿白花公主为抵御契丹国耶律家族

的进攻在洮河一带建立了"点将台"的故事。白花公主率兵突围被箭射中，最终连人带马跳进松花江中，上演了雄伟悲壮的一幕。

3. 反映明清时期的说部

反映明清时期的说部有以一位女性的经历讲述从朱元璋开创大明王朝到朱棣夺得皇权这段历史事迹的《东海沉冤录》（富育光讲述，于敏整理，2007）；有纳兰氏秘传的讲述扈伦四部历史的《扈伦传奇》（呼伦纳兰氏秘传，赵东升整理，2007）及《乌拉秘史》（赵东升讲述，赵宇婷、赵志奇整理，2017）；有关于黑龙江上下水行驶的所有大小帆船中供奉的"船神爷爷"的说部《萨哈连船王传》（富育光讲述，曹保明整理，2017）；有讲述王杲和努尔哈赤两世罕王的《两世罕王传》；有讲述努尔哈赤的妃子佟春秀作为政治家的传奇故事《元妃佟春秀传奇》（张立忠讲述，张德玉、张春光、赵岩记录整理，2009）。

《东海沉冤录》引子中简要介绍了《东海沉冤录》的形成过程、传播情况、历史背景。故事从朱元璋开创大明王朝开始，到明太祖开疆扩土，奠定大明基业；惠帝继位，激起群雄争斗；朱棣力克诸王，从其侄儿手中夺得皇权，开辟永乐盛世。而娟娟在东海寻母过程中，联络当地各部族，为大明开拓疆域。但因她无意中参与了明朝皇室皇权的争夺，被朱棣毒死。

《扈伦传奇》为赵东升根据呼伦纳兰氏秘传讲述明末清初扈伦四部群雄逐鹿的传说故事。明代后期，东北女真各部落称王争霸，几乎于同一时期建立了哈达、乌拉、叶赫、辉发四个民族地方政权，史称"扈伦四部"。四部相互攻战，争夺统一女真的领导权，终于自我消耗，为新兴势力建州女真努尔哈赤所灭。

《乌拉秘史》包括《布占泰传奇》和《洪匡失国》两个传说，讲述了布占泰从幼年失踪，到青年建功立业，再到壮年创下恢宏业绩，一直到中晚年亡国出逃，客死他乡的故事。期间荣辱兴衰、矛盾斗争错综复杂，反映了一位女真英雄人物不凡而又悲凉的一生。布占泰幼子洪匡立志复国，又掀起一场波澜，终因势孤而失败，自杀于哈达山，父子两代的抗争均以悲剧告终。

《萨哈连船王传》讲述明统一后，保土守疆的艰难岁月和复杂经历。颂扬了亦失哈如何依靠当地部族与自己带来的"东征巡检步骑营"兄弟们，一起走进深山老林取木伐树、锻锯铸斧、造船的事迹，是北方造船业生活的真实记录。

《两世罕王传》分上卷《王杲罕王传》和下卷《努尔哈赤罕王传》。《王杲罕王传》讲述了王杲自幼被明御史宠爱，学习汉文、武艺，后王杲以古勒寨为根据地，不断扩充实力，渐渐发展成建州女真的领袖，为振兴建州部立下了汗马功劳，取得了抗击明军的胜利，王杲最终不幸中计被杀。《努尔哈赤罕王传》讲述了努尔哈赤的一生，既有以十三副盔甲反明的壮举，也有爱新觉罗家族内部纪律的冲突；既有金戈铁马的战争场面，也有细腻生动的宫闱秘闻，为人们展现了一幅完整的波澜壮阔的满族画卷。

《元妃佟春秀传奇》讲述努尔哈赤的妃子佟春秀作为政治家的传奇故事。

4. 反映清代人物的满族说部

反映清代人物的满族说部数量较为可观，按照身份可将主要人物分为皇族、将相、英雄及普通民众。

关于皇族的说部，包括反映康熙、乾隆、嘉庆三位皇帝出于练兵习武，加强战备，内治叛乱，外御沙俄，巩固和保卫北部边疆之需而进行的"木兰秋狝"活动的《木兰围场传奇》（孟阳讲述，于敏整理，2009）；以孝庄皇太后为楷模演绎而成的说部《扎忽泰妈妈》（又名《顺康秘录》，富育光讲述，荆文礼整理，未出版）；有道光皇帝时民间的公主三皇姑在大四平村开采煤矿，繁荣地区经济的故事《平民三皇姑》（张立忠讲述，张德玉、张一、赵岩整理，2009）；其他如《清代帝王的传说》（马亚川讲述，王宏刚、荆文礼整理，2016）和《爱新觉罗的故事》（石克特立·盈儿、爱新觉罗·毓嶦讲述，爱新觉罗·德甄整理）。

《扎忽泰妈妈》讲述了孝庄皇后跟随皇太极，在围困锦州、攻打大凌河、智擒洪承畴、围攻林丹等斗争中献计献策，为八旗兵入关反明扫清道路。皇太极驾崩后，孝庄皇后临危不惧，左右逢源，扶持儿子福临顺利登基。她辅佐顺治、康熙两位皇帝，力行改革，安稳国事，为日后的康乾盛世打下了基础。

《清代帝王的传说》为马亚川从外祖父处传承下来的《女真谱评》的后半部分。主要讲述清太祖努尔哈赤、圣祖康熙以及高宗乾隆不平凡的人生。记载了努尔哈赤建立后金，康乾两位皇帝治国安邦、实现康乾盛世的丰功伟绩。

《爱新觉罗的故事》以族人的口吻讲述爱新觉罗家族创立的辉煌故事。从努尔哈赤年轻时去长白山采参遇虎讲起，到皇太极启发达海创制满文，至多尔衮与顺治帝统一全国，以及后来康熙、雍正、乾隆创造百年盛世的故事。

关于将相的说部较多，如讲述以主人公鳌拜为中心的一群在当年清史中颇有声誉的满人、蒙古人、汉人、僧人等英雄业绩的《鳌拜巴图鲁》（多称为《白鳌传》，又叫《白虎记》《白虎传奇》，富育光讲述，王慧新整理，未出版）；军事世家《寿山将军家传》（祁学俊讲述，于敏整理，2017）；萨布素将军有三部，分别为《萨布素外传》（关墨卿讲述，于敏整理，2007），《萨大人传》（富育光讲述，于敏整理，2007），《萨布素将军传》（傅英仁讲述，程迅、王宏刚整理，2007）；黑龙江将军德英的说部《松水凤楼传》（未出版）；黑龙江副都统凤翔和寿山将军在与沙俄交战中战死、自杀的故事《碧血龙江传》（崇禄讲述，赵东升整理，2009）；其他还有《依克唐阿传》（郑向东讲述，于敏整理，未出版）、《傅恒大学士与窦尔敦》（富育光讲述，朱立春整理，未出版）。

《寿山将军家传》从袁崇焕被捕下狱、祖大寿救出其爱子入旗讲起，到袁崇焕六世孙富明阿和七世孙寿山、永山，讲述了一个神奇的军事世家，祖孙几代均征战疆场，戎马一生，面对外敌入侵，大义凛然，毫不畏惧，为国为民，流尽血汗。

《鳌拜巴图鲁》讲述了鳌拜青年时协助努尔哈赤及皇太极反明建立大清王朝的英雄斗争史。

《傅恒大学士与窦尔敦》讲述了乾隆年间，河北献县的少林奇侠窦尔敦举义旗，高喊"杀贪官、抗渔税、有饭吃"的口号，河北诸县民众随即响应，义军迅速壮大，但窦尔敦后被诱擒。大学士傅恒巧言劝阻乾隆皇帝"化敌为友、天下归心"，于是将窦尔敦发配黑水瑷珲。窦尔敦教当地民众武术，抗击沙俄敌寇，后战死疆场，以身殉国。

《萨大人传》从萨布素的祖辈尔德依及哈勒苏的英雄业绩讲起，讲述了萨布素出生、受训练功、跟师傅学艺，一直到萨布素征罗刹，被封黑龙江将军，治水患后被贬去世的故事。该说部强调总体性，线索很清晰。《萨布素将军传》则重点通过萨布素青年时代的突出业绩串联整篇说部。《萨布素外传》非富察氏家族传承下来的正传，说部的开头采取黑妃娘娘给康熙皇帝讲故事的形式，不紧不慢、一段接一段地介绍了萨布素成长的经历。

《松水凤楼传》记述了清嘉庆至同治年间的吉林江城景象和民众风韵，歌颂了边疆大吏富俊、德英几位吉林将军为国家黎庶鞠躬尽瘁、奉献一生的可敬德政。此说部通过曲折的故事，向人们展示清代中期令人眼花缭乱的社会景象。

《依克唐阿传》讲述依克唐阿从苦命顽皮的孩子，成长为旗军的马甲，在战斗中屡立战功，晋升为珲春副都统，与吴大澂一起勘测中俄边界，签订了《中俄珲春东界条约》，维护了国家尊严和领土主权的故事。

以爱情婚姻为主题的说部，有讲述莉坤珠被骗嫁到傻儿家所遭遇的一系列苦难，后幸得好人相救逃出苦海，又结良缘的《莉坤珠逃婚记》（或称《姻缘传》《耶钦哈哈吉》）。这是 2013 年夏，何世环老人用满语讲唱年轻时代在下马场村听过著名满族说书人祁世和老人用满语诵唱讲述的"给孙乌春乌勒本"。

还有一些不太好归类的文本，如温秀林讲述、于敏整理的在伊通流传的远古神话、圣籍传说人物史话、鬼神精怪故事、生产生活故事和轶事趣闻的《伊通州传奇》，由景家台张氏家族传承（分为五部分：远古神话、圣籍传说人物史话、鬼神精怪故事、生产生活故事、轶事趣闻）；由马亚川讲述，王松林整理的《瑞白传》是在黑龙江省双城、阿城一带的满族中留传的汉族长篇民间故事（讲述邱瑞白、邱瑞红兄妹在后娘的折磨迫害下的离奇境遇，以及最终邱瑞白金榜题名，两兄妹获得幸福的故事）；在《苏木妈妈》中附有的《创世神话与传说》是 27 个短篇神话故事与民间传说的集锦，是在讲述说部时穿插的小段子，也叫"故事岔子"。《女真神话》《满族神话》亦是如此。《尼山萨满传》比较特殊，在北方诸民族中都有流传，讲述一位女萨满历经波折，救回被阎罗王掠走的无辜爱子，最终使员外家皆大欢喜，萨满蒙罪被投井的故事。满族民众又称其为《尼姜萨满》《音姜萨满》，达斡尔族人称之为《尼桑萨满》，鄂伦春族人称之为《尼海萨满》《尼顺萨满》《尼灿萨满》，鄂温克族人称之为《尼桑萨满》《尼桑女》等。

满族说部能够流传下来，得益于其先世一直重视祖先英雄事迹的口耳相传，也得益于民族语言的创制，对汉文化的接纳和吸收，以至于用汉文和满文书写了这一段历史。

小　结

满族及其先世在中国东北这一广袤的地域上世代繁衍生息，创制民族语言、学习汉语，积极与汉族人互通有无，不安于偏居一隅，同时努力向更北之地进发。他们重视教育，擅长向汉人学习，从金代开始到清代翻译了大量汉文典籍，尤其到了清代，翻译数量极大。在翻译的作品中，小说占了十之八九，差不多包括了当时汉文创作中所有较受欢迎的作品。其中《三国演义》《金瓶梅》《聊斋志异》的翻译被学术界推崇为民族语文译著的经典。直至今日，《三国演义》在满族、锡伯族、蒙古族中仍然有很大影响，锡伯族还发展出与《三国演义》有关的"朱伦呼兰比"《三国之歌》。

满族及其先世用本民族语言或汉语创造出了大量文学样式。这些文学样式，有以长篇叙事为主的母语文学，也有鸿篇巨制的满族说部，囊括了民间文学文类中的史诗、神话、传说。不可否认，满族人对叙事的喜爱，对英雄的崇敬都蕴藏在这冰天雪地的白山黑水中，成为他们最为重要的精神层面的

需求及矢志不渝的追求。几十部满族说部反映了从宋代甚至更早的时候至 21
世纪满族人的历史和发展，不仅是对满族形象的民族史、心灵史及民俗史的
忠实记录，还将"从远古到近代，满族及其先民如何薪火相传，坚韧跋涉历
史长河的历时性作为，相当饱满、直观、立体地展现于前"；满族说部更是信
息库，因为它保留了大量民族文化历史信息；我们尽可将满族说部视作"信
史"，"但是，深藏于一个民族心理空间的精神记忆，就总体把握来看，常常却
要比某些专门史家凭借一己理念'格式化'过的史书著述，要确切十倍"。①

---

　　① 关纪新：《文脉贯今古　源头活水来——满族说部的文化价值不宜低估》，见邵汉明主编：
《满族古老记忆的当代解读——满族传统说部论集（第一辑）》，长春：长春出版社 2012 年版。

第三章　家族与满族说部的传承

满族是一个大族，自从入关和驻防各地以后，族人便分散在全国各地，北自黑龙江，南至广州，东自山东青州，西至新疆伊犁，许多城镇都有满族驻防。① 满族人不是把"满族"当作民族固有的一个名称，而是作为一个政权的名称，它把各个政治的（在满族氏族开始团结在一起的时期及以后）和民族的群体（如蒙古人和其他民族的人）包括在一个新的政治单位里。② 纳入其中的方式就是八旗制度。由努尔哈赤创建的八旗制度，是在女真族固有的穆昆（族）等血缘组织与噶珊（村）等地缘组织的基础之上，结合生产与战争中习惯采取的塔坦、牛录等编组形式，经过改造、完善，加以系统化、制度化所形成的一种以军事职能为主，兼具生产、行政等多种职能的组织结构。其中最突出的特点是"按行军旗色，以定军籍"，"以旗统人，即以旗统兵"，其成员"出则备战，入则务农"，一身二任，军民合一。③ 清代八旗兵，包括满、蒙古、汉、索伦（鄂温克）、达斡尔等族在内。④ 京旗，指的是北京的八旗。京旗所指的范围，除北京城中八旗外，还应包括外三营，外三营是从北京城内八旗分出去的。例如外火器营，本是由城内火器营分出去设立的，按理不能把京旗和外三营分开。⑤ 北京的八旗，若按现代民族概念来说，八旗内部主要是满族、蒙古族、汉族；若细分之则鄂温克族、鄂伦春族、达斡尔族、赫哲族、锡伯族、费雅喀族、齐拉尔族、苗族，甚至朝鲜族、俄罗斯族，均在其中。⑥

---

① 金启孮：《北京城区的满族》，沈阳：辽宁民族出版社1998年版，第40页。
② 史禄国著，高丙中译：《满族的社会组织——满族氏族组织研究》，北京：商务印书馆1997年版，第185页。
③ 佟冬主编：《中国东北史》（第三卷），长春：吉林文史出版社2006年版，第899页。
④ 金启孮：《北京城区的满族》，沈阳：辽宁民族出版社1998年版，第9页。
⑤ 金启孮：《北京城区的满族》，沈阳：辽宁民族出版社1998年版，第1页。
⑥ 金启孮：《北京城区的满族》，沈阳：辽宁民族出版社1998年版，第108页。

第一节　在家族的边界之内：基于穆昆组织的满族说部传承

满族说部反映了满族及其先世从远古至清末、民国不同时期的生活。"乌勒本"在辽金时期应已成熟。最早的说部体遗文，可追溯到辽金时代，且数目可观。经过研究，我们认为满族说部在其穆昆组织下产生，依仗萨满教传承发展，其传承边界有的很清晰，有的看似模糊，但并未超越穆昆本身。

一、哈拉—穆昆—乌克孙：血缘纽带

八旗是清代满族的军事组织和户口编制，穆昆组织为其社会组织。辛亥革命后，八旗制度瓦解，但穆昆组织依然存在。在满族社会中，穆昆与哈拉、乌克孙一起成为维系其社会的血缘纽带。哈拉，满语 hala，姓之意；穆昆，满语 mukūn，事物有某种共同属性的一大类，族之意；乌克孙，满语 uksun，家族之意，指种族、民族、宗室、皇族等。

对于这三者的关系，以往学者有过相关论述，史禄国认为满族穆昆组织是具有氏族组织性质的社会组织形式，"他们靠父系血统组成一个联合体，承认大家有一个共同的祖先和一组为这群亲属所特有的神灵"[1]。满族的氏族组织还有哈拉，穆昆是哈拉裂变的结果。当一个哈拉的人口发展得过于庞大，以至于不能有效地发挥功能的时候，哈拉就裂变为穆昆。乌克孙应是比穆昆更小的组织。现在的学者和民众更多使用"穆昆"，而非"哈拉"和"乌克孙"。苑杰通过对吉林九台莽卡满族乡石姓萨满祭祀的分析后指出：无论是在学术界还是在满族民间，"穆昆"这一称谓一直以来都被作为哈拉、穆昆和乌克孙三种血缘连续体的统称而使用。[2]

在满族民众中还经常出现氏族、家族等名称，氏族、家族本为不同历史时期的血缘组织形式。高丙中认为"氏族是原始社会以共同血缘关系结合而成的一种血族群体。氏族组成部落组织，承担非常完整的社会功能。氏族内部经过长期的分化，形成了较小的生产和生活单元，即同吃（共灶）、同住、同劳动、共财的家户……家族是聚居的、以明确的世系组织起来祭祀共同祖

① 史禄国著，高丙中译：《满族的社会组织——满族氏族组织研究》，北京：商务印书馆1997年版，第170页。
② 苑杰：《满族穆昆与萨满教——以满族石姓为例》，北京：民族出版社2012年版，第198页。

先的家户团体"①。比较而言，家族的组织形式相对完善，如族长主持家族事物，有家族的管理权，家族的重大问题由大家共同讨论决定。我们在本书中将在涉及"氏族""家户""家族"之称时，统一使用"家族"一词。家族是客观存在的现象，而穆昆是家族成员主观形成的社会组织。

这些血缘组织的形成有其历史原因，也有重要的历史意义。史禄国的看法很具代表性，他认为满族人在统治中国期间，这些血缘组织起到一种防护的作用，保证满族人不与汉族人完全同化和融合②，这一点从清代的"柳条边"政策即可知。清亡后满汉之间的边界被打破，在满族不断被汉化的同时，相当多的汉族也在被"满化"，两族文化互相影响、互相吸收。那些被编入汉军八旗的汉族人，同满洲八旗、蒙古八旗一样后来成为满族的重要组成部分。③

满族人与汉族人的心理差异主要体现在修谱和家族祭祀上。修谱从满族先祖就已开始，现在很多满族大姓还有龙虎年修谱的习惯。八旗"入关后，在京畿驻防并征伐全国。到康熙、乾隆年间，大量八旗官兵回防东北各地，并陆续把眷属接到驻防地。开始大多是小家小户，后来逐渐繁衍成族。到清末，东北满族在各地呈现为聚族而居的局面。有族必有谱，各种家谱、族谱、宗谱对这段历史都有记载。"④ 史禄国指出："分族、分谱的现象是家族向宗族的发展。"⑤ 在史禄国调查的年代，满族穆昆的主要功能为实行外婚制，保存和修缮家谱等。管理穆昆的人即穆昆达，由每个穆昆通过选举产生，穆昆达的职能（权利和义务）包括穆昆内部的职能和对国家的职能，其中穆昆内部的职能主要有七项⑥。学者普遍认为，穆昆组织到辛亥革命之后就很难维持了。随着改革开放政策的实施，满族的穆昆组织有所恢复，大部分地区恢复了对祖先像和穆昆谱牒的供奉，一些地区甚至恢复了穆昆祭祀。20 世纪 90 年代以后，个别家族恢复了穆昆达制度，但穆昆达的权力已经不包括对国家的

---

① 高丙中：《东北驻屯满族的血缘组织——从氏族到家族再到家户的演变》，《满族研究》1996年第 1 期。

② 史禄国著，高丙中译：《满族的社会组织——满族氏族组织研究》，北京：商务印书馆 1997 年版，第 170 - 172 页。

③ 佟冬主编：《中国东北史》（第三卷），长春：吉林文史出版社 2006 年版，第 928 页。

④ 高丙中：《东北驻屯满族的血缘组织——从氏族到家族再到家户的演变》，《满族研究》1996年第 1 期。

⑤ 史禄国著，高丙中译：《满族的社会组织——满族氏族组织研究》，北京：商务印书馆 1997 年版，第 68 页。

⑥ 这些功能主要有：保管穆昆谱牒；召集和主持穆昆大会；在穆昆大会召开期间，监督祭祀的进行（另有"宗嘎玛法"主持祭祀）；维护穆昆成员的道德准则；批准穆昆成员的婚姻；批准穆昆成员的财产继承；向穆昆成员提供有关经营方面的建议等。

职能，即使是穆昆内部的职能也仅保留续谱和祭祀祖先的作用。在恢复的过程中，穆昆的功能虽已被弱化，但不可否认的是当代满族特有的文化元素仍与穆昆关系密切，如萨满祭祀都是在穆昆内部进行的，近年来被学者关注的吉林省九台市莽卡满族乡石姓萨满祭祀和黑龙江省宁安市伊兰岗的关姓家祭就是如此。"窝车库乌勒本"即"神龛上的故事"，神龛一般放置于满族家里的西屋墙上，"乌勒本"由萨满或传承人书写下来放于神龛上。由此可认为，穆昆组织是满族文化存在和发展的重要空间之一。

二、萨满教：宗教纽带

清代，东北地区的满族与汉族及其他少数民族的相处日益频繁，民族间语言文化的相互影响日益深远，满族统治者极为看重的"国语骑射"则日益荒疏。"国语骑射"的荒疏不是一朝一夕的事，这种变化至少在康熙初叶已经开始了，至乾隆初年逐渐严重。乾隆五年（1740）始，清政府在东北地区从南至北逐步推行封禁政策，其中一个主要目的就是防止汉族流民进入，影响满族习俗，担心汉语和汉字会取代满语、满文。[①] 道光年间，仅满洲聚族而居者仍继续使用满语，相对较为偏远且汉族较少的地区对满语的使用的频率较高。嘉庆年间，黑龙江卜魁等地，满语仍然是社会中主要的交流工具。[②] 总的来看，满族语言、文字的荒疏与废弃呈自南向北逐渐推进之势，这一点显然与内地汉族流民的逐渐北上，汉族文化习俗不断向边远地区传播有关。时至今日，黑龙江地区满文与满语的使用比辽宁、吉林地区要好一些，齐齐哈尔市富裕县三家子村满语在日常会话中使用的频率依然较高。

最初萨满教的传承基本使用满语，在这种情况下，萨满神歌、"乌勒本"的讲述和传承都经历了从满文到满汉合璧到以汉语为主的过程。满族人不断促使他们古老的社会组织顺应新的形势。[③] 一方面，他们恢复了社会组织的一些最古老的形式；另一方面，他们削弱了一些古老的制度。[④] 在 21 世纪的社会环境中，萨满教祭祀还有集体娱乐、团结乡民、增强村落认同、增强民族凝聚力和民族认同感的作用。在此情况下再度兴起的石姓穆昆萨满教"已经

---

① 佟冬主编：《中国东北史》（第四卷），长春：吉林文史出版社 2006 年版，第 1877 页。

② 佟冬主编：《中国东北史》（第四卷），长春：吉林文史出版社 2006 年版，第 1879 页。

③ 史禄国著，高丙中译：《满族的社会组织——满族氏族组织研究》，北京：商务印书馆 1997 年版，第 170 页。

④ 史禄国著，高丙中译：《满族的社会组织——满族氏族组织研究》，北京：商务印书馆 1997 年版，第 172 页。

改变了原来的性质，甚至在一定程度上变换了传统的形式"。① 近年来穆昆达的职责发生了很大变化，最初主要组织协调穆昆内部与萨满教相关的事务，后来就逐渐变成负责萨满教对外表演事务，而后进一步发展为主要职责。苑杰指出"即使他所组织的萨满培训或祭祀活动仍然在本村本族范围内进行，但是其所服务的对象却是外来的'学者'和'政府官员'"。②

在萨满教文化传统中，萨满为通晓神意、代神行事之人。历史上，很多政治首领就是通达神意、善解天象和梦境的萨满，或具有萨满本领的人。③ 萨满教在各地呈现出不均衡性，不同家族保留下来的祭祀仪式、祭祀内容很大的不同，但毋庸置疑的是萨满教仍为维系穆昆组织的宗教纽带。

首先，萨满教与穆昆组织的关系紧密。穆昆组织是萨满教得以产生的基础，萨满教是穆昆组织的神灵系统和精神支柱，也是该组织在清灭亡后未被最终瓦解而仍能恢复的主要因素。可以说没有穆昆组织，萨满教亦无法保留到现在。

其次，萨满祭祀是传承家族文化的重要环节。在每一个氏族内部，萨满祭祀都是其宗教生活中非常重要的一项，在萨满祭祀的仪轨中，传讲家族的历史文化，培养教育子孙是重要内容，满族说部依托萨满教的传承而得以传承。金源时期说部在满族中幸存的部分遗存，如《女真谱评》《阿骨打传奇》《金世宗走国》等，应主要归功于氏族萨满教的传承和保护。

最后，穆昆达多由萨满担任，萨满就是该家族文化的传承人。目前，在东北及其他地区仍能讲述一些满族的创世神话，究其缘由，恰因萨满教得以保留。满族说部中金源神话的传播者、传承人，就是家族里的各位萨满；神话由他们传讲、咏颂，并被写入萨满祭祀神歌中保留下来。

可以说，萨满教是传承满族说部的宗教纽带，特别是"窝车库乌勒本"的传承，要依托萨满的讲述，在祭祀中传于族众。

三、家族—社会：满族说部传承的边界

满族说部保留得比较好的地区主要在黑龙江流域，以家族来说，有富察氏、马富费氏、瓜尔佳氏、乌拉纳喇氏，即富育光、马亚川、关墨卿、赵东

---

① 苑杰：《满族穆昆与萨满教——以满族石姓为例》，北京：民族出版社 2012 年版，第 101 页。

② 苑杰：《满族穆昆与萨满教——以满族石姓为例》，北京：民族出版社 2012 年版，第 125 – 126 页。

③ 苑杰：《满族穆昆与萨满教——以满族石姓为例·序言》，北京：民族出版社 2012 年版，第 12 页。

升及其家族①，傅英仁和富育光同为富察氏，其祖上与萨布素将军并非直系，乃其旁支。但他们都以有这样的祖先为荣耀，故两个家族都传承与萨布素将军有关之说部。满族说部的传承以家族传承为主。经过调查发现，传承的程度主要取决于家庭规模及其对本家族历史、文化传承的重视程度，若是大家族，又颇为重视本家族历史、文化的传承，族人就会竭尽全力地让儿孙受到良好的教育，在家族内部经常为儿孙讲述家族祖先英雄故事，从中发现传承之才。这就为满族说部的世代传承提供了良好的根基。若家族因各种原因不重视家族历史、文化的传承，会使其历史无法承继。

吉林省九台市莽卡满族乡石姓保留下来的祖先故事被记录于萨满神歌中，依托于萨满教的祭祀不断延续下去。现在因石姓不间断的萨满祭祀活动，兼之"学乌云"培养了一批又一批年轻的萨满和栽立，他们不仅要习满文，还要熟记家族神歌。石姓萨满神本子被翻译出版，受到了学术界的极大关注，因此其祖先故事也广为人知。而这一切活动都在石姓穆昆组织内部进行，现在的穆昆达也在积极推进该家族的萨满祭祀，使其受到学术界、媒体、政府、学校的多方关注。当然，在现代的语境下，穆昆达的社会交际能力更为族众所青睐，穆昆达本人即本氏族文化传承人的现象也已发生改变。

在调查过程中，我们发现能讲述说部的穆昆达只有赵君伟、赵东升，不过赵君伟讲述的是渤海时期的《大祚荣传奇》；赵东升能够传承其家族说部，具体情况于本章第三节中详述；富振刚身为黑龙江省孙吴县富察氏的穆昆达，却不能演唱本家族说部②。满族说部的传承人及其家族情况列举如下：

富育光，黑龙江省黑河市爱辉区人，共掌握20部满族说部，家传的有6部，分别为《萨大人传》《飞啸三巧传奇》《东海沉冤录》《苏木妈妈》《奥克敦妈妈》《扎忽泰妈妈》；由他人说唱，富希陆记录、整理的有4部，分别为《天宫大战》《恩切布库》《雪妃娘娘和包鲁嘎汗》《西林安班玛发》（四季屯臧姓萨满），这些都先后传给了富育光③；富育光本人搜集的有10部，分

① 在《满族说部历史上的传承圈研究》（《社会科学战线》2008年第7期）中，笔者曾分别就四人的传承脉络分为四个传承圈，这四个传承圈代表了黑龙江省三个不同地域的文化圈，即宁古塔文化圈、双城文化圈和爱辉文化圈。
② 他爷爷所讲述的故事、传说之类为何世环老人继承，何世环老人从下马厂嫁到四季屯，其夫为关文元。
③ 富育光对《萨大人传》和《雪妃娘娘和包鲁嘎汗》还进行了有意识的后续调查和搜集。富育光搜集的《七彩神火》中有赵法师讲述的关于康熙东巡的故事，与萨布素也有一点关系，后来他将这三篇故事加入其讲述的《萨大人传》中（见富育光讲述，于敏整理：《萨大人传》，长春：吉林人民出版社2007年版，第631—636页）。1983年，富育光又到爱辉镇西岗子村，听叶福昌讲萨布素的传奇故事，他认为这是富察氏家族的传本，叶福昌老人讲的是雅克萨战争中萨布素的英勇表现。

别为《乌布西奔妈妈》、《鳌拜巴图鲁》、《两世罕王传》（又名《漠北精英传》）、《忠烈罕王遗事》、《傅恒大学士与窦尔敦》（又名《双钩记》）、《松水凤楼传》、《黑水英豪传》、《雪山罕王传》、《金兀术传》和《萨哈连船王传》。他所讲述的说部一部分源于自己的家族，另一部分与其对满族文化的热忱及不间断地调研，加之自幼生活于有着浓郁满族文化氛围的地域有密切的关系。他撰写了每一部说部的调查始末，为我们了解其来龙去脉提供了很好的资料。

傅英仁，1919 年出生在宁安城的红城村。祖辈都是满汉齐通的官员，祖母、三祖父、母亲、父亲还是讲故事的能手。1984 年 4 月，黑龙江省人民政府为傅英仁颁发了证书，被正式授予"满族民间故事家"的称号。傅英仁讲述的《萨布素将军传》《两世罕王传》《红罗女》及《金兀术传》片段是从三祖父傅永利那里得来的。傅英仁的传承圈极为复杂，围绕其传承体系整理出三条线索，即家族传承、萨满传承和社会传承。除了继承家族的满族神话故事、长篇说部外，傅英仁还有意识地搜集、整理民间故事、神话传说，这样就扩大了他的传承范围，增加了他传承的说部数量。傅英仁积极地搜集、调查满族民间文化，在敌伪、土改时在群众那里搜集整理出了 90 多篇故事。①

关墨卿，1913 年生于黑龙江海林三家子村，他掌握的说部有家族传承的《比剑联姻》《红罗女三打契丹》《金兀术传》《萨大人传》《绿罗秀演义》（残本）等。其父、叔父、义祖父、义父都擅长讲满族传说和故事，比较引人注意的是关姓说部讲述风格基本为"类评书"。

马亚川，1928 年出生，有四年乡村小学的受教育经历。自幼父母双亡，跟着姥爷、舅舅和舅母等亲人长大。他会讲述的说部有《女真谱评》《瑞白传》《女真神话》，主要来源于家族传承和社会传承。他和傅英仁同为"千则故事家"，讲述的说部以女真人的故事为主，这与他自幼生活在金源传说盛传的地区有关。

赵东升，1936 年出生在吉林市乌拉街，为扈伦部的传人，家族中的老人都是知识分子。15 辈太爷是清代五品官，16 辈太爷是笔帖式，17 辈太爷也是五品官。他爷爷也是清代笔帖式，但在清亡以后开始学中医成为中医妇科专家。赵东升的父亲一生写了不少诗文。赵东升现在是族内的穆昆达，能讲的说部有《扈伦传奇》《乌拉秘史》《白花点将》和《碧血龙江传》，我们将会在下文进行详细分析，此处略过。

---

① 栾文海：《野火春风——记满族故事讲述家傅英仁》，见傅英仁讲述，张爱云整理：《傅英仁满族故事》，哈尔滨：黑龙江人民出版社 2007 年版，第 787－788 页。

其他说部基本上都有其传承脉络，我们总结过满族说部的传承由血缘、地缘再到社会，其中社会传承并未超越穆昆的范围，最初都是在家族内部衍生的。我们以富察氏为例来分析家族在传承满族说部过程中的重要作用。

1. 修撰谱书记录家族历史，创编说部颂扬家族祖先

按富察氏家族迁往爱辉的祖先谱系，富育光为第十四代，该家族通过续谱记录了家族的历史①。从该家族谱书可知，清代富察氏家族文武人才辈出，有大量为国捐躯的英雄②，有出没于大内的显贵名流执掌权柄，不少人士曾参与机要政务，是清史的知情者和见证人。正因如此，富察氏家传之满族说部的内容、价值与数量，都具有代表性和典型意义。③

富察氏家族讲述说部，以颂扬家族祖先的英雄历史为主要内容，如萨布素将军的说部就有富育光传承的《萨大人传》和傅英仁讲述的《萨布素将军传》两部。讲唱人都是本家族或与该事件有关的当事人或其直系亲属，将其所亲历、所熟悉的历程全盘陈述从而形成说部的基本雏形。然后由家族中那些具有艺术天赋的"荷马"们，创编出新的满族说部，在以后不间断的唱讲中丰富、提升，日积月累汇聚成鸿篇巨制。在该家族成型的许多说部中，最初的讲唱人和传承人大多为该说部的创造者。如《雪妃娘娘和包鲁嘎汗》等说部就是由富育光的祖母富察美容最先唱起来，后来为更多的人传唱，再后来传给富希陆，又由他传给富育光的。长此以往，家族内部的传承形成了一个规矩，即说部在长期讲述过程中，由每一篇说部的主人、讲唱者管理说部，妥善保存，而说部的世代保存、修复资料和讲唱的伴唱器乐等，由族中统一收藏。

2. 依托萨满祭祀传承训育子孙

"窝车库乌勒本"多为与萨满有关的神话或史诗，已经出版的《天宫大战》《西林安班玛发》《恩切布库》《乌布西奔妈妈》，待出版的《奥都妈妈》最初都是由家族中的萨满讲述的，现由富育光讲述记录保存。《尼山萨满传》应该是在东北少数民族中流传最为广泛的"窝车库乌勒本"，其文本最初都被放置于满族家中西墙上的神龛上。

---

① 富察氏家族的许多史料文档资料在1900年庚子俄难（俄国沙皇制造的"江东六十四屯血案"）被毁，后在1912年、1928年、1938年、1962年、1983年、1994年共计6次阖族续谱，历经18代，共计310余年。

② 如萨布素、阿拉密、达其罕、乌林保、舒尔功额、德顺保（这几位都是康熙朝臣）、富凌阿（为咸丰朝臣）、伯奇纳（为同治、光绪朝臣）、伊郎阿及胞妹陈氏丫丫（为光绪朝臣）等。

③ 富育光：《富察氏家族与满族传统说部》，见邵汉明主编：《满族古老记忆的当代解读——满族传统说部论集（第一辑）》，长春：长春出版社2012年版。

我们知道，培养小萨满主要通过"学乌云"，少则三天，多则九天，基本由家族中的大萨满口耳相传。这种方式实则在教授满语，后来晓满语者渐少，晓汉语者渐多。学习内容多为神歌、神谕以及祖先的英雄业绩，通过这样选拔的小萨满渐渐掌握了家族中的说部。

当家族中珍藏的说部越来越多后，讲唱说部就开始有了分工，特别是恭敬地请族中德高望重的妈妈、玛发、萨满和被选定的讲唱色夫们讲唱，就倍显隆重和尊贵，也是阖族对祖先"乌勒本"的无上敬仰和崇拜。

富察氏家族世代传诵的满族说部，不仅内容广泛宏富，说部历史也很久远：上自远古神话，下至辽金时期契丹和完颜部金源故事、渤海时期故事、前明朱元璋讨元及开国故事，以及清朝三百余年长城内外的风云故事。另外，上述众多故事，全被糅入本家族世代传讲的"乌勒本"中，其情节与富察氏家族世代的发轫兴亡和英雄业绩融汇在一起，成为富察氏望族传世的家藏传统说部，以此实例训育子孙、彰显本族的荣耀和源远流长。①

3. 重视教育增强家族凝聚力

每一部说部都有详尽的流传与传承情况，由此可知，满族说部的创始者，既有荷马史诗型人士，又有满汉齐通的大家、朝廷的学士、编修、将军。他们博古通今，甚或通达阿尔泰语系诸民族语言、风俗，本身都是才智多能者。满族诸姓望族还不惜银两，延请国学和汉学名师，意在实现满族说部的延续和传承。这就是重视教育的良性效果。富察氏家族世代沿袭满族固有的习俗，而且以其家族深有影响的凝聚力，团结、引导和影响着周围众多满族姓氏，使濒危的满族传统说部遗产得以部分保留下来。

经多年调查，富育光发现黑龙江省爱辉、孙吴、逊克诸地，世代为满族和达斡尔族聚居之地，清代以来出现过许多满学大家。辛亥革命后，关内汉人大量涌入该地，相互通婚者亦多了起来。原居住者满族臧姓、张姓、关姓老年人相继谢世，年轻人到外地打工，满族特色越来越少，且早年家藏的满族说部遗失或失传，亦无法再培训本家族的民族文化人士和说部传承人。这一带的传承人多与富育光家族有关：在黑龙江省爱辉、孙吴地区，发现近世满族说部的传承人，其中几位不仅通晓汉文且满文亦很好，如祁世和、何荣

---

① 富育光：《富察氏家族与满族传统说部》，见邵汉明主编：《满族古老记忆的当代解读——满族传统说部论集（第一辑）》，长春：长春出版社2012年版。

恩、程林元、富希陆①、徐昶兴、孟晓光等，都是满族诸姓中有较高文化的著名人士，虽然他们姓氏不同，但从家族血缘关系来看，都与富察氏家族有着亲密的亲戚关系，其中不少是富察氏家族的几代姑婿，有的从小就在富察氏家族延请的师傅处学习满学，授传富察氏家族的传统说部。如黑龙江省孙吴县四季屯村何世环老人已是耄耋之年，至今能讲流畅的满语，皆因其幼年时在大五家子富察氏族私塾中学满文。其父何蔼如先生更是满汉齐通，曾任下马场村小学校长，非常重视家族中孩子们的教育。

　　体量庞大的满族说部的传承不仅依赖于传承人，更依赖于传本，对传本应给予足够的重现。据富希陆回忆，富察氏家族之所以能够世代传讲"乌勒本"、说部，代代有传承人，关键在于历代穆昆达忠实遵照祖先遗训，管理好祖先传下来的各式各样的大小说部传本，不使其毁坏或遗失。故此，每届的总穆昆达，均按祖制做好交接事宜，经宗族族长亲点之后，陈放于专门的神匣内，登记入册，委托专人存藏，并定期晾晒、撒药，严防虫蛀鼠咬。阖族格外敬重祖上的说部传本，视如家珍，为防范散失，任何族人未经总穆昆达允许，都无权擅自外传全族说部存本。如富察氏家族自清朝以来就有不少戒规："传本应由'色夫'缮写讲用，允许专人保管在手，若遇疾患、病逝等情，传本统归族理；传本若有删补、歧义等纷争，依族长议决，惟恪守祖宗原貌至要；学讲'乌勒本'乃大公大德之举，阖族护爱，实有拮据者应享族银微济；弟子族内拔优公推；传本彰祖宗之迹，族人无权外传。"② 经调查，满族大户望族早年都有此类大同小异的族规，这对说部的留存起到了保护作用。

　　穆昆组织架构起满族文化传承的血缘纽带，在穆昆组织内产生的萨满教成为其宗教纽带，"家族—社会"为其传承边界，满族说部就是由多个家族世

---

　　① 富希陆（1910—1980），字伯严，满洲正黄旗，出身名胄，晚清授业于本乡满洲官学，民国年间毕业于齐齐哈尔省立中学堂。富希陆先生因自幼受家族、长辈、民族文化的熏染，对满族古老文化长期被社会遗忘感到无限惋惜，因而从小就有一股复兴民族文化的志向。所以，他立志有了文化之后，不到外地做官经商，而是要久住民家，联合有志之士，为将灿烂的民族文化弘扬出去，献出自己的微薄之力。从二十世纪二三十年代，他在农村当小学教员时期起，除教学以外，他大部分时间就和同族父老耕种、牧猎、生活在一起，体察民情，记录民歌、民谣、民俗和各种轶闻故事。他同瑷珲（后改为爱辉）、孙吴、逊克等地区的朋友——吴纪贤、程林元、郭荣思、郭文昌、吴老师（绰号吴大个）等先生，长期结伴同行，奔走于大五家子、四季屯、下马厂、黄旗营子、瑷珲、兰旗沟、前后拉腰子屯、吴家堡、曾家堡、大桦树林子、霍尔莫津、哈达彦、车陆、奇克、逊克等地村屯。在一起草记了《富察哈喇礼序跳神录》《瑷珲祖风拾遗》《吴氏我射库祭谱》《满洲神位发微》《瑷珲十里长江俗记》等。所撰内容，不求公之于世，只求传世备忘。——富育光所记。

　　② 富育光于1962年夏赴爱辉大五家子和兰旗沟村录记说部《雪妃娘娘和包鲁嘎汗》。该段为传承人杨青山讲话记录。

代血缘相传，由家族的萨满或其他优秀人才完成了文化传承。

从行政规划看，满族村落零星散落在东北三省，处于汉族与其他少数民族杂居的状态，从日常行为上很难看出与汉族人的区别，但就其自身而言，满族这一身份还是在他们"祭祖、续谱"等家族事务的共同合作中得到强化和延续。而有着几百年讲述历史的满族说部仍在穆昆组织的框架之内顽强地存在着，如《东海窝集传》《萨大人传》《萨布素将军传》和《雪妃娘娘和包鲁嘎汗》等说部仅在某一穆昆中传承；为东北多个民族共享的《尼山萨满》也是在穆昆内部传承的。现在很多传承人已离开从小生活的区域，在大城市居住和生活，但他们的根基或可说他们的精神边界仍在穆昆组织内。可以说满族说部讲述及传承的边界仍在穆昆制度下，其保存和发展的空间也在穆昆组织内。以往学者研究满族文化，就萨满教文化对满族文化的影响已有较多论述，但是对满族为何能在非聚居的情况下保留如此丰沛的民间文学却无法给予合理的解释。我们认为穆昆组织为其文化传承的无形文化空间，看似模糊实则清晰，尤其是各个家族的穆昆达、传承人及族众非常清楚其边界。

第二节　富察氏家族与满族说部

我们从已出版的三批满族说部中，看到了富察氏家族对满族说部的重大贡献。黑龙江省以富希陆先生为核心的爱辉满族富察氏家族和以傅英仁先生为核心的宁安满族富察氏家族就是最有典型意义的代表。目前，富育光一共掌握20部满族说部，家传的有6部，也许还有我们未掌握的资料。

傅英仁掌握7部说部，他从13岁开始，就在外边跟随傅永利说《萨布素将军传》《红罗女》《两世罕王传》。18岁时，傅永利让他将祖传下来的萨布素将军故事整理出来。于是他开始整理，1941年至1945年间，写下了《萨布素将军传》，到1947年形成了四大本。1957年反右运动时四大本都被烧毁，他因舍不得故而装病趁机将这四大本内容整理出几十个提纲。平反后，他又对该说部进行了多次修改和润色。

一、爱辉满族富察氏家族掌握说部情况

我们仅以富察氏为例来分析家族在传承满族说部过程中的重要作用。我们上文讲述的穆昆制度与满族说部之间的关系，在富察氏家族中也有很好的体现：

据富希陆先生生前追忆，他生于清宣统二年庚戌（1910），当时富察氏家族过着古老的共居生活，并没有分居，全家族男女老幼三百余口人。阖族上下分有总穆昆达、分支穆昆达，统辖数个噶珊达和塔坦达，噶珊达是全家族最基层的生活集群，所有族众的衣、食、住、行、学文习武、生活余兴等，都在一个噶珊里进行，平时家族中的祭礼、婚嫁、寿诞等亦在噶珊里举办，除非有重大的举措才由总穆昆或分支穆昆主办，掌管族中重要礼仪和文教事务的萨满们，主要也生活于各噶珊群众之中，可见噶珊是早期氏族组织中最富有生命力的活跃细胞。噶珊是全氏族藏龙卧虎之地，许多氏族的精英、神技盖世的萨满、德高望重和文韬武略的氏族文化人，都出自众噶珊之间。塔坦达下属又分有采集、畜养、渔牧、耕营诸"博什库"（即日常生产组织），主要掌管和支配全家族的经济命脉与富有之源。直到进入民国年间以后，富希陆先生在童年时代，庞大的家族受到时代发展的强大冲击，无法再维系倾颓的大厦，家族分化成为十数个各支，财产分割，独立门户，分居度日。但是，家族祭礼等礼仪仍遵祖制，沿袭龙虎年续谱的族规，阖族届期仍由总穆昆达和萨满达统理，欢聚一起举行隆重的续谱大典。

富育光在《富察氏家族与满族传统说部》中详细勾勒了富察氏的家族史：

我族满姓"富察哈喇"，金史标用汉字"蒲察"，清史标用汉字"富察"，今沿用"富察"。辽金之前，族源无可稽考。据清代地方志书《黑龙江地方志》中记载，金代女真依所据地域分白号与黑号两大姓氏谱系，皆金开国勋爵。蒲察氏为金众部中之显赫大族，列于女真黑号姓谱系表中。故此可知，富察氏家族，源远流长，乃我国北方女真人中一支古老的望族。另据现存于黑龙江省故乡大五家子村本族家藏之清代1912年满汉文老谱《满洲蒲察哈喇宗谱牒序》记载尤详："稽我蒲察，祖延绵绵，生息黑水，长弓饱腹。大安初，子弟徙居，长兄留黑水，伯仲从布吉烈征徙松水，粟末一统为家焉。荒江炊烟，渔歌互答，垦陌平畴，鸡犬鸣晨，史有'蒲察之野'之誉。明万历中，先祖尔德伊率群归附建州努尔哈赤父子。努尔哈赤创旗制，乃隶杨古利额驸正黄旗下，清祚定鼎，子孙忠贞佐弼，世享封诰。曩者，奉旨驰驱乌喇，筹垦打牲军务，继之奉旨宁古塔，招抚新满洲，皆屡创奇功，再继之奉旨北上黑龙江，抵御罗刹，子孙忠勤，永成爱辉为家焉。"

富察氏家族按其迁往爱辉的祖先谱系是：第一代托雍阿，第二代伯奇泰，第三代发度，第四代果拉查，第五代嘎泰，第六代达期哈，第七代玛奇泰，第八代岳力，第九代西林保，第十代吉屯保，第十一代依郎阿，第十二代德连，第十三代富希陆，富育光为第十四代。

一个家族能在历史的长河中留下自己的印记，足见其家族中的文化人对家族历史的重视。修谱、记谱是满族家族中较为重要的事，如富育光记述：

据族中耆老回忆，富察氏家族最早的续谱档案累积甚多。但许多史料文档资料，可惜均在清光绪二十六年（1900）庚子俄难时，被沙俄侵略军焚毁无存。目前，尚存谱牒遗物仅是庚子俄难后，全家族从省会齐齐哈尔逃难归来，经过休整生息，社会安宁，于1912年农历二月初二，在穆昆达富俊山家举办，当时延请屯中著名的通晓满文的四海亭老人，用黄布以满文书写宗谱，是目前阖族保留下来的最珍贵的古老谱书。富察氏家族此后又在1928年、1938年、1962年、1983年、1994年共计6次阖族续谱活动，历经18代，共计310余年。

康熙二十三年甲子（1684），时逢鼠年，按照龙虎年和鼠年皆可办谱的满洲古俗，在爱辉第一代祖、阖族总穆昆达托雍阿率领下，为凝聚阖族力量，增进亲情，也为了在陌生的北方更高质量地办好皇上交派戍边重差，在爱辉新居址举办了第一届富察氏子孙立谱大典。萨布素将军就阖族共同遵守之族规五则，写入老谱中：

凡我族人，颂祖克诚，宁古塔老家一应族事恪守如前：重筑宗祠，应届祭谱，诚兮谨兮，乃吾子孙也；凡我族人，忠勇宁古塔"蒲察石"，先祖北海拓疆物迹，犹如明鉴彻天，北戍壮儿，不辱祖命，乃吾子孙也；凡我族人，爱族爱群，泛爱众生，邻里相亲，苦乐同甘，乃吾子孙也；择勘宝地，建富察墓地，光耀英名，四时致祭，乃吾子孙也；凡我族人，不废弓马，勿惰勿奢，族规昭昭，严守不渝，乃吾子孙也。

这一套谱书，因当年人口少，仅用单张大幅的茅头纸书写满文"锡勒赵"（族辈线图示）名讳谱，满语称"都鲁干瓦单"，即汉语谱单。到清雍正初年，人口日增，阖族再聚首于大五家子拖克索，续写满文第二套《满洲蒲察哈喇宗谱》。果拉查任总穆昆达时，商议先形成书函式满文谱书，然后创绘大幅绢缎挂谱。这是富察氏家族采用绢缎绘谱之始。

乾隆初年，富察氏家族总穆昆达、第六代传人达期哈，进行具有历史意义的第三次大型隆重续谱礼。据传，京城和外任的富察氏有声望的文武官员多数莅临圣典。

富察氏家族续谱的规矩一直保留着，清亡后仍沿袭不辍。《满洲蒲察哈喇宗谱》，便是该家族在清亡后的民国元年（1912）旧历春二月壬子，所修撰之满文宗谱。此后，该家族届时续谱一直沿袭下来，从清代到民国以来，阖族共兴办六次续谱仪式，最后一次是在 1994 年。[①]

富希陆 20 世纪 30 年代撰写的满族民俗笔记《瑗珲十里长江俗记》中介绍了富察氏家族世代讲唱说部的基本形态，讲唱满族说部的根本就是敬祖、颂祖：

乌勒本皆咏己事，不言外姓哈喇轶闻趣话。盖因祭规如此。凡所叙故事，与神案谱牒同样至尊，享俎奠，春秋岁列阖族祭仪中。唱讲者各姓不一，有穆昆达，有萨玛。而萨玛唱讲者居多，睿智金口，滔滔如注，庶众弗及也。

近年来，富察氏家族中有几位长者，一生奉先爱群，恪守祖训，身体力行，虔诚传讲祖宗的"乌勒本"，成为阖族传诵"乌勒本"的德高望重的忠诚传承人。家族曾几番险遭战火和匪患，在危急的时刻这些可敬的族中长老们，到祖先祠堂背走了祖先影像和"乌勒本"宝卷，正是因为有了这些忠诚的传承人，富察氏家族的说部才得以传承至今。

富察氏家族能世代重视讲唱说部的传统，其中重视教育的观念功不可没。这要从本族远见卓识的首领、黑龙江第一任将军萨布素讲起。他非常注重对全氏族成员，特别是子孙们的文化教育和严格训导。黑龙江省能在康熙时期

[①] 据耆老回忆，第二次，于民国十七年戊辰（1928）旧历春二月，阖族欢聚富保山家，举行隆重的抬家谱仪式。此次修谱和续谱，十分重要，因满文遭废弃，为不致遗忘满族固有习俗，除了延请当年著名满学师傅德子玉先生，修撰一套满文谱牒外，又请当地著名汉人师傅郑古晨老先生修撰汉文楷书谱牒一套，由此奠定了我族家藏宗谱的满汉两种格式，年年奉祀，一直珍存至今。第三次，于伪满康德五年戊寅（1938）旧历春二月，阖族再聚富臣山家增修汉文宗谱一套。第四次延续时日最长，是二十四年后举办的。因为日伪投降后，国民党发动内战，东北社会动乱，直到东北解放，新中国成立后的 1962 年旧历春二月壬寅，因我族人口增加很快，生产生活都有了很大的改善，经阖族商议，决定举行隆重的续谱仪式，便选在富保山家老房子举办续谱大典。鉴于全族子孙繁衍，原有之本族辈分歌已临排完，故在富万等族人倡议下，重新续编《富察哈喇十字辈分歌》一份。十字辈分歌是："万、瑞、永、贵、长、庆、玉、吉、祥、照"，作为富察氏家族后裔续谱者排辈的名讳。第五次，1983 年癸亥旧历春二月，阖族在富风祥家举办续谱典礼，由富士良主持，谱单抄在黄布上。该谱用正楷汉字书写。第六次，1994 年甲戌旧历春二月，由本族富士良、富育占、富贵仁主持，举办阖族续谱大典。——富育光：《富察氏家族与满族传统说部》，见邵汉明主编：《满族古老记忆的当代解读——满族传统说部论集（第一辑）》，长春：长春出版社 2012 年版。

就创办官学，就是萨布素将军最先倡议的，他亲赴盛京和京师拜请满汉名师，接回东北，建专舍供养，一日三餐亲选美食，奉若父母，此举受到了东巡的康熙帝的赞许。富察氏家族延请文武名师任教之举，一直持续到乾嘉之时。萨布素曾向阖族约法三章，后代穆昆达始终恪守："凡富察子孙要勤习弓马，要知书达礼，要通羌文，报效皇恩，光宗耀祖。"（其中所言"要通羌文"，系萨布素将军勉励富察氏家族成员为更好地卫国守土，要通晓俄罗斯习俗和语言——《萨大人传》）在萨布素将军的影响下，本家族历代掌家穆昆达都倍加重视培育族中子孙的文武德行，奖魁罚懒，形成一大家风。阖族自康熙年间，就有戒律，规定本族子弟凡至入塾年龄，必须进入八旗官学就读，家长绝不准阻碍，"凡我旗下儿女，必要依循学龄受教，攻习国学汉书，不可逃逸怠惰，长辈尤应管束，奖魁罚懒，每年冬至节由各支穆昆分发赏银"（《满洲富察氏族人约守戒规数则》）。正因如此，富察氏家族在乡试和殿试中，代代皆有夺魁而入仕者，成为朝廷、州、府文武重臣。有清以来，富察氏族人在历朝中官宦日多，交友亦愈广，朝中故事亦甚谙熟。

我们详细介绍《萨大人传》的成型过程[①]：

1. 说部产生之源

萨布素的灵牌在爱辉时，阖族举行了隆重的立祠奠祭礼。众萨满咏歌祝祷，奠酒抛盏，穆昆达、玛发以高亢的满洲传统古调，缅怀老将军之德，长忆老将军之威。祝老将军英风长存，江河不老，高扬永祀。自康熙朝为老将军立祀故乡之祭始，便独立成祭，祭必有颂，沿成常例。

2. 说部第一次增补

康熙末年，在三世祖穆昆达果拉查筹谋下，大量采录了老将军生前个人口述的生平回忆。萨布素深受祖父哈勒苏将军影响，倔强幽默，豪爽乐观，他喜欢用自身从孩提到成为将军的苦辣酸甜的人生趣事，还有那些一生中提携他的男女老少的故事，现身说法，启迪亲朋。这使说部倍加撼人心魄。另外，广邀各族遗老和老将军亲随家人，以及曾蒙恩于老将军夫妇的北方族众和宁古塔、吉林故地人士，叙谈所知的老将军往事，纠误修缮说部故事，才使这部"乌勒本"初具长篇规模。当时，富察氏家族讲唱之老将军故事传本，名称并非统一：有称《萨克达额真玛发乌勒本》的，即《老主人传》，也有称《萨宁姑乌勒本》或《萨宁姑安巴尼亚玛笔特合》的，即《萨大人传》。

---

① 富育光：《富察氏家族与满族传统说部》，见邵汉明主编：《满族古老记忆的当代解读——满族传统说部论集（第一辑）》，长春：长春出版社 2012 年版。

后来确定以"萨大人传"命名，在族中及周围的拖克索（村）和噶珊（屯）中传讲。

3. 说部第二次增补

从乾隆末年至道光、咸丰、同治年间，在几代本族穆昆达奔走操劳下，先后向萨布素同朝的彭春、马喇、巴海、林兴珠之后人，借阅过文牍函册，问询轶闻往事。曾在雍正朝任黑龙江将军的萨布素季子常德，赠送老将军遗文墨宝，详解其父灵车归葬遇水患事。咸丰朝因罪谪贬齐齐哈尔之大学士英和，在爱辉聆听说部后便倡议："勿囿于内，广而昭之。"英和还热心教授汉文。从此，《萨大人传》始用两种语言讲诵。族内依旧沿用满语；款待汉官客人时，由通晓汉语族人用汉语讲唱《萨大人传》。初始，用汉语讲述故事，时间很短而情节也较简单，后来才逐渐充实丰满起来。进入光绪朝以后，用汉语畅讲《萨大人传》，成为族中男女长幼不感到陌生的常事了。由于《萨大人传》用汉语讲唱，更加扩大了它的社会感召力。此外，道光、咸丰两朝戴均元、赛冲阿、倭仁、富俊等几位大人都非常关爱《萨大人传》，叮嘱说部多载民情风物，重史乘之说，杜"姑妄言之"之弊。这尤其加深了《萨大人传》的厚重内涵，使其更具有了感召力。1900 年庚子俄难，多少房屋被焚，多少手足同胞惨死于黑龙江，富察氏家族当年由琪任格太奶奶掌家，其丈夫依郎阿抗俄殉国。为凝聚阖族溃散之心，激奋重创家园之志，她率族人套獐狍杀牲祭祖，然后亲讲《萨大人传》，兴起时，拉起族人载歌载舞。铿锵歌舞吸引了荒塞北域逃难归来的满洲瓜尔佳氏（关）、吴扎拉氏（吴）、尼玛查氏（杨）、章佳氏（张）等族亲和沿江毗邻之汉、达斡尔、鄂伦春、索伦（鄂温克）等族兄弟。《萨大人传》成为满族人须臾不可离的良师益友，是爱辉一带很受欢迎之满族口碑说部书目之一。

经过第一次和第二次的增补后，至咸丰、同治时，《萨大人传》亦有几次不同程度的润饰，使其愈加亲切，朗朗上口，传诵愈广。

4. 说部讲唱之俗

讲唱《萨大人传》，在清康、雍、乾、嘉四朝，始终都是以满语口耳相传，并以此形式长期在民众中流传。

进入咸、同两朝之后，社会上使用汉语的人越来越多，就连一些满族人士也开始习惯于用汉语聊天，或用汉语迎酬宾朋。讲唱"乌勒本"也随之变通，特别是在汉族宾朋云集的厅堂中说书人尤要显出娴熟的汉语技艺，令满堂为之喝彩。这就推动了满族上下人等乐习汉语之风，使用汉语讲唱《萨大人传》，渐渐形成习惯。

民国时，满语废弃，汉语使用日盛。满族老人们担心民族风俗和语言被后代遗忘，便着意选择一些年轻后生专用满语背诵《萨大人传》。所以，尽管沧海桑田，物换星移，社会发生了巨大变革，直到新中国成立初期，在黑龙江省爱辉大五家子、四季屯、兰旗沟、下马场一带（该说部产生的地域），仍有不少中老年男女在用满语说唱《萨大人传》。

5. 说部文本传承情况

初说唱《萨大人传》，多无固定唱本，直至清末，为了讲唱有所依据，流传方便，才有人用茅头纸记下了讲唱提纲，且一个故事一个提纲。然后将这些记述各个故事的提纲结集成本，便形成了这部"乌勒本"传本。传本的形成，有利于更多的人加入讲唱。

《萨大人传》是 20 世纪 20 年代大五家子富察氏家族总穆昆达、说部总领富察德连先生承继的祖传珍藏本。这个古老的传本，自康熙朝果拉查起，已有 270 余年的传承历史。

富希陆便是经常聆听《萨大人传》成长起来的一代传人，对萨布素充满了深厚的感情。所以，尽管后半生经历了社会的巨大变革，他仍然忠实地承继祖先衣钵，千方百计地保管、珍藏《萨大人传》零碎的残稿资料，即使有许多残稿因当时的匪患被毁，但他仍偷偷地凭记忆秘写下来，在原有故事的基础上进行补充。《萨大人传》遗稿从地窖传到仓房，送进地营子又传到大五家子西山石洞里，后来被悄悄取回，放进桶里，埋入家中的内暖阁地窖。新中国成立后，富察氏家族中的富荣禄因"土改"被斗，被抄家，文稿被收。后又逢"文革"，富希陆长期被斗，富希陆后来秘密写下了部分残稿，也被收被焚，期间伤残致疾。1980 年春富希陆病危，他命三子富亚光电告长子富育光，急返故乡。富育光返回四嘉子乡，见老人躺在炕上，病情严重，心情十分哀伤。富希陆病中命儿子归来，只有一个信念，就是为了家族《萨大人传》的保护和承继大事。老人一边饮着汤药，一边向儿子倾诉心情。富育光深知老人的情怀，每天早晚陪伴父亲身边，聆听父亲讲述《萨大人传》，足有月余，将遗稿记录完毕。

6. 富察氏家族说部历代传承人

（1）康熙朝富察氏家族总穆昆达——伯奇泰、伯僧额。

（2）雍、乾两朝富察氏家族总穆昆达——果拉查。

（3）道光至咸丰朝富察氏家族总穆昆达——福凌阿。

（4）同治至光绪朝富察氏家族总穆昆达——萨满富察小昌、依郎阿。

（5）光绪朝至民国初——郭霍罗·琪任格。

（6）民国至日伪时期——德连、富察美容、富希陆、张石头、杨青山。

（7）东北解放至新中国成立时期——富希陆、张石头。

（8）新中国成立至今——富希陆、富育光、富亚光。

《萨大人传》经过富察氏家族的代代传承，到东北解放后，富希陆经常与张石头切磋，而后由其收藏起来。在土地改革和"路线教育"中，其家传说部卷匣及文稿陆续被收。1979年秋①，富育光在父亲病榻前听其讲述并记录了下来。现在留在大五家子的富察氏家族后裔已不再讲述此说部，唯有四嘉子富利民有传承此说部的意愿。富育光讲述《萨大人传》时加入了故事《一罐唐谷》《康熙探病》《康熙吉林乌拉选铁匠》（第631～635页），这三个故事并非家传，而是1964年前后富育光搜集的故事。②

《飞啸三巧传奇》的传承相对简略：清代道光、咸丰年间，该说部的创作和传承人——关雁飞、英和；郭霍罗氏③富察美容将原关氏传本的《飞啸传》（或称《穆氏三杰》）带到富察氏家族，在德连与富察美容夫妇的润饰和丰富之下，发展成为《飞啸三巧传奇》，世称富察氏传本；富察美容之子富希陆，从小练习基本功。富察美容病逝前传于其子，1979年秋，富希陆又传给富育光，富育光将之记录下来，成为说部传承人。

《东海沉冤录》本非富察氏原有说部，而是因与其他氏族通婚后，传于富察氏家族。1928年，富希陆将其母传承的郭氏传本之《飞啸三巧传奇》记录下来，后经其多次整理，传给富育光。富育光提到该说部"是富希陆帮着归拢，也有他自己的丰富"。1947年，张石头讲《东海沉冤录》，富希陆利用农活空隙经过与杨青山、张石头不断切磋，充实整理，形成手抄文本，在屯里传借，可惜手抄本在1948年冬佚失。1979年富育光回四嘉子探亲，听富希陆口述后，用文字记录下来，后几经充实。

《天宫大战》《西林安班玛发》《恩切布库》是富希陆在满族中征集、翻译、整理、传承下来的，金源传说《苏木妈妈》是富希陆从其母富察美容传承而来。

---

① 富育光的记录中为1980年，但是笔者在富亚光家中调查时，了解到富希陆是1980年5月去世的，而据富亚光和其妻子回忆应是1979年的秋天富育光返回四嘉子听其父讲述的。

② 富育光整理的《七彩神火》中，有富育光搜集，吉林北山庙赵法师讲述的故事《一罐唐谷》《康熙探病》和《色勒玛发》等。

③ 家住卜奎的满洲名门望族郭霍罗氏家族，其祖先原系直隶汉人，清初与睿亲王多尔衮关系甚密，多尔衮爱妃郭霍罗氏便出于该家族，可惜寿命未永，后又续郭霍罗氏妹为其妃，该家族由汉军抬旗为满洲旗人，其后裔在盛京、黑龙江任将军与都统，故该家族乾、嘉之后，愈加显赫。乾、嘉、道三朝大学士英和遭贬卜奎后，可平安返回京师，全仗家族声威。

《天宫大战》的流传地域，主要为黑龙江省黑龙江沿岸爱辉区大五家子、下马场、蓝旗沟，孙吴县四季屯、大桦树林子、小桦树林子、霍尔莫津等。这些家族多是清康熙年间由宁古塔（今宁安市）等地奉旨北上永戍爱辉的。经多年调查证实，《天宫大战》创世神话的最初产生地区已无法稽考，但从新中国成立以来我国北方满族民间文学集成整理状况可知，黑龙江省宁安市三套集成出版的满族民间故事集中亦收入了宁安地方满族民众传讲的《天宫大战》，可见在宁古塔地区满族中该神话已久有流传。《天宫大战》长期以来为人们所熟知，就是靠生活在黑龙江省爱辉区和孙吴县的满族巴林哈拉、萨克达哈拉、章佳哈拉，世代传播，一直讲唱不衰并保存下来的。20 世纪 30 年代，当地的满族文化人士吴纪贤和富希陆访问满族杰出的文化传承人——孙吴县四季屯著名老猎手白蒙古①。白蒙古从爷爷处习得《天宫大战》神歌九大"腓凌"（章节）②。1939 年，富希陆在大桦树林子任小学教员期间，多次用满语记录和润饰，保存下来。《天宫大战》的续篇《西林安班玛发》，是四季屯臧姓家族萨满传承下来的《天宫大战》中的故事，由富希陆在该屯当小学教员时收集、整理，原为满语。郭霍罗氏家族也将其传承下来，1930 年讲唱于黑龙江省瑷珲县大五家子村，后由富希陆 1958 年追忆，富育光 1960 年记录下来。

《恩切布库》在孙吴县四季屯、霍尔莫津、大桦树林子、小桦树林子等地区广为流传，最初的传播地应是在萨哈连乌拉以北精奇里江一带。

《苏木妈妈》是富察美容家族传承下来③的金源故事，并由她在富察氏家族中多次传讲，《阿骨打传奇》《金兀术传》《苏木妈妈》等，因社会变革、家族人口的变迁，其中许多故事已经失传。《苏木妈妈》《恩切布库》这些韵体的满族长歌，因为生动押韵，便于记忆，富察美容能够经常给儿孙讲唱，也就被留心民族文化的长子富希陆等人学唱并记忆下来。

1976 年，县文化馆征集民族文化遗产，富希陆先生将《西林安班玛发》《天宫大战》《恩切布库》讲述出来，并传讲给富育光。

---

① 白蒙古，本名叫白蒙元，满洲巴林哈喇，正白旗，一生擅套狍子，又嗜酒，故名"白蒙古"，赞其猎技过人。

② 在黑龙江一带满族老户中，有多种传本。在满族富姓、吴姓、祁姓等家族中，也有讲述人，不过，没有白蒙元的传本完整。

③ 富育光提到《苏木妈妈》是由其家族萨满传承下来的——富察氏家族世代保留了一些金源时期神话与传说故事，如满族第七代著名大萨满富察宝音、第八代著名大萨满富察小昌，都在萨满祭祀神歌中传袭金代故事，并被满族人以满族说部形式保存下来，如《苏木夫人传》《苏木妈妈》《韩普娶亲》《海东青复仇》《九鹿缘——阿骨达祭旗》《昭祖跃马白山》《海陵轶事》《忠烈罕王遗事》等，都是由历代家族萨满精心珍藏并热心传给后代的。

《雪妃娘娘和包鲁嘎汗》的讲唱者杨青山只是一个"车老板"（富育光语），当时富希陆只记了梗概，很多内容是后来整理时加入的。1951年前后，富希陆传给富育光，富育光后来聆听过不同人讲述的异文，并核实了其中的几处地名。

富育光搜集的说部《乌布西奔妈妈》，是他于1971年春节在东宁搜集到的。当时录音设备还未普及，富育光笔录了老人用满语、汉语进行的两次讲述。

除了继承本家族内部传承的说部和其父掌握的说部，富育光在调查、搜集过程中还记录、掌握了其他家族传承的说部，由此他掌握的说部不仅有本家族内的，也有家族外的；其他家族的说部从家族内部传到了其他家族，超越了血缘、姓氏和地域。富育光有意识地搜集说部不仅因其作为研究者知晓说部的价值，也缘于其作为一个满族人对传承本民族文化的愿望。

二、宁安满族富察氏家族掌握说部情况

傅英仁的传承圈极为复杂，围绕其传承体系，他自己整理出了三条线索：

1. 家族传承

傅英仁父母双亲的直接传承、奶奶到傅英仁、三太爷到三爷到傅英仁三条线。

第一位是奶奶，傅英仁几乎在襁褓中时就被奶奶说故唱曲地熏陶着。奶奶是闻名四方的"故事妈妈"，老人家用故事讲古论今，用故事教育后人，对傅英仁的影响非常深。他讲述的很多民间故事都是从奶奶那儿继承下来的。

第二位是他的母亲——方圆百里人尽皆知的老萨满。她专讲生活中的故事、萨满的传说等。

第三位是他的父亲傅明玉。他专门向傅英仁传授一些宫廷见闻、官场轶事、文人雅事等。

第四位是傅英仁的三祖父傅永利，人称"三爷"。他终生未婚，是他们家庭成员之一，"长篇说部、民间故事、萨满神话、传说、历史、风土人情，简直无所不通"。傅英仁的故事"有五分之二都是他老人家心传口授的"。傅永利不仅传给傅英仁萨满教中有关天地形成、人类来源的神话传说和萨满斗法等故事，还传授给他四部长篇说部。

2. 萨满传承

傅英仁的姨夫关振川、舅父郭鹤令、三舅爷梅崇山都是有名的萨满，他们对傅英仁影响颇大。

关振川是清朝末年满汉皆通的秀才，曾充当过宁古塔副都统衙门的六品笔帖式（清代官员，相当于现代的文书之类）。清朝灭亡后，又当了吉林、黑龙江一带的大萨满。他对傅英仁传授的主要有萨满祭祀仪规和150多个萨满神灵来源等故事（傅英仁会讲120个）。

郭鹤令也是满汉皆通的郭姓大萨满。他对傅英仁主要传授了请神咒语和黑龙江省北部地区萨满活动情况。

三舅爷梅崇山，又称梅崇阿公，他是当地有名的舞蹈家。傅英仁13岁时曾参加过梅崇山自出资金组建的少年学习班，主要是学习满族历史上流传下来的梅崇阿公少年时学会的八套古代舞蹈，其中包括满族莽式舞。傅英仁是其中的佼佼者。①

3. 社会传承

据傅英仁自述，除家人外，对其产生影响的有："'黑妃娘娘'后人吴喜廷；都统后人关墨卿，他讲了《比剑联姻》；将军后人（伊犁将军）关亚东；乾隆师傅的后人，宁安县张育生；努尔哈赤开国大臣后人郎庆寿；外县的有九个人，汪清县骡子沟老郎头讲《红罗女占山为王》。"②

傅英仁除了继承家族的满族神话故事、长篇说部外，还有意识地搜集、整理民间故事、神话传说，这样就扩大了他的传承范围，增加了他传承的说部数量。他曾于敌伪、土改时在群众那里搜集整理出90多篇故事。在丰产和常胜改造时，先后搜集到《白鹿额娘》《突忽烈妈妈》《将军石》《抓罗妈妈》《看坟茔地》《满族神反胡仙》等许多有价值的故事。1960年，傅英仁到敖东改造，采录了《九龙夺球》《小乌蛇》《鸡蛋石》《烟筒山》。他还通过各种方法，搜集了20多个民间故事，20多个民俗传说。③

从俞智先开始，之后有富育光、王宏刚、程迅、金天一、马名超、王士媛等人关注傅英仁讲述的神话、故事，至于长篇说部只有吉林省社会科学院的富育光、王宏刚、程迅等人采录的《老将军八十一件事》④（即2007年正式出版的《萨布素将军传》）和《红罗女》以及宋和平采录的《东海窝集

---

① 宋和平：《〈东海窝集传〉研究》，未刊稿。

② 马名超：《满族民间故事家傅英仁访问记》，见傅英仁讲述、张爱云整理：《满族萨满神话》，哈尔滨：黑龙江人民出版社2005年版，第331－332页。

③ 栾文海：《野火春风——记满族故事讲述家傅英仁》，见傅英仁讲述、张爱云整理：《傅英仁满族故事》，哈尔滨：黑龙江人民出版社2007年版，第787－788页。

④ 富育光等人在黑龙江省宁安市停驻近两个月，采录了傅英仁讲述的《老将军八十一件事》，整理出的录音带达80多盘，并召开座谈会，理出了《老将军八十一件事》流传谱系的清晰脉络。

传》。"对傅英仁老人所掌握的满族神话、故事的发掘与记录，也经过一个相当长的工作过程。起初，对他还只局限在某些地方传说的采集，多半是由他来讲述，别人记录。由于他本人是知识分子出身，后来便自己动手整理，取材范围也由传说扩大到历史故事，直到神话、歌谣。"①《金世宗走国》《金兀术传》都是由他自己动手整理的。

我们发现家族传承是满族说部最初的传承方式，到后期地缘传承、社会传承乃至书面传承占据了主导地位。不容忽视的是，正是因为有了家族内讲唱说部的传统，有了对满族传统说部的重视，才有了后来的搜集整理。

第三节　纳喇氏家族与满族说部

赵东升，满族说部国家级传承人，海西女真人，更确切地说为扈伦四部中乌拉国王布占泰的后裔，本姓纳喇，清代乌隆阿时改姓赵，满洲正白旗。其族谱可追之始祖生于元末，至今已有24代到25代，有六百年的历史。或传说其先人为完颜氏，完颜宗弼（兀术）为其始祖，但无谱牒可兹证明。其家谱有22代，其族谱始于纳齐布禄，之间隔七八代。纳齐布禄曾祖名倭罗孙。因其先世曾居于纳喇河滨，纳齐布禄始改名纳喇氏，以地为氏，为女真之俗。其族谱如下：始祖纳齐布禄—多拉胡其—佳玛喀—都勒希—古对珠延—太栏—布颜（补烟、布彦）—布干—布占泰—洪匡—乌隆阿（改姓赵）—诿拉霍—五格—凌福—德明、德英—霍隆阿、富隆阿—喜明、双庆—崇禄、云禄（德禄）—继文—赵东升—宇辉—奇志。

一、赵东升掌握说部情况

从已出版的说部和即将出版的说部来看，赵东升共掌握4部说部，分别为《扈伦传奇》《碧血龙江传》《乌拉秘史》和《白花点将》，其中《扈伦传奇》由《扈伦秘史》《东华外史》及《南关轶事》组成；《乌拉秘史》包括《布占泰传奇》和《洪匡失国》两部书。赵东升自陈"传承近十个'乌勒本'"，除上述4部外，有4部在《我的家族与满族说部》②中提及，分别为《辽东烽烟》《庚子秘闻》《白马捎书》《五官地轶事》，另外还有《总管衙门

---

① 马名超：《让座座丰碑闪光传世》，见《马名超民俗文化论集》，哈尔滨：黑龙江人民出版社1997年版，第285页。
② 赵东升：《我的家族与满族说部》，《社会科学战线》2008年第2期。

奇闻》《伪宫风云录》。

《庚子秘闻》《五官地轶事》与赵东升的曾祖父有关。《庚子秘闻》是曾祖父双庆于北京"那三大人"府听到的朝野流传的马路新闻，讲述"庚子之变"前后朝内的秘闻。端王为使儿子早日做皇帝，同慈禧密谋废除光绪，不料引起国际风波，列强干涉，反对废主。因此，慈禧和端王仇视列强，利用义和团排外，上演杀教士、攻使馆，引出"八国联军"攻占北京的闹剧。《五官地轶事》中的"五官地"为清朝内务府属下的一个皇庄，因有五个屯子而得名"五官地"，由打牲乌拉总管衙门管理。赵东升的曾祖父双庆公和祖父崇禄都曾全权负责管理过该处事务，都认识"五官地"中好些人物，清亡后还和他们中的一些人成了朋友。其祖父经常讲"五官地"的见闻，赵东升曾做过记录，整理出了七八万字的本子。

《碧血龙江传》《辽东烽烟》由崇禄整理而成。《碧血龙江传》是崇禄以其自身经历，自编自讲的说部故事。1900 年庚子俄难，崇禄在黑龙江前线凤翔军中，目睹这一历史事件，又搜集了一些军中轶闻传说，查阅了大量文书档案，编成《碧血龙江传》，到处传讲。成书于清末，涉及的一些重要历史人物和当事人都使用了化名。《辽东烽烟》讲述中日甲午战争辽东陆路战场的清军抗敌保国的故事。中日在朝鲜发生军事冲突，战火扩大到辽东地区，黑龙江将军依克唐阿奉旨出兵，特邀他的好友富隆阿参加军务，委以总理粮台重任。富隆阿，依尔根觉罗氏，字甲三，光绪壬午科举人。崇禄时年 17，以乡亲的关系，随富隆阿在辽东前线待了一年，得到一些军事情报。后来，富隆阿把他在军中的日记交给崇禄的祖父，让其传扬辽东战场实况，后据此整理成《辽东烽烟》一书，自己也传讲。其内容多是世人无法了解的秘闻，有的还是禁止传播的敏感事件。

《总管衙门奇闻》以打牲乌拉总管衙门的文书档案为基础，搜罗两百年间打牲衙门的奇闻轶事编写而成。《伪宫风云录》（《康德秘史》）是崇禄根据常海的叙述整理而成的，并传授于赵东升，计 30 万字。

《白马捎书》仅留下片段，尚未整理。该说部讲述渤海国时，大氏王族分裂渤海，割据乌苏里江东岸，建立苏统国，铸造"宽永"钱的故事。渤海公主绿罗被困苏统，将实情写成血书，藏在坐骑白龙马的鞍子里，放马过江报信后，就自杀身亡。红罗得书后讨灭叛党，为妹妹报仇，实现了渤海国的统一。

《扈伦传奇》《乌拉秘史》都是扈伦四部家族及其后裔传讲的有关祖先兴亡的历史传说故事。《扈伦传奇》是扈伦四部轶闻故事，而非真实的历史，所讲之事都是实录不载，史籍阙如，但为其祖先们亲身经历的。由三个中篇说部和几组传奇故事糅合而成，这三个说部即《扈伦秘史》《东华外史》和《南关轶事》，内容基本一致，只是各有侧重。《东华外史》是明代塔鲁木卫海西女真建国称王并由盛到衰的历史传说故事，叶赫在开原东北镇北关外，所以又通称为"北关"，同开原东南广顺关外的哈达毗连。叶赫与哈达是两个长期纠葛又无法分离的女真部落，他们互相残杀，内斗不已，双方斗得筋疲力尽，伤了元气，灭亡在所难免。该说部内容丰富，故事性强，意境深远，还有很多不为世人所知的秘闻，有不少与明清以来官私史料相悖之处，几乎包括了叶赫、哈达、辉发以及建州女真的全部历史传说。叶赫是"扈伦四部"中最后一个灭亡的，灭亡的过程异常惨烈，可是叶赫家族为清朝的重臣，且清朝亡在叶赫纳喇氏手中（叶赫纳喇氏两朝太后为清晚期的实际掌权人），应验了叶赫贝勒金台石被杀前对努尔哈赤说过的话："我生前抗不了你，死后也不会放过你。无论叶赫传下一男一女，早晚必报此仇！"自叶赫灭亡后此说一直在扈伦四部后裔中流传。双庆在北京时曾问过叶赫后裔，时任都察院御史的那三大人是否真有其事，那三大人明确告诉他，确有此事，代代相传，已三百来年了。

因明末女真哈达部在开原东南、广顺关外，明时称为"南关"。南关哈达是扈伦纳喇氏的分支，由塔山前卫演变而成。哈达与乌拉同宗，但两部关系并不和谐，加上哈达首领们不施仁政，在女真中树敌，自身又腐败，这样一个政权灭亡是难免的。赵东升的祖先在讲述哈达历史时，持批评态度。哈达部有新旧两个城，最早的都城在清河东岸，纳喇氏第四代二祖扎尔希之子倭谟果岱统一哈达境内各部，建立了一个女真满洲国。但其遗孙返回祖宗故土，落脚于吉林东北之宜罕山，并改姓为伊拉里氏，脱离了纳喇氏家族。哈达新城是王台强盛时，在距山城二十里的清河岸边，今辽宁清原满族自治县李家台乡依山而建的。在新旧两个城内，发生了一系列荒唐离奇的故事，因此传下"乌勒本"《南关轶事》，说明纳喇氏祖先对哈达的倒行逆施也是深恶痛绝的，传讲"乌勒本"来批评他们，以警示后人。

《乌拉秘史》完全由乌拉部族人口传，主要讲述乌拉纳喇氏的轶闻遗事，对其他三部，除了历史纠葛，一般很少涉及。《洪匡失国》有两个版本，其一是1964年大萨满经保办谱时讲述的记录本《扈伦轶闻》，其二是崇禄先生的家传本，略有出入。

《白花点将》讲的是白花公主筑台点将、抗敌保国的故事，高台旧址在吉林市乌拉街满族镇北古城内。元代时有《百花亭》，明朝有《百花记》流传。白花公主的身份说法不一，有完颜阿骨打的小女儿、金兀术的三妹、海郡王的女儿、纳齐布禄的女儿几种说法。乌拉纳喇氏家族数百年来将白花公主视为先人。赵东升有两个版本的《白花点将》，一个是其家传而来，另一个是在田野调查时所得，这两个版本的内容截然相反，第三批说部丛书整理的是赵东升家传版本。

关于纳喇氏家传说部的历代传承，除《扈伦传奇》《乌拉秘史》《白花点将》外的其他说部都从赵东升的曾祖父、祖父开始，这里不再提及，仅列出这三部的传承谱系。

《扈伦传奇》《洪匡失国》最初在清初顺治年间那次修谱祭祖时由乌拉纳喇氏第十代图达理、达尔汉、阿布泰、茂墨尔根、噶图浑等人讲述并传承。这些人在当时都是有身份、有地位的纳喇氏家族头面人物。之后八始祖倭拉霍粗通文墨，识满文，迁居乌拉古城北约五十里之罗锅屯（今罗古村），生五子，第五子五格（十三辈）继承，又传子凌福（十四辈），再传德明（五品官）、德英（笔帖式），二人为十五辈，凌福之子。德英传十六辈霍隆阿、富隆阿兄弟（二人均为笔帖式）；霍隆阿传子喜明，富隆阿传子双庆（五品骁骑校），二人为十七辈；双庆传子崇禄，即赵东升祖父。

二、《扈伦传奇》《乌拉秘史》之史实

从家谱来看，纳喇氏的家族史应从始祖纳齐布禄开始，《扈伦传奇》《乌拉秘史》都紧紧围绕扈伦四部的兴起衰败展开。

1. 扈伦四部形成

纳齐布禄占据吉外郎城自立为王，但被锡伯王联合蒙古兵攻破该城，他带领20名亲兵突围回到吉林市乌拉街古城。约在明永乐四年（1406），在族人的帮助下，建立起势力不大、领地不广的小政权，称"扈伦国"。布颜收服附近叛离诸部，筑乌拉城，建乌拉国，是第一代乌拉国王。在明嘉靖四十年（1561），扈伦四部基本形成。之后布干、满泰、布占泰继任国王。

2. 乌拉国灭亡，敕书被焚毁

万历四十一年（1613），努尔哈赤率军攻打乌拉部，于富尔哈城外击溃乌拉兵主力，乌拉国灭亡，国王布占泰外逃。胜利者努尔哈赤在乌拉国都城里欢庆十日，编户万家，收缴了乌拉国的册籍，所有典章文献包括明朝皇帝赐予扈伦国历代首领的敕书统统装车带走，带不走的就地焚毁，"火光烛天，经日不息"。带走的典章册籍，加上数百道明朝敕书，连同建州三卫、扈伦四部堆积如山的千余道敕书，被太宗皇太极销毁于大政殿的院子里。乌拉纳喇氏阿布泰、茂墨尔根、白塔柱等亲眼看到了焚毁敕书的行动。

3. 洪匡抗清失败

努尔哈赤凯旋时，辟乌拉城周围为"虞猎之区"，任命布占泰第八子洪匡

为"布特哈"①贝勒。十年之后，洪匡举兵反抗，仅几日就被剿灭，洪匡自杀，其二子脱险，长子乌隆阿被人从乱军中救出，藏匿于民间，后来传下十支始祖（乌隆阿娶妻三房，生子十人）；次子布他哈被其额娘带走，也传有后人，据说姓那，清末其后人来乌拉找过宗族，出于警戒，乌隆阿后人拒不相认。留居原乌拉国都城的纳喇氏王族所剩无几。在皇太极继位的十几年里，原外逃的扈伦四部王族基本归顺了。逃到东海窝集部的布占泰长子达尔汉等人也率家属部下来投诚，被编入正白旗，为皇太极出力，屡立战功，亡国灭族之祸已成过去。

历史上的记载与纳喇氏家传的祖先历史不同，甚至"内容有很多同清朝史书相悖，特别是'洪匡失国'深受清廷忌讳，清史上只字不提，更没有洪匡这个名字。在布占泰的八个儿子中，前六个没有争议，而在第七子、第八子之间打哑谜，清代史书不记载第七子为绰奇纳，第八子为噶图浑"。史书相当隐晦地隐去这段历史，而纳喇氏家传说部某种程度上保留了这段历史。

三、说部的成型及传承

崇禄能讲述 20 多部说部，赵东升继承并掌握 10 余部说部，其文本的形成过程也有所不同，我们依其来源一一说明。

1. 家族秘史依托修谱

"传讲祖宗事迹是纳喇氏传统习俗，始于明代中期。"纳喇氏家族祖先是权力角逐中的失败者，他们的事迹更为丰富多彩，且家族普遍文化程度较高，人才辈出，《南关轶事》《叶赫兴亡传》《洪匡失国》《乌拉秘史》就是从明末开始流传下来，传说乌隆阿保留了部分满文抄写本，但后人从没见过，仅得知"不许传讲平时"，"烧香办谱时装神案前由穆昆达和察玛讲述"，而且"不准记录"。②

（1）纳喇氏原始谱。

据赵东升回忆：乌拉纳喇氏的原始谱，由第四世祖都勒希创于明弘治时期。那次立谱时，恰逢他的三弟速黑忒战死于塔山卫，所以立谱仪式草草收场，初创谱图也不完备，否则不会只记八个人的名字。以后经五世祖古对珠延、七世祖布颜、九世祖满泰、布占泰重修或续修，使用什么文字不晓得，因为他没有看到过，按照家规，长房方可保存家谱。

---

① "布特哈"，满语"虞猎、山泽"之意。
② 赵东升：《〈乌拉秘史〉故事传承情况》，见赵东升讲述，赵宇婷、赵志奇整理：《乌拉秘史》，长春：吉林人民出版社 2017 年版，第 3 页。

（2）清初祭祖修谱活动。

清初顺治九年（1652），由布占泰长子达尔汉这位较有影响力的穆昆达主持祭祖修谱活动。主要仪程为制定谱图，创立档册，传下神本，立下家规，讲述祖宗轶事。上文提到清朝史书中未记载布占泰第八子，皆因其八子为洪匡，他因起兵反抗失败被抄家灭族，清朝以之为讳。为掩盖历史真相，清朝的档案不录，史料不载，在《八旗满洲氏族通谱》中也找不到相关的信息。为了保留祖先的历史真相，达尔汗在纂修家谱时，找到了乌隆阿一支，用满语将其记入洪匡这一支。纳喇氏老谱也重见天日，女真文、汉文原谱被保存下来。复制女真文原始谱，是为了让洪匡后代子孙不要忘掉祖宗根基，虽改赵姓，可是乌拉纳喇氏才是正宗。女真文谱从规模和格式来看，同满文谱序对照，仍能得见端倪。满文谱序是达尔汉、图达理等人拟的，是否同女真文谱序内容一致不得而知。据此，又诞生了用满文书写的谱图和档册，是由精通女真文的达尔汉、图达理、阿布泰等人依据老谱仿制的。

《洪匡失国》从清初纂修家谱时开始传下，祖先规定代代延续，不准失传，也不准公开。

（3）清末修谱。

纳喇氏老谱后经多次续修，至今还传有清代纂修的满文谱图。清末续修时满文老谱被译为汉文，因译谱人水平不同，出现几个版本。1912 年修谱时，赵东升祖父崇禄先生参加了这一活动，且记录了该文本。

（4）记录《洪匡失国》。

1964 年，在崇禄故去 10 年之后，纳喇氏恢复烧香办谱祭祖习俗，赵东升看到了这幅不大的用黄绫糊裱的谱图，上边只有八个人的名字，但没人能看得懂。这次活动由经保主持。因不能进行尽善尽美的跳神活动，就把主要仪程放在传讲"乌勒本"上。在神案前，经保向全族讲唱洪匡失国的全部经过，族人多当故事听，赵东升做了记录。这是他第一次听到如此完整的《洪匡失国》说部。后来，赵东升曾调查过所有乌隆阿后裔，没有一家有文本记录，仅是口传。有几支甚至连口传都没有了，唯记得有《洪匡失国》，而具体内容全然不晓。

可惜的是，更多满文谱图与档册都在"文革"中被当作"四旧"烧毁了，其中就有清初那次修谱时传下的女真谱图。

2. 父辈们整理的故事

关于纳喇家族祖先历史的说部，皆属秘传，且以口传为主，直到清灭亡后才可记录。在赵东升掌握的说部中，有一大部分跟他的曾祖父和祖父有关，如《碧血龙江传》《辽东烽烟》《庚子秘闻》《五官地轶事》《总管衙门奇闻》

《伪宫风云录》。双庆、崇禄不仅是说部的传承人，他们还以自身的丰富经历为素材，形成新的说部，并公开传讲。堂祖父云禄（又名德禄），会满语，懂诗书，健谈，讲唱俱佳，多次讲述祖先的故事。可惜他掌握的说部没有传下来，赵东升记住的也仅是几个片段或只言片语。

赵氏家族是打牲丁，比内务府"包衣人"还低一等，清末允许他们置买土地、雇工、捐纳。崇禄以"打牲丁"的身份入衙门当差，最后升至笔帖式。他在官学念书时学通满汉语，十几岁甲午战争时到依克唐阿军中，1900 年庚子俄难前后被派到黑龙江副都统杨凤关翔军内听差，还曾多次进京送贡品（主要是鳇鱼），见多识广，阅历丰富。他能传承、搜集、记录、整理、讲述多种说部。清亡后，崇禄师从刘太医并得其真传，获赠刘太医家藏的秘籍、太医院《医案》、明清木刻版珍本医药。崇禄考取了民国政府颁发的"医师资格证书"，开了"崇兴堂"医药铺。行医活动范围广，结识人也多，崇禄利用行医问诊的机会，到处讲述他的满族说部故事，其中有很大部分是根据自身经历讲述的"真人真事"。

3. 传承方式的特殊性

赵东升总结满族说部的产生与传承主要有四种渠道，其中三种与其家族传承有关。

家传，家族先世曾发生过重大事件或产生过重要人物，足以值得传颂、传讲，让后世永志不忘，以此方式缅怀先人。这种类型基本上是在内部传承，不对外公开。清朝灭亡后，纳喇氏家族传承的部分说部内容也得以解放，不用担心被追究责任。由此，家族老人才敢在大庭广众之下讲述《洪匪失国》《叶赫兴亡传》《南关轶事》。

族传，本家族或本氏族曾经发生过重大的历史事件或产生过重要的历史人物，知情者或见证人恐其湮没，所以传讲下来。随着传承的不断深化，久而久之便形成了说部。这一类型的说部属于半公开的性质，它不像第一类家传那样有诸多忌讳。满族说部经历了数次兴衰与沧桑巨变的时代转折，传下了大量轶闻和秘史，从口耳相传到文字记录，也经过了漫长的岁月。

自传，文化人自编自讲的满族传说故事，用以自娱。它们的传承有很大的随意性，但也有以亲见亲闻的历史事件为依据的。赵东升掌握的说部，除家族秘传，由其曾祖父及祖父自传的说部占了多数。

家传和族传是严肃的、责任重大的，即使后来有变化也不会离开原型，属性也不会变，因为他们是"讲根子"，传讲祖先的历史。传承的形式也有严格的规定，族内传承是主流。父子、祖孙、兄弟，承前启后，久不间断。自传是具有随意性的传讲，有自娱的性质，还有点市场化的味道。讲唱这类说部以听众喜好为宗旨，以市场卖点为前提，较少考虑说部的性质。

具体到赵东升家族，其家史"乌勒本"流传于明末，形成于清初，纯属家族内部传讲的"先人事迹"（也叫"讲根子"），像《乌拉秘史》（包括《洪匡失国》和《布占泰传奇》）、《扈伦传奇》这类说部，是冒着极大风险才得以保存并传承下来的。

发生"洪匡事件"后，洪匡本人自杀，家族亲信被株连，死亡五百多人，其先人传下准确数字包括男女老幼在内计507口。如今乌拉古城内，某位"老户"的祖先传下来，说杀人地点就在靠近紫禁城的一个空场上。纳喇氏族传"白花战俘将台就是赵氏祖先的肉丘坟"。家族遭受如此大的变故，如此惨烈，当然激起乌拉纳喇氏的极大愤慨，两百多年间，埋在心里的仇恨有增无减，为使子孙永不遗忘，传下了《洪匡失国》说部故事，同《扈伦传奇》中的传说并列，成为乌拉纳喇氏的秘史，严禁外传。清初修谱时达尔汉、阿布泰、图达理等人铸了一块铜匾，上刻被杀之人名字埋于"点将台"内。规定只有在烧香办谱时才可由穆昆达或大萨满在神堂传讲，平时不得讲述。除此，每当过年除夕夜，家长可在祖宗案前对家庭成员、子孙儿女做简单的讲述，不准对外透露，也不准提问。咸丰年间，这个铜匾露出一角，又被家族老人埋上，此后铜匾不知去向。纳喇氏赵姓满族同其他家族的不同之处就是秘史中有的内容可限定在极小的范围内单线秘传，甚至在本家庭内部也不可能普及，传承既不许中断又不准外泄，始终处于高度保密状态。因为传的是"祖宗的秘史"，在清代是忌讳的，仅传布这些内容就是"犯上"，就是"妖言惑众"，一旦被清政府知道，杀头罪都是轻的。所以到清末，纳喇氏中只有四五支还能略晓一二，这些人离世后，传承就彻底中断了。新中国成立初期，能讲者仅两三人而已。

4. 赵东升的传承

我们找不到其他资料证明纳喇氏还有其他的传承人，目前仅知赵东升一位。赵东升的本职工作是中医，但是他对传承家族说部是积极认真、不遗余力的。在整理时他有自己的原则，文本方面并没有完全依据家族传承的资料，通常会辅以田野研究。

（1）整理原则。

赵东升在整理时，基本上忠于原貌。即使发现其中有与史实不符的内容，整理时也未予以改动。他整理"说部"的原则是：一不往历史上靠，不要把它变成历史教科书，因为它是民间历史；二不往文学上靠，不要把它变成文学作品，因为它是民间艺术，带有粗犷的田野风格。更重要的一点，不要追求刺激，把它变成戏说。严格按照说部的特点整理，避免再创作。为了尽量保持"原汁原味"，对传讲错的地方也不予改动，一仍其旧。

在赵东升那里，"原汁原味"就是在不违背原传承宗旨的前提下，做必要的调整，使之更加完善，应保留的东西尽量保留，如语言、故事情节、人物面貌、满族风俗习惯、历史事件等，全部保留，就是与史实、文献不符也不做改动。

《扈伦传奇》由三个本子《扈伦秘史》《南关轶事》《东华外史》（《叶赫兴亡传》的改写本）综合而成，总计约 40 万字，但在整理《东华外史》时赵东升没有用改写本，而是尽量回忆原《叶赫兴亡传》的记录本，同时把补进《东华外史》里有关萨尔浒大战的情节全部删掉（约 2 万字），因为原始本里没有，也与扈伦四部的历史无关。其原始本有十几万字，是崇禄以讲故事的形式分多次讲完的，赵东升整理时加入"南关轶事"和"叶赫兴亡传"，总计 30 多万字，加上增加的回目、补入调查后的诸如家谱之类的资料，就成为一部约 40 万字的完整的说部故事了。

（2）整理文本为主。

20 世纪 60 年代初，赵东升开始关注《扈伦传奇》。原始本记述得比较零乱，有的是提纲式的，整理时颇感费劲。赵东升将其整理成两个本子，第一个本子为《叶赫兴亡传》，约 15 万字，第二个本子为《东华外史》，约 25 万字，纳入了"南关轶事"内容。两个本子都是章回体，拟将其合成《扈伦史话》，后因"文革"中断。

赵东升在祖父讲述"五官地"的见闻时做过记录，整理出七八万字的本子《五官地轶事》。

1952 年至 1955 年，赵东升认真听崇禄讲述八国联军、庚子俄难的故事，后来整理了《庚子秘闻》《碧血龙江传》等说部。

（3）田野调查为辅。

祖父崇禄故去后，赵东升将业余时间用于记录、核对、抄写"乌勒本"资料上，并试着将其整理成满族说部。他曾多次寻访扈伦四部的后裔，考察其遗迹，探访其家谱，搜集轶闻传说，研究史料，撰写有关文章和专著。按照其祖父生前提供的线索，他曾寻找有关知情人和故事发生地，如黑龙江的佳木斯、牡丹江、绥化、松花江地区各市县；吉林省除白城外的所有县市；辽宁省除朝阳市外的辽东辽西各市县。通过探访赵东升搜集到十来份《纳喇氏家谱》和多户纳喇氏家谱。

讲述有关纳喇氏先祖布占泰、洪匡事迹的也有外族老人，如伪保长赵兴武，伊尔根觉罗氏，其父为清朝秀才；有赵子封，号称"八先生"，与赵兴武同族，其先人多在打牲衙门任职，该家族出过文举人，赵子封一生无所事事，坐吃山空，新中国成立前家境已经破落，因本人爱显摆过去的荣华，被定成地主，后挨饿致死；有郭宝轩，宣统元年生，汉军旗人，一目眇，为人乐观，能讲会唱，听过很多故事，60岁时死于急性心肌梗死；有关义，满族，盲人，鼓书艺人，学到一些"讲评词""唱鼓书"的艺术技巧。

在调查哈达纳喇氏的后裔时，赵东升发现他们只对克什纳都督有好感，而对哈达部的掌权者无好印象或毫无印象。

赵东升认为满族说部的传承与整理，也是一个提高、升华、充实、完善的过程。

就拿《乌拉秘史》《南关轶事》《叶赫兴亡传》《洪匡失国》等涉及氏族和祖先历史的说部来说，最初达尔汉、图达理、阿布泰、白塔柱等人怎么传讲的已无从知晓，赵东升祖上十一辈的乌隆阿如何传承的也不得而知，继承者包括倭拉霍在内的十二辈八个始祖，倭拉霍的继承人十三辈五格等人有无文化知识，受没受过教育都无法搞明白。但赵东升这一支，十四辈凌福，十五辈德明、德英，十六辈霍隆阿、富隆阿兄弟，十七辈喜明、双庆，都是满汉精通、学识渊博的"知识型"传承人，又是清朝官员，很容易接触文献档案，对说部进行加工，这在他们那个时代就已经开始了。赵东升的祖父崇禄不仅传承与充实说部，也在创造说部，到他这辈已经形成了规模。据说赵东升的父亲赵继文也整理过文本，可惜被伪满警察搜去，后人并没有看到其内容。《扈伦传奇》的内容有"南关轶事"，对同宗的哈达也持批评态度；而对自己直系祖先乌拉王室的种种劣迹也毫不留情地予以谴责。扈伦四部是明末女真内部争斗中的失败者，汲取失败的历史教训，剖析自己的缺点也是勇气可嘉的，毕竟扈伦四部为后世留下了充满血泪、弥足珍贵、客观公正的口述史。

四、解读满族说部和"乌勒本"

赵东升对满族说部与"乌勒本"的认知，有很多与前人相同，但也有其独特之处，我们在此将一一列举。

1. 满族说部的原型——"乌勒本"

满族说部最初的叫法是"乌奔"，又有叫"乌勒本""乌尔奔"，通用的叫法是"乌勒本"。"乌勒本"为满语，意为"家传""家史""讲古""英雄传"，"乌勒本"又被称为"讲根子"，这就是满族传统说部的原型。清代后期到民国初，受评书的影响，原本内容单一、形式简单的"乌勒本"经过传讲人的艺术加工，变成了首尾相接、情节曲折、内容丰富的传奇故事，演化为传统说部。应该说，"满族说部"是"乌勒本"的传承与发展，而不是"乌勒本"的变异。

"乌勒本"为满语毫无疑义，但是否为女真语，我们没找到证据。满族说部是"乌勒本"在现代的变异是笔者提出的观点。赵东升认同笔者关于传承与发展的观点，但不认同变异。笔者提出"变异"基于"乌勒本"在多年的发展过程中，经过众多传承人的口述与书写，形式从满语到满汉合璧再到汉语，已非原貌。

2. 说部与满族说部

"说部"一词的使用，并不是清代或现代才有的，早在晋隋唐宋就已出现，小说、平话、传奇以至于志怪、笔记、随笔、偶记之类皆可归入说部范畴。最初，对说部的界定比较模糊，没有一个统一的标准，后来就比较明晰，章回小说、评书之类成为说部的基本形式。说部是由文人撰著、艺人传讲或传唱，作为一种民间的艺术形式而走向社会的。"满族说部"一词的出现，是清末以后的事，原来的名称是满语"乌勒本"，讲唱的故事内容往往比较单一，主要在本家族内部流传。后来，"知识型"传承人受到评书、章回小说、子弟书的影响，把"乌勒本"升华为说部。说部既保留了"乌勒本"的初始内容，又充实了某些情节，使之成为日臻完善的大型讲唱艺术，同时也由封闭的家族传承故事变为公开的民间艺术，走向社会。

满族说部与章回小说、评书等民间艺术有本质的不同。满族说部是在"乌勒本"的基础上发展起来的，只允许讲本民族、本氏族、本家族的故事，同时也是家族传承、讲祖先的历史、讲本民族或本氏族的英雄人物，不许讲别的。有些说部的内容，还不准公开，不准对外，只在本族内传承，和一般意义上的民间说部艺术是两码事。所以，它具有一定的民族性和地域性，不像武侠小说、言情小说、历史小说等谁都可以讲唱。它传承范围如此狭隘，更提高了它的神秘感和价值。所以，满族说部同章回小说、评书形似而神非，它只是借用了评书、章回小说的形式，而评书、章回小说却无法涵盖满族说部（"乌勒本"）的内容。如果不是时代在改变，人们恐怕永远也不会知道满族说部为何物，这就是时代的进步，藏在民间的满族讲唱艺术得以放出异彩，为世人所瞩目。

无独有偶，同赵东升将满族说部与章回小说、评书相较一样，宋和平先生、宋德胤先生都曾提到满族说部类评书的特质，还有学者记录了多位关姓的满族说部讲述者善讲评书。章回小说和评书的确无法涵盖其内容及形式。满族说部现在的讲述形式完全多元化，且以"知识型"传承为主。

笔者依然坚持认为满族说部借用了汉语说部，并在借用后意义发生了变化，且已将"知识型"传承人变更为"书写型"传承人。

3. 传承是否"原汁原味"？

有的说部多达六七十万字甚至上百万字，都是传承下来的吗？其中有多少"原汁原味"的东西？如何理解"原汁原味"呢？原先怎么传的，以后怎么承的，一字不差地记录下来，这就是"原汁原味"吗？如此理解无疑是狭隘的、片面的。人世间所有的一切，都不可能一成不变地留传下来，尤其是文化和艺术。

满族说部，有的故事传承数代，最多有十代之久，历经数百年。应该承认，每传一代，就会有一次改动，"文盲型"传承人传承的内容会越传越少，因为他记住多少传讲多少，有的传了几代就传没了。而"知识型"传承人传承的内容会越传越多，有个加工升华的过程，能把简单的故事情节系统化、形象化，并记录成文本、加工创造，这也是保证说部长久流传的一种有效手段。"原汁原味"就是在传承、加工、发展的过程中，原来的故事情节不变，人物属性不变，语言风格不变，地域特色不变，宗旨不变，族内传承方式不变，因为有些历史事件和人物活动只能在族内传承，外人是不知道的。

4. 语言问题：满语还是汉语？

满族说部原来是用满语讲述的，随着满语的濒危，早已改用汉语，道理很简单，如果不能适应时代的发展，墨守成规，自然会被历史淘汰。满族说部正是适应了语言的变革，才得以传承、保护和发展。

有人说，满族说部不是满族文化，因为其使用汉语。这也同近来有的所谓"学者"提出的"东北文化是汉文化，不是少数民族文化"类似，理由就是使用的是汉语汉文。把语言文字同文化混为一谈，既是无知，也属偏见，不值得深入探讨，这只是个常识问题。语言文字是载体，是工具，人们可以利用它传播文化，交流信息，但文化不应被局限于语言文字，应该说它无处不在，有相当一部分文化可以不通过语言文字来表达，如剪纸、绘画、雕刻、音乐、刺绣、编织、泥塑等。满族说部是满族口头文化艺术，原来使用的是本民族语言，当这种母语濒临消亡的时候，满族"知识型"传承人没有让这一口头文化遗产一朝俱尽，而是采取补救措施，借用了流行不衰的汉语汉文。语言文字变了，满族的特色未变，说部的性质未变，满族的精神风貌仍然独具活力，仍把满族文化表现得淋漓尽致，怎么能说满族说部不是满族文化呢？满族说部的几种类型，如"窝车库乌勒本"（神龛上的故事）、"包衣乌勒本"（家史、家传）、"巴图鲁乌勒本"（本民族、本家族的英雄传说），是文人创编、艺人讲唱的评书、鼓书、章回小说等无法介入的。反之，离开了满族历史生活的本质内容，再好的评书也不是满族说部。

　　赵东升　直将"乌勒本"和满族说部分开，"乌勒本"故事内容往往比较单一，有的仅在家族内传承。满洲书类型走向社会流传也不广泛，后来"知识型"传承人受到评书、章回小说、子弟书的影响，把"乌勒本"升华为说部，对民间流传的满洲书进行加工、规范。说部既保留了"乌勒本"的内容和特点，又充实了某些情节，使之成为日臻完善的大型说唱艺术。

小　结

　　有清一代，穆昆组织为满族基本的社会组织，在辛亥革命后该组织虽然变得相对松散，但从 20 世纪 70 年代开始，在满族聚居地的某些家族开始慢慢恢复这一组织。时至今日，满族人世代传承的祭祖、续谱、萨满教祭祀等活动仍在以穆昆组织为框架的空间中存在着。作为满族最具代表性的民间文类，满族说部讲述及传承的边界、保存和发展的空间也在无形的穆昆组织内。我们通过对富察氏家族及纳喇氏家族掌握的说部的分析，发现穆昆组织仍然是满族极为重要的边界，满族说部可以跨越百年传承，皆因这一组织的约束力。

第四章　记忆·演述·书写

　　现在很多满族说部都已散佚，随着年长者的离世，人亡歌歇了；我们不知道新的说部是否还会产生；传承人收有徒弟，这些徒弟将把满族说部带向何方，我们也不知晓。笔者长期跟踪的几位传承人，有国家级传承人富育光、赵东升，以及满语传承人何世环老人。富育光对满族说部的贡献极为突出，搜集整理讲述的说部有 20 余部。通过研究我们认为，这既与富察氏家族的说部传承及其独特的训练方式有关，也与富育光超强的记忆力和善于有效地利用书写手段密不可分。换言之，家族内部世代相沿的传统和规训是个体能够掌握巨量叙事资源的关键，而个人较高的文学修养和长期的记诵—书写实践也造就了传承人及其说部文本的独特性。

　　富育光、赵东升、何世环及更早期的传承人，有一定的共性，我们简单总结为如下四条：①从幼时就热衷于民间文化，如史诗、神话、故事等，从小生活在具有浓厚的民族氛围的家庭中；②超凡的记忆力；③有很强的语言表达能力和即兴创作能力；④家族中有相关的传承人。而富育光收的徒弟年纪都在 30~50 岁，其中较为出色的是安紫波和宋熙东，也是将来有可能继承富育光衣钵的传承人。依据笔者的调查，他们记忆力超群，语言表达能力和即兴创作能力都很强，但因他们自幼生活的家庭所限，不具备第一条和第四条特性。我们以安紫波和宋熙东为例来分析新一代传承人之特质。

第一节　从记忆到文本：满族说部的
形成、发展和定型

　　满族及其先世的历史可追溯至肃慎、靺鞨时期，而满族这一族群是在八旗制度内融合而成的具有独特性质的民族复合体，即以女真族的后裔为主体，吸收朝鲜族、蒙古族、锡伯族、汉族、达斡尔族，经过长期的杂居生活形成的新的共同体。[①] 满族说部，这一世代传承的口头演述传统，反映了满族及其先世从远古至清末、民国不同时期的生活。它不仅是对满族形象的民族史、心灵史及民俗史的忠实纪录，而且也是信息库，因它保留了大量民族文化历史信息，还可作为满族的"信史"。

满族说部"乌勒本"在辽金时期应已成熟，最早的说部体遗文，可追溯到辽金时代，且数量可观。满族说部体量大、类别多、异文丰富，满族及其先世操不同语言，创不同文字，又受到了汉文的影响，即便形成书面文本也仅保留了满文（契丹大小字，女真语皆没有保留完整的说部文本）、满汉文、汉文三种形式。近年来因满族说部的抢救与挖掘，重新展示了那些仍活在民间的满语文学，如何世环掌握大量满族传说和故事。目前，很多传统满族说部已散佚，有的因年长者的离世不再为人所知，有的仅保留在民众的记忆中，有的仅有片段留存。

从满族说部的四种类型来看，"窝车库乌勒本"相对短小，不足万行诗，且反映的内容时代较早，学者推断其成熟时期也较早。"给孙乌春乌勒本"以说唱形式为主，韵文体的展现也是满族民众早期采取的方式，明清后基本以散体叙事为主。"包衣乌勒本"和"巴图鲁乌勒本"两类，数量较多、形成过程也较为复杂。"包衣乌勒本"有宁安和瑷珲一代富察氏家族传讲的《萨布素将军传》《萨大人传》，河北王氏家族讲述的《忠烈罕王遗事》，吉林扈伦传人赵东升传承的《扈伦传奇》，瑷珲富察氏家族的《顺康秘录》与《东海沉冤录》，宁安富察氏家族的《东海窝集传》等。"巴图鲁乌勒本"为英雄传，如讲述渤海时期女英雄红罗女的说部有《红罗女》《比剑联姻》《红罗女三打契丹》等，《双钩记》《飞啸三巧传奇》《黑水英雄传》为瑷珲富察氏、穆氏、杨氏三族的英雄说部，徐明达家传的《松水凤楼传》《姻缘传》已有三代。总体而言，关于超过千万字的满族说部，最初以何种方式创造并流传，又是如何传至今日，在历史的长河中发生了怎样的变化等问题，本书拟从满族说部的演述、传播、流布来构拟其文本的形成、发展和定型的主要阶段，以期探究这一口头文类的历时性演进历程。这一历程大致可分为七个时期，即口述/图示记忆时期、口传讲古习俗盛行时期、新说部大量产生时期、康乾至宣统讲述说部习俗定型期、辛亥革命影响下对满族母族文学有意识传承期、满族说部与"乌勒本"的定名时期、新中国成立后的定型时期。

---

① 畑中幸子：《中国北方少数民族的文化复合》，《北方民族》2003 年第 3 期。金启孮认为还应包括赫哲族，笔者也赞同这一观点。

一、口述/图示记忆时期

在"满族口头遗产传统说部丛书"中，超过三分之一的文本与女真杰出人物密切相关。在未创制文字前，女真人曾用木刻信牌交流信息。金建国前，女真口头文学主要源于儿童歌谣与劳动人民的咏唱，还有由巫歌发展而来的乐歌。史料中存有两首：一首是《金史·谢里忽传》（卷六十五）所载的巫觋之歌，歌词为："取尔一角指天，一角指地之牛，无名之马，向之则华面，背之则白尾，横视之则有左右翼者"；一首是《金史·跋黑传》所载一首童谣，歌中唱道："欲生则附于跋黑，欲死则附于劾里钵、颇剌淑。"当时的民歌，歌词简单朴素，开始追求形式和韵律。这两首民歌就是由口头传诵，经后人整理、汉译保存下来的。①

因古时无文墨，民众常以语言为约，"望图生义、看物想事、唱事说古"是常见的交流、传承方式。满族民众最初选择一缕缕棕绳的纽结、一块块骨石的凹凸、一片片兽革的裂隙，来刻述祖先的坎坷历程，这便是说部的最古老形态，也叫"古本""原本""妈妈本"，满族人将"妈妈本"尊称为"乌勒本特曷"（ulabun tehe）。② 由萨满世代传讲的史诗《乌布西奔妈妈》的主要依据和提纲就是在德烟山古洞刻下的符号文字。乌布西奔妈妈逝世后，部落的萨满和首领遵其遗嘱举行了隆重的海葬，并将其业绩镂刻在锡霍特山脉临近海滨的德烟山古洞中，从洞顶开始凿刻，螺旋式地由上而下环刻在岩壁上。所刻均为圆形符号和表意图形，如虫蠕鸟啄，大小不一，刻痕深浅不一。其中有些符号重重叠叠，可能为后世萨满谒洞后所补刻。只有乌布西奔生前所在部落的萨满能够识读并解释。每逢举行乌布西奔祭祀，众萨满便据此用满语唱述，族众焚香静听。③

这些视觉记忆方法当先于文字。"文字是一种记录手段，而不是一个记忆方法，而图示化的叙事方式对许多民族的历史记忆来说都很重要。"④ 这一时段，满族说部以口头形式产生和传承，讲唱内容全凭记忆。

---

① 佟冬主编：《中国东北史》（第二卷），长春：吉林文史出版社 2006 年版，第 813 – 814 页。

② 谷长春：《试论满族说部》，见富育光主编：《金子一样的嘴 —— 满族传统说部文集》，北京：学苑出版社 2009 年版。

③ 郭淑云：《〈乌布西奔妈妈〉初探》，见富育光主编：《金子一样的嘴 —— 满族传统说部文集》，北京：学苑出版社 2009 年版，第 107 页。

④ 杰克·古迪：《口头传统中的记忆》，见帕特里夏·法拉、卡拉琳·帕特森编，户晓辉译：《剑桥年度主题讲座 —— 横跨人文、科学、艺术的年度盛宴》，北京：华夏出版社 2011 年版，第 71 – 72 页。

二、口传讲古习俗盛行时期

讲家传、讲古很是盛行。讲唱"乌勒本"的活动，不单单是在氏族百姓中进行，金代的帝王也参与其中且非常重视这一习俗。1184 年，金世宗完颜雍巡幸女真故地，"宴宗室于皇武殿，饮酒乐，上谕之曰：'今日甚欲成醉，此乐不易得也。昔汉高祖过故乡，与父老欢饮，击筑而歌，令诸儿和之。彼起布衣，尚且如是，况我祖宗世有此土，今天下一统，朕巡幸至此，何不乐饮。'于时宗室妇女起舞，进酒毕，群臣故老起舞，上曰：'吾来故乡数月矣，今回期已近，未尝有一人歌本曲者，汝曹前来，吾为汝歌。'乃命宗室子叙坐殿下者皆上殿，面听上歌。曲道祖宗创业艰难，及所以继述之意。上既自歌，知慨想祖宗音容如睹之语，悲感不复能成声，歌毕，泣下数行。右丞相元忠暨群臣宗戚捧觞上寿，皆称万岁。于是诸老人更歌本曲，如私家相会，畅然欢洽。上复续调歌曲，留坐一更，极欢而罢"①。

这一阶段，语言文字虽已产生，但主要用于作家文学；从金初到明末比较长的时期，女真文字主要在政治及军事外交中使用。金代说部传世较多，这与完颜氏家族上层集团的重视与极力提倡有关。辽金争雄是说部中最富有戏剧性，并占据重要地位的辉煌主题。女真族英雄的传说故事如《阿骨打传奇》《忠烈罕王遗事》《金世宗走国》《金兀术传》《女真谱评》《苏木妈妈》等应已产生，这些讲述传扬完颜部叱咤风云英雄人物的光辉业绩的说部，当主要来自女真完颜部的口头传承。完颜雍对女真族固有文化的重视，使其得以更好地被保存、延续和发扬光大。与其他聚居地相比，完颜部兴起故地双城保留了更多的女真故事和女真人的遗俗，如纪念金兀术的习俗除夕"烧包袱"等。

三、新说部大量产生时期

明中叶以后，女真社会内部矛盾日益尖锐，以致强凌弱、众暴寡；清初，努尔哈赤征服女真各部落，很多家族被并入八旗或被灭族仅存数人；清代中晚期，满族诸姓氏在不断迁徙中分合频繁，形成不可抵抗的历史潮流；各个家族在外来的灾祸漩涡中涌现出许多可歌可泣的英雄人物事迹。英雄祖先的历史、英雄人物的伟绩、不可外传的家史等，都为女真各部落、满族各家族创造新说部提供了大量素材。

---

① 脱脱等：《金史》（卷三十九），《乐志上》，北京：中华书局 2011 年版。

在满族文字尚未创制之前，满族历史人物的史料记载也多付之阙如，但在民众中流传大量与努尔哈赤相关的人物说部。其妃子佟春秀的事迹虽未在史料中记载，但在民间尤其是佟氏家族中口传讲诵、流传下来。《元妃佟春秀传奇》就是流传于辽宁省东部地区的有关清太祖努尔哈赤与元妃佟春秀的传奇故事，与此相关的还有抚顺地区流传的《剑侠佟春秀》。传承人张立忠老人凭借其过人的记忆力进行讲唱，由其子张德玉、孙女张春光、赵岩将该说部记录整理保留下来。

家族秘传说部多流传于战败的家族，如《洪匡失国》中布占泰的八子洪匡是纳喇氏赵姓满族的直系祖先。"因为他起兵反抗努尔哈赤才被抄家灭族，清朝讳之，为隐瞒历史真相，诸书皆不提此事。可是，清初达尔汉等人纂修家谱时，如实地录入了洪匡遗系，还是用满文记录的。《洪匡失国》的说部故事，也就此传下来。祖先规定，代代延续，不准失传，也不准公开。"① 赵东升家族"乌勒本"的传承，流传于明末，形成于清初，纯属家族内部传讲的先人事迹。《扈伦传奇》由三个"乌勒本"组合而成，基本是赵东升祖先传下来的民族历史和家族秘闻，并非"扈伦四部"历史的再现，仅为轶闻传说。《扈伦秘史》主要讲述祖先创建扈伦国的经过以及乌拉国布占泰灭亡的原因；《南关轶事》讲述纳喇氏祖先对在哈达新旧两城内发生的荒唐离奇故事的深恶痛绝；《东华外史》讲述的则是明代塔鲁木卫海西女真建国称王并由盛到衰的历史故事。

在前辈学者的搜集调查中，发现萨满教对满族文化的影响很深，说部的很多文本尤其是"窝车库乌勒本"仅在萨满之间秘传，很难为萨满之外的群体知晓。若萨满祭祀中断就会使得该说部陷入失传困境，时至今日，"窝车库乌勒本"仅有《天宫大战》《乌布西奔妈妈》《奥都妈妈》《恩切布库》《西林安班玛发》《尼山萨满》六部。

四、康乾至宣统讲述说部习俗定型期

这一时期，满语已创制并广泛应用，用满语讲述家族历史的讲古传统已经形成。但满族说部仍多不用文字书写，因所传大多属祖先遗事，满族人担心书写成文字会被外泄，或被乱放以致流失、污损，他们视此种情形为对祖先之大不敬，故极少形成书卷或手抄遗文。但康乾时，在某些家族中开始出现手抄本，手抄本经历了从满文传本、满汉相融再到汉文本的过程，少量满

---

① 赵东升：《我的家族与"满族说部"》，见富育光主编：《金子一样的嘴 —— 满族传统说部文集》，北京：学苑出版社 2009 年版。

文本至今仍在流传。

《萨大人传》是 20 世纪 20 年代瑷珲大五家子富察氏家族总穆昆达、说部总领富察德连先生承继的祖传珍藏本。这个古老的传本，自康熙朝果拉查起，已有 270 余年的传承历史。由此可知清初这一讲古传统就已形成。清初富察氏还在吉林乌拉时，就谨遵当时掌家祖太奶奶遗命："每岁春秋，恭听祖宗'乌勒本'，勿堕锐志。"① 可见，所有满族包括富察氏家族讲诵说部基本已成定制，规矩很多。凡被阖族最权威的穆昆长老承认的传世"乌勒本"，在全族中被视为祖先的象征，同萨满神谕一样享受祭奠，神圣不可亵渎。说部传本的存放、禁忌也有讲究，均由氏族穆昆达或萨满在专门的神匣中珍藏。

《木兰围场传奇》是康熙末年时木兰围场都统韦茂成创制的，有传本，他以木兰围场为经线，把与木兰围场相关联的故事编织在里面。经韦陀保、关宏林、关新义，至乾隆时期，一直由关家人传承。嘉庆年间，在满族和汉族人家中，涌现出许多乾隆皇帝木兰秋狝而生发的故事，如《乾隆殪虎记》《乾隆狩猎脱险记》《牤牛拖诗碑》，与木兰围场有关的《将军墓与公主陵》，以及《神秘的孩子坟》《白马告状》《似汰梁上的不孤鸟》《滴泪洞的石洞生》，在长城以北的宽城、青龙、平泉、热河、隆化、滦平、丰宁、围场以及内蒙古的喀喇沁、翁牛特、多伦、克什克腾等县旗均有流传，并被关氏家族的传人收录到了《木兰围场传奇》中。经韦陀保、关宏林、关新义、关志勋，一直由关家人传承；后由孟姓家族传承，第一位传人孟桂兰是关志勋的妻子，接着由孟昭仁、孟宪华、孟庆年、孟繁荣、孟祥财、孟令功传承下来。

康熙二十一年（1682），富察氏家族从其长辈处获悉《雪妃娘娘和包鲁嘎汗》的简略传说，仅 25 字，"混同北岸有巨丘，古木参差。土人诵传有母子厚葬乃成丘陵焉"。这一传说在康熙朝中叶应已形成，并一直在北方流传着。凡康熙朝北戍瑷珲的满族八旗诸姓氏，大多都知道并传讲此传说。在黑龙江中下游地区的费雅喀族、索伦族、赫哲族中都会讲述。萨布素、马喇等人还从费雅喀人口里记录了《雪娘娘与大丘坟》，而今传讲的说部已达 43 万字。

随着社会的发展，清代氏族中文化人增多，满族说部的"妈妈本"逐渐用满文、汉文或汉文标音满文来简写提纲和萨满祭祀时赞颂祖先业绩的"神本子"。讲述人凭着提纲和记忆，发挥讲唱天赋，形成泱泱巨篇。清中期后多有"乌勒本"手抄传本传世，与祖先神匣同供于西墙神龛之上，享阖族致祭，以备应时请用。满族说部讲唱者在族中备受尊敬，擅讲唱说部的人被誉为"有金子一样的嘴"，视若圣哲，尊称"色夫"（师傅），人人敬慕。族中少年

① 黑龙江省瑷珲满族《富察氏谱书·序文》。

因受父兄积极讲唱说部的耳濡目染，从小勤学苦练，将学讲"乌勒本"、争做传承人视为己任。"说部的传教，谨遵氏族内传程式而行，皆由传承人嫡传长子世代承袭。为使讲唱者人才济济，各宗支亦常有遴选聪颖好学、非嫡传子弟收作说部传人者之例，被选者父母亦甚显荣贵。"①

五、辛亥革命影响下对满族母族文学有意识传承期

辛亥革命前后，白话文运动的兴起使得汉文的传播更为便捷，清亡后满族人承受着生活和精神的双重压力，很多地区都发生过满族人对自身姓氏和族别的自我调整。五四运动令年轻的知识分子有意识地将他们的关注对象转向民间，满族的知识分子更是意识到了传承本民族文化的重要性。② 一直作为清朝国策的"国语（满语）骑射"已被彻底推翻，满语的教学已被全面禁止。从此之后，满语只局限在家庭生活中继续使用，并且一点一点地让位给汉语。满语渐渐退出了历史舞台，对依仗满语表达的民间文学产生了巨大影响，但是讲祖习俗依然很盛行。民国初期，满族家庭大多注重修谱，原本用满文撰写的家谱多被译成了汉文。不同的地域满语的使用情况也有差异，相对而言，"在吉林和盛京，汉语的影响一直很大。在 19 世纪前半叶，满语的运用已经明显衰微，而在宁古塔地区这一满族人本来的范围内，人们几乎完全不再使用满语"③。

本民族语言的濒危促使一些文化专家产生强烈的民族责任感，多将传承本民族文化视为己任，由此开始了有意识的抢救工作。④ 1926 年，富希陆开始搜集满族口碑文学，记录了其母传讲的《尼山萨满》⑤；1928 年前后，富希陆记录了其祖母讲述的《飞啸三巧传奇》；之后，富希陆一直坚持搜集记录整理工作。除了搜集记录整理外，知识分子还有意识地从民族的大量英雄传说中汲取振兴民族的精神力量，进而创造出新的说部。如清末秀才傅延华对本

① 富育光、朱立春：《富察氏家族与满族传统说部》，见邵汉明主编：《满族古老记忆的当代解读 ——满族传统说部论集（第一辑）》，长春：长春出版社 2012 年版。

② 傅英仁在《傅英仁自传》中说："清末和民国时期，西园子出了一批人才。有的是留日学生、营级武官，有的是吉林、北京的大学生，还有吉林四中的学生，这些人都愿意和我父亲接近。虽然是农村，但新思想、新知识却比较普及。"而新思想、新知识的普及当然对满族人也有一定的影响。——选自傅英仁讲述，宋和平、王松林整理：《东海窝集传》，长春：吉林人民出版社 2007 年版，第 148 页。

③ 史禄国著，高丙中译：《满族的社会组织 ——满族氏族组织研究·引言》，北京：商务印书馆 1997 年版，第 12 页。

④ 金启孮：《北京城区的满族》，沈阳：辽宁民族出版社 1998 年版，第 82 页。

⑤ 版本见"满族口头遗产传统说部丛书"之《尼山萨满传》，是富察美容于民国初年讲述的，赵小凤、吴宝顺等参与回忆讲述，由富希陆依次整理，富育光在其父逝世后保存。

民族族源传说和英雄故事有特殊情感，将流传的祖先历史传闻轶话搜集整理成为《女真谱评》，并在重要的传说故事后加上自己的评价。这一写成的手抄本，后由马亚川的祖父继承下来又传给马亚川。

六、满族说部与"乌勒本"的定名时期

富育光在《满族传统说部艺术"乌勒本"研考》① 中公布了"说部"的称谓，使很多人士熟悉了这个特有的满族民间文学名词；并阐释满族说部这一特有文学艺术形式的特征、价值、意义及当前所面临的危难境遇，引起了国内外的重视。早在民国时期，在满族群众中，大多数人已将"乌勒本"改为"满洲书""说部""家传""英雄传"等名称。二十世纪三四十年代，满族的文化人经过商讨后将满族说部与"乌勒本"联系起来：

> 满语"乌勒本"渐渐改为"说古""满洲书""英雄传""说部"等名称。"乌勒本"，古语，只在谱牒和萨满神谕里依稀可见。但是，人们仍认为"满洲书"等众多称谓，也未能鲜明体现"乌勒本"浑宏内容的艺术特征。20世纪30年代后，瑷珲等地满族说部传承，人们便用"说部"一词代替，借以表示并区别在满族斑斓多彩的民间文学遗产中，除有喜闻乐见、家喻户晓的"朱伦""朱奔"，即活泼短小的歌谣、俚语、"奶奶口中的古趣儿"之外，尚有大宗独特而神圣的家珍，那便是祖先留下的一部部恭放在神龛上炫耀氏族生存历史、记载家族非凡伟业的泱泱巨篇。"说部"虽借用汉词，但并不是源出汉语，其实也是从满语转译来的。如瑷珲大五家子村老人们常说"满朱衣德布达林"（manju i debtelin），汉意即"满洲人的段落较长的说唱文学"，与韵体满族说部含义近似。"德布达林"艺术形式在满族等北方民族中出现很多，实际上就是民间叙事诗，专有讲唱艺人，有不少题材就是民间史诗。例如，至今仍有满族老人会咏唱的《莉坤珠逃婚记》（又叫《莉坤珠德布达林》），就是一部动情的悲情史诗。"说部"一经公布便被族众接受，后来便沿用下来②。

而"乌勒本"与"说部"两个名称，代表着时代的发展，标志着满族说部随着社会生活巨变和观念的发展，有了很明显的变革与丰富，随着社会变

---

① 富育光：《满族传统说部艺术"乌勒本"研考》，《民族文学研究》1993年第3期。
② 富育光：《满族说部的传承与保护》，见《金子一样的嘴——满族传统说部文集》，北京：学苑出版社2009年版，第272页。

迁，满族说部发生了变化。"乌勒本"从内涵到形式严格遵循古风古制，使用满语讲唱，由氏族长辈或名师讲述，有严格的礼俗和秩序，显示出氏族的凝聚力和神圣性；而说部发展到近世，恰恰是满族社会生活变化后的演进形态，是"乌勒本"口碑艺术传播过程中的嬗变。满语已逐渐退出历史舞台，家族影响力日淡，讲唱说部失去往昔的排场，有的说部已不为某个家族所独有，而是传入社会，有了很大的扩散趋势和自由性，甚至有的说部表现形式趋向话本和评书。

日伪统治时期，中国东北各民族遭受了残酷的精神奴役、控制，伪宪兵队对艺人所说之书的内容有明确的要求，萨布素的故事属于禁讲之列，与之相关的说部传承基本转入地下。傅永利不被允许讲《萨布素将军传》，他就不能再到处讲述说部，只好待在家里种地。傅永利建议傅英仁把说部记录下来以便传给后代，在他的鼓励下，傅英仁用了七八年的时间记录了六大本 300 多万字的资料。同样，关墨卿的老叔关福绵将他从父辈处传承下来的说部《萨布素外传》《绿罗秀演义》（残本）传给了关墨卿，让他"一定要想办法不间断地接续下去，千万别断了线"①。关墨卿偷偷地将故事提纲记下来，为后来的说部撰写奠定了基础。

七、新中国成立后的定型时期

在历史进程中，满族未能如藏族、蒙古族等少数民族般将本民族的语言文字传承下来，即使在各满族自治县、满族乡等满族聚居区，满语也不是日常交流语言。满语因消亡成为"死去的语言"，被大多数满族人遗忘。在长期的社会历史进程中，满族人早已习惯说汉语、写汉文。由于社会的变革以及诸多社会、历史因素的影响，满族文化在相当长的历史时期内未受到重视，因而讲唱本民族英雄说部的传统习惯逐渐被淡忘。因长时间不再讲唱说部，各民族固有的"乌勒本"传承人便出现了断层，甚至有些传承人对原故事内容渐渐失去了记忆，讲述提纲和手稿亦遗失殆尽，在不少姓氏中，满族传统说部已经鲜为人知。氏族说部均被德高望重的老人所掌握，随着老人相继谢世，满族珍藏的说部正一年年地减少，仅留在族人模糊的记忆中。②

满族说部的发展分为五个阶段：新中国成立以后到 1966 年这一阶段；1966 年到 1976 年因"文革"中断十年；繁盛于 20 世纪 80 年代；繁盛过后的

---

① 于敏：《〈萨布素外传〉、〈绿罗秀演义〉传承情况》，关墨卿讲述，于敏整理：《萨布素外传 绿罗秀演义（残本）》，长春：吉林人民出版社 2007 年版，第 4 页。
② 周维杰主编：《抢救满族说部纪实》，长春：吉林人民出版社 2009 年版，第 152 页。

十年沉寂；21 世纪初声名鹊起。① 2002 年，吉林省中国满族说部艺术集成编委会成立，致力于搜集整理出版满族说部；2006 年，经过多年的努力，满族说部被列入第一批国家级非物质文化遗产名录；2007 年、2009 年、2017 年先后出版三批文本；2012 年，富育光获批成为满族说部首位国家级非物质文化遗产传承人，2017 年，赵东升成为第五批国家级非物质文化遗产传承人，另还有省级传承人 8 名。

在民间讲古习俗的支撑下，在传承人对说部的调查补充完善的基础上，原有的满族说部渐渐发展到定型阶段。在三批满族说部的出版过程中，传承人及吉林省中国满族说部艺术集成编委会的工作人员搜集了在黑龙江、吉林、辽宁、河北等地流传的大量满族说部，尽可能将这些说部纳入"满族口头遗产传统说部丛书"体系。

我们可以清楚地意识到，无论以何种文学样式出现，已经出版的"满族口头遗产传统说部丛书"将是以后说部传承的重要依据。这些说部的相继出版和面世，将会改变满族文学史的整体布局，也将改变学者对满族民间文化的既定认知。学者们需要重新考量与此相对应的学术体系和学术概念，如满—通古斯语族史诗、神话的研究。而满族说部文本中保留的很多内容对满语研究、考古研究、历史研究都将产生重要影响。

第二节　记忆·书写：满族说部的传承

满族说部三批共 50 余部，其中富育光掌握 20 部，逾千万字，如此巨量的说部集于一身，是怎样传承并将其记录保存下来的？富育光是学术界公认的萨满文化研究专家，作为国家级满族说部非物质文化遗产传承人，满族说部搜集、整理、研究专家，他多年来坚持不懈地行走在满族乡屯间，由此掌握了满族说部在民间的蕴藏分布图。在搜集保留了大量满族说部文本的基础上，他积极协力推进将满族说部纳入第一批国家级非物质文化遗产的工作。在满族说部文本出版之前，他撰写了多篇论文界定满族说部、"乌勒本"的概念，构建其学术体系，勾勒每一部文本的传承脉络（家传说部一般用"传承概述""流传情况"，本人采集的用"流传与采录""传承与采录""采录始末"）。而学者对满族说部、"乌勒本"的认知都不可避免地受其影响，遵从

---

① 这几个阶段可参考高荷红：《满族说部传承研究》，北京：中国社会科学出版社 2011 年版。此处不赘述。

他对满族说部和"乌勒本"的概念和解读；对他的访谈内容也成为诸多学者撰文之依据。在第一次申请成为国家级传承人失利后，富育光在第二次申请前征求了专家的意见，调整了填报思路，便有了后来看到的更为完善、周密也非常精彩的"技艺特点"和"传承经过"的申请书。成为国家级非物质文化遗产传承人之后，他依旧奔走在满族聚居地间，对满族说部传承投入了更多的精力。

这些说部，我们确知其中 10 部为富育光所搜集、记录、整理，6 部为其家传，4 部是其父富希陆记录、整理的，其余因第三批满族说部尚未完全出版我们不知其详情，他绝对称得上是满族说部传承人中的佼佼者，也是国家级传承人。因为其萨满文化研究专家的身份广为人知，最初学术界较难接受他是满族说部传承人，对此富育光曾有过专门说明：

> 学者或艺术家与民族文化继承人和传承人双层职能合二为一者，往往是一个民族或集群在一定社会的特殊环境和条件下形成的，是社会发展中很必然和很普遍的现象，何足为奇。原胎文化由原胎民族后裔的文化人士参与抢救与承袭，更易守其纯真性。这种现象，恰说明文化承袭事业的普及和深化，乃民族文化之幸事。而满族有悠久文化历史渊源，因有特殊历史缘故，新中国成立后又遇多年"左"的干扰，各地文化知情人谢世甚众，文化链呈现出严重断裂态势，抢救文化倍显重要。①

首先，他肯定了学者之外的传承人角色是个人选择；其次，他认为他们的传承意义很大；最后，他提出这是无奈的选择，由特殊的时代和环境所决定，其目的在于传承文化。在填写国家级传承人的申请表格时，他提前征求了刘魁立先生的意见，接受刘先生的建议将其学艺以来得到的诸多规律进行总结，这使他获批成为第四批国家级传承人。

富育光能够传承这 20 部说部，既与富察氏家族的说部传承及其独特的训练方式有关，也与他超常的记忆力和善于有效地利用书写手段密不可分。他从父亲处学习、继承了家族训练传承人的独特记忆方法，如三大技法、"抓骨、入心、葡萄蔓"的说唱秘诀和作为助记手段的"石头书"。他搜集、记录、整理的 10 部说部，每一部都有详细的手抄本，无论是自己整理的还是由他人整理的，都以手抄本为主。在此基础上，富育光又创制了对他而言更为有效的"绘图制表法和卡片襄助记忆"。

---

① 富育光：《谈满族说部的传承特征》，见《金子一样的嘴——满族传统说部文集》，北京：学苑出版社 2009 年版，第 247 页。

一、三大技法及说唱秘诀

我们发现民间故事家特别是那些杰出的故事家，其共性为记忆力、表达力超群。同理，若想成为满族说部传承人，对记忆力的培养是至关重要的，富育光曾说："若选定某个人作为传承人，就要培养他对事物的观察能力，默记、默读的强烈的反应和回忆能力，即记忆力。"口传文化并不保存在每个人的记忆库存中。记忆和经验一样多变。不同的人可能掌握着少许记忆。他们互相提醒着在婚礼或丧礼中要做什么而且在这样做的过程中创新了文化事件。口传文化的静态观念在技术方面可能部分是真实的（不像我们的那样）。但在其他一些方面，有更大的弹性。正是识字文化衍生出记忆手段，不仅使用韵文而且使用弗朗西斯·耶茨在其著名的《记忆术》中讨论的空间的手段。口传文化中记忆的限制，遗忘的作用以及语言和手势的生成性使用都意味着，人类的多样性处于连续创造的状态，常常是循环性的而非累积性的，即使在最简单的人类社会中。[①]

具体说来，富察氏家族在培养说部传承人时首先会培养三种特殊能力：

（1）见到什么东西，马上就能用非常形象、生动、简洁的语言把这件东西的模样、大小、性质说得一清二楚，给人一种喜欢的实感；

（2）平时锻炼自己不论事物大小、巨细、多少，都能印入脑海，不论经过多长时间、遇到什么烦事，只要突然提起这件事，就能说得一清二楚、头头是道。为此，天天练背数字，熟悉事物名称（草、木、树、虫、兽、自然界的风云变幻、土木的颜色、石头的形态等），满语语言的活态变幻词汇等；

（3）锤炼口才，力争做到口若悬河、见事生词、见景生情、见问即对、随机应变，不"打笨儿"。

富察氏家族的传承人在掌握了这三种能力，具备了口头讲述能力之后，再进行了三大技法、说唱秘诀的学习和实践。

从学说说部开始，富育光就熟知三大技法："布亚昂卡"（小口）、"安巴昂卡"（大口）、"它莫突"（记忆符号）。小口就是说小段。富育光在长辈的教育和影响下，七岁初学唱说部时，就是先跟大人学说小口的说部"引子"（雅鲁顺）或小段《尼山萨满》等练嘴巴。大口指在小口说得熟练之后开始

① 杰克·古迪：《口头传统中的记忆》，见帕特里夏·法拉、卡拉琳·帕特森编，户晓辉译：《剑桥年度主题讲座——横跨人文、科学、艺术的年度盛宴》，北京：华夏出版社2011年版，第87页。

学说的大段。年纪渐长后，富育光在奶奶和父亲的教导下，开始学说大口，即"放说"《萨大人传》《雪妃娘娘和包鲁嘎汗》等长篇说部。记忆符号是满族说部的助记物，满族说部作为祖上留传下来教育儿孙的百科全书，篇幅宏伟，有的能说上数月，讲唱者必须具备驾驭鸿篇巨制的能耐。

经过三大技法的反复训练，还需在现场多次演练，富育光曾感性地谈起他在与杨青山一起到各村屯说唱时，体悟到祖母富察美容反复强调的"长记性""长眼睛"，要博闻强识，善于洞察事物，牢记"事事留心皆学问"。

除了这些理论与实践的锻炼，富希陆还教授富育光学唱说部的秘诀："学说或记忆说部，万变不离其宗，一定牢记'抓骨、入心、葡萄蔓'。"具体而言，"抓骨"就是要理解和驾驭说部的核心要点，这关乎成功与失败。满族说部的篇幅大多庞然，其内核如同一条长龙，有一根脊梁骨通贯全身，如果能由它统揽头、肋骨和四肢，内容自然就会摆弄清楚。传承人掌握了这些，讲起说部来就犹如大元帅稳坐军帐中，不乱不慌，谈吐若定。"入心"关乎全局效果，传承人讲唱说部时必须全神贯注、身心投入，这样才会激发喜怒哀乐忧恐惊的情绪，自发调动起滔滔记忆和表演才华，牢牢抓住听众的心。"葡萄蔓"，系对"抓骨、入心"记忆方法的高超总结。记忆或讲述长篇说部，如同吃吐大串葡萄，总蔓是全故事，蔓上每一挂葡萄都是全故事的分支细节，一定要掌握好各环节比例和分寸。由总蔓切入吃吐，然后是葡萄挂中一粒一粒地吃吐，吃吐一挂再吃吐一挂，循序渐进、环环紧扣地吃吐完毕。

这三大技法及"抓骨、入心、葡萄蔓"是对富育光祖辈世代训练满族说部传承人方法的总结，历史见证了其有效性，也佐证了富育光能将满族说部传承下来的最大原因。而口头诗学中艺人的学艺过程与此也有某些相似之处。1950年到1952年，富育光在寒冬腊月走村串户讲唱"乌勒本"，学会了"压场子"、"转调儿"、巧妙加"岔子"。1979年春节，他参加了由富万林组织的"乌勒本"讲唱队，讲述了一段儿"雪妃黑水寻儿夜困熊窝洞"，即《雪妃娘娘和包鲁嘎汗》中的一段。

对个体记忆力的特性，富育光曾特别撰文分析：

实践证明，人的记忆功能是无限的，关键在于勤思、勤想、勤用、勤练，使大脑生理空间在外力、心理以及意念不断冲力之下，适应持续兴奋的态势，久之，大脑智能容量在运动中得以扩张，脑子越用越活，记忆力越用越灵且保持时日持久。实践亦证实，反之，少用大脑或中途停止，大脑会逐渐恢复愚笨休眠的态势。因此，民间都非常注意练习自己的记忆力，俗话叫"练记性"，就是这个道理。①

二、丰富的助记手段："石头书"及小本子

满族说部强调说唱结合，以说为主，并佐以堆石、结绳、积木等法助记。

在各个民族没有文字的古代，民族内部以结绳记述发生的历史，或称"说史""石谱""骨书""桦语"，只有进化程度较高的氏族才有简易的形象绘画。古人望图生义，唱画讲古，经祖祖辈辈口耳相传留存下来。北方诸少数民族的古老说唱，多为世代传袭下来的蛮荒古音，其中多封存着该民族数千年的沧桑经历，倍显其历史文化价值。② 满族"乌勒本"最初是"用兽皮、鱼骨镶嵌而成的神匣中的石、骨、木、革所绘成的绘画符号——这便是祖先的声音、文字、语言，由谙熟这些神秘符号的满族长老们，任选段节讲唱说部故事③。这些符号就是说部的最古老形态，也叫"古本""原本""妈妈本"。满族人将这种"妈妈本"尊称为"乌勒本特曷"。满族人就是通过"乌勒本特曷"望图生义、看物想事、唱事说古的。④

满族讲述及传承《乌布西奔妈妈》的依据和提纲主要是符号及文字。在乌布西奔妈妈逝世后，其部落的萨满和首领在德烟山古洞中将其业绩刻为圆形符号和表意图形，其中有些符号重重叠叠，可能为后世萨满谒洞后所补刻。只有乌布西奔生前所在部落的萨满能够识读并解释。每逢举行乌布西奔祭祀，众萨满便据此用满语唱述，族众焚香静听。⑤

在满族没有创立文字前，不同氏族的历史传承以口耳相传为主，同时借用各种各样的符号帮助记忆。富育光曾提到其父辈讲述说部的助记符号："我爸爸那会儿就是小本，我爸爸帮着张石头做这些工作，杨青山汉文会一点，不少白字，乱七八糟什么都有，布条子，草编的故事，别人不知道怎么回事，像小虫子那些，都是他的故事串，布条系起来，都是他的故事，谁要是拿去，他能跟你拼命，穷杨穷杨，揉揉自己就能讲。讲啥，讲一个，有些给他一壶酒啥的，都是这样一些东西，我是咋接下来呢，就是小本接下来了。因为我

① 富育光、朱立春：《琐谈记忆文化的抢救、传承和保护》，未刊稿。

② 富育光：《再论满族传统说部艺术"乌勒本"》，见《富育光民俗文化论集》，长春：吉林大学出版社 2005 年版，第 405 页。

③ 富育光：《再论满族传统说部艺术"乌勒本"》，见《富育光民俗文化论集》，长春：吉林大学出版社 2005 年版，第 406 页。

④ 谷长春：《试论满族说部》，见富育光主编：《金子一样的嘴——满族传统说部文集》，北京：学苑出版社 2009 年版。

⑤ 郭淑云：《〈乌布西奔妈妈〉初探》，见富育光主编：《金子一样的嘴——满族传统说部文集》，北京：学苑出版社 2009 年版，第 107 页。

会文字呀!"① 对汉文水平不高的杨青山来说，助记符号是非常重要的；对懂文字、会书写的富希陆及富育光来说，传承说部大多要借助书写工具。即便如此，富育光依然牢记被父亲戏称为"石头书"的助记秘诀，这是其祖母留下的一首摆弄嫩江宝石就能说"乌勒本"的口诀："紫纹龙鳞奇石块，红黑黄白模样怪，嬉笑怒骂全都有，外加条穗一大串。"

　　文字书写的出现是人类社会的文化发生剧烈裂变的标志，由神话、传说、口语所构成的浑然一体的文化裂变出另外一支，它围绕着文字书写、管理和上层利益而组成。一般来说，由文字表征的大传统，其势力要大于由声音表征的小传统。大传统牢牢占据社会的上层，而小传统则活跃于四散的民间。②

　　随着社会的发展，氏族中文化人的增多，"妈妈本"逐渐用满文、汉文或汉文标音满文来简写提纲和萨满祭祀时赞颂祖先业绩的"神本子"。讲述人凭着提纲和记忆，发挥讲唱天赋，形成泱泱巨篇。③ 我们看到富育光能够传承下来的说部基本都有手抄本，如《飞啸三巧传奇》有关氏传本、刘氏传本、祁氏传本、孟氏本、郭氏本；《萨大人传》自康熙朝果拉查起，已有 270 余年的传承历史；《天宫大战》是吴纪贤和富希陆于 20 世纪 30 年代听白蒙古咏唱后记录下来的；《西林安班玛发》是富希陆追记富察美容讲述的内容；《恩切布库》为富希陆记录的白蒙古讲唱文本；《奥克敦妈妈》由富希陆与杨青山共同追忆、记录、整理而成；《莉坤珠逃婚记》经富希陆以满汉文草记后多次梳理并保存记忆下来；《雪山罕王传》有满文文本、满汉混用文本，富育光保留了其父整理的残稿；《苏木妈妈》是富希陆抄写下来的文本；《东海沉冤录》为富希陆口述，富育光记录的；《雪妃娘娘和包鲁嘎汗》由杨青山传授给富希陆，后富希陆传给富育光，富育光又做了许多调查工作；《萨哈连老船王》由杨青山讲述，富育光详细笔录下来；《乌布西奔妈妈》由鲁连坤老人讲唱，富育光除用汉字记录了前几段满语内容外，又记录了鲁老汉语讲述的完整的《乌布西奔妈妈》。而《兴安野叟传》是富育光基于多年前的采风资源，认真梳理、钩沉、记录而成的。④

　　富育光掌握的说部，每一部都用文字记录下来整理成厚厚的小本子，每一本的封面上都编着序号。第一批、第二批"满族口头遗产传统说部丛书"的采录，基本是由富育光在家中焚香净手，对着录音机或讲述或讲唱，不同

---

① 2013 年 1 月 30 日，笔者在长春市富育光家中与富育光的访谈。

② 林岗：《口述与案头》，北京：北京大学出版社 2011 年版，第 55 页。

③ 谷长春：《试论满族说部》，见富育光主编：《金子一样的嘴——满族传统说部文集》，北京：学苑出版社 2009 年版。

④ 富育光：《满族传统说部——〈兴安野叟传〉传承概述》，未刊稿。

的整理者根据其录音进而整理成文字的。到了第三批说部，基本由他人以其手写稿为依据进行整理，他将《兴安野叟传》"交给保明先生，请他进一步修润整理"；王卓"在富老家中见到了《奥克敦妈妈》的部分记录稿。不久，富老便将全部记录稿交给我"；富育光先生也希望整理者能够对文本进行相应的调查补充，允许适度加工。

从富育光撰写的说部传承概述中笔者还发现一个有趣的现象，富育光在回忆起幼时说部讲唱场景时都满含深情，场景这种视觉冲击力应该比文字的力量更为强大，这种回忆主要集中于他幼时家传说部。如他曾回忆起当年在富察氏家族讲唱《恩切布库》的是"氏族德高望重的萨满或氏族众位奶奶和玛发，并有七八位年轻美貌的萨里甘居，脚蹬金丝白底寸子鞋，身穿彩蝶翩飞的红绸旗袍，脖围白绢丝长彩带，手拿小花香扇，头戴镶有金色菊花、缀有红绒长珠穗的京头，翩翩伴舞"①。而更鲜活、更热烈的记忆是讲唱《雪山罕王传》的场景，他仔细描述了族众男女的衣着打扮，"阖族上下……喜气洋洋，锣鼓喧天，众珊延哈哈济和美貌的萨里甘居们，头梳钿花大镜头，穿着鲜艳夺目的旗袍，外罩宝珠盘花、彩蝶翩跹、玲珑小坎肩，男子身着各式箭袖旗袍，腰扎巴图鲁彩带，挎着腰刀箭袋，满室众人身上挂着的香草荷包，香风四溢。族人们唱着乌勒滚乌春，跳着吉祥如意的迎亲玛克辛舞"②。

富育光整理的说部更多依赖于自己的记录及多次调查，如他完成《萨哈连老船王》时，除需要"掌握黑龙江水道史料外，更要熟知由长白山瀑布为源头，松花江下泻两千余里，经桦甸、丰满、吉林、扶余大地流向黑龙江省哈尔滨、依兰、佳木斯、同江三江口，汇入黑龙江，大综人文历史与水道航运调查资料"，这些资料是他多次到"长白山松花江瀑布源头，沿江溯水北上，并乘小船访问松江河、桦甸红石和桦树林子，进入丰满水库直抵江城吉林，专访明清两代著名储木场和造船厂的阿什哈达山区遗址，结合早年专访吉林、扶余、三肇地区的踏查笔记资料"得到的。③

我们认为这些用作记录的小本子对满族说部的传承有着极为重要的作用，富育光在被问及这一点时提到：每次讲述因周围环境、气氛不同，其文本会有变化。小本子是满族说部得以传承下来的重要依仗。富育光将他奶奶、父

① 王慧新：《〈恩切布库〉传承概述》，见富育光讲述，王慧新整理：《恩切布库》，长春：吉林人民出版社2009年版。
② 富育光：《〈雪山罕王传〉传承概述》，见富育光讲述，曹保明整理：《雪山罕王传》，长春：吉林人民出版社2017年版。
③ 富育光：《满族传统说部——〈萨哈连老船王〉传承概述》，见富育光讲述、整理：《萨哈连老船王》，长春：吉林人民出版社2017年版。

亲、杨青山的说部结合自己的阅历形成极具个人特质的文本。每个人都有自己的特质，"傅英仁的故事就是傅英仁的故事，马亚川就是马亚川的，都不一样"。讲述风格因人而异，"讲述靠讲述人的智慧、讲述人的素质、讲述人的生活阅历、讲述人的口才，几方面综合在一起才形成他的讲述风格"。讲述的长短、程度受讲述环境的影响，"讲述的环境创造的气氛，使他心情舒畅的，见着很高兴，想讲愿意讲，讲述极致到什么程度呢？可以无限；有时候故事相当好，又愿意讲，想讲透，把这心里话都掏出来，越讲越生动，极致到什么程度呢，可以无限。有的故事相当好，有的故事说实在三言两语就结束了"[1]。

而对传承人的培养和要求也有规定。据富希陆回忆，富察氏家族之所以能够世代传讲"乌勒本"，代代有传承人，关键在于历代穆昆达忠实遵照祖先遗训，管理好祖先传下来的各式各样的大小说部传本，使其不被毁坏或遗失。满族大户望族早年都有此类大同小异的约束，这对说部留存起到了保护作用。满族说部的传承就是倚仗这些文化人的努力才得以延续下来，能够传承下来的家族都有一个甘心为家族的文化传承付出心血的文化人。[2]而那些没有流传下来的家族，可能也跟该家族不重视培养传承人，家族中没有文化水平较高的人有关。

三、从记诵到书写：口头叙事的书面表达

作为学者，富育光擅长书写，有较高的文学修养，这一点在他讲述或整理的说部中显露无遗。满族说部"窝车库乌勒本"《尼山萨满传》《天宫大战》《乌布西奔妈妈》《恩切布库》《西林安班玛发》《奥克敦妈妈》，除《尼山萨满传》由富育光、荆文礼汇编外，其他五部都由富育光讲述或整理，不可避免地带有富育光的个人特质，富育光深谙书写，其极强的分析能力和逻辑能力对文本都有着较大的影响。

口头讲唱的文本变为书面文本，中间要经历无数次的转换。"把口头语言变成文字、变成书面语言，这中间有很大的距离，还需要做许多艰苦、细致的文字工作。既要保存口头语言的特征，又要使语言规范化，让人看了不觉得拉拉杂杂、啰啰唆唆……在整理中所做的这些事情，都是在原讲述的基础上进行梳理、剪裁的工作，也就是人们所说的去粗取精、去伪存真的凝练过

---

① 2013年1月30日，笔者在长春市富育光家中与富育光的访谈。
② 像爱辉大五家子富察氏，世世代代都修谱，讲述家族的历史，还出钱让氏族中的人去学习文化来继承本氏族的说部。

程……"①

富育光在研读父亲记录的《天宫大战》时，发现"因当时客观文化条件等因素，凭着眼观、耳听、口记的方式，将讲述人的口述故事加以记录，记录中有不少处是字与字、句与句之间存在明显的不连贯，肯定中间有遗漏的话语和内容，有不少词是文人用词，有斧凿痕迹，而且讲述者是用满语吟唱的，汉译过程中肯定有一些变动。因此在一定意义上讲，'天宫大战'神话已经失去了许多原始色彩，令人憾惜"②。相信这一点也存在于其他记录下来的"乌勒本"中，我们试图分析"窝车库乌勒本"从口头到书面的过程中，其语言文字背后的思维特质。

笔者在访谈中，发现富育光有极强的个人意识：

这个口述的文字本，我尽量追求一致性，为了将来传下来我能看这些东西。我现在讲的话有我自己的讲法，要保留，看着挺啰唆，我尽量将我想到的讲得更好，创造最好的环境、更好的效果，而且在那一段的情节里头选择最高潮时候的情节保留下来。我保留原貌以笔记之，这样的话有什么感觉，能让人追忆满族文化真正的东西，为的啥？为了保留这个满族，为了保留满族文化的原形态。满族古老的历史，它非常崇尚文化，它是一个非常有道德的民族，它是一个非常高尚的民族，在人的关系上它有自己的标准和价值观，这在哪里表现呢？都在神本上表现了出来。我是为了民族服务，为了民族感情。③

"保留原貌"是整理者的初衷，我们在分析文本时发现了很多"基于口传的思维和表述特点"，其一为"添加而非递进"④的特质，如形容人在自然界中的无能表现：

在沟谷里，偎缩——像群貉鼠；在蒿堆里，蜷缩——像群獾猪；在枯枝上，蹲缩——像群寒鸭。

---

① 富育光讲述，荆文礼整理：《飞啸三巧传奇·后记》，长春：吉林人民出版社 2007 年版，第767 页。

② 富育光：《萨满教与神话》，沈阳：辽宁大学出版社 1990 年版，第 245 页。

③ 2013 年 1 月 30 日，笔者在长春市富育光家中与富育光的访谈。

④ 瓦尔特·翁著，张海洋译：《基于口传的思维和表述特点》，《民族文学研究》2000 年第S1 期。

形容沙克沙的姿势：

像矫捷的——小鸭，像欢跳的——小兔，像机灵的——小鹰，像乖巧的——小鹿，逗引尼雅玛——齐来观瞧。

这样的例子很多，如记述奥克敦妈妈的功劳：

是奥克敦妈妈，教尼雅玛——择穴而居；
是奥克敦妈妈，教尼雅玛——结绳为衣；
是奥克敦妈妈，教尼雅玛——认草医病；
是奥克敦妈妈，教尼雅玛——钻木熟食；
是奥克敦妈妈，教尼雅玛——初识礼仪；
是奥克敦妈妈，教尼雅玛——晓悟团聚。

头一次——分享到，如此丰盛的猎物；
头一次——品尝到，齐心协力的甜果。

像初春的柳蒿芽，几天瞅不见，就长一寸；
像刨食的小猪羔，几日没搭理，就肥一膘。

在《奥克敦妈妈》和《乌布西奔妈妈》中也有对火的描述，不是递进的表述：

火是雷中来，火是雨中来，火是蹦着来，火是跳着来，火是笑着来。

偶有一些递进的描述：

从此，尼雅玛穴室火炕；
从此，尼雅玛地上架屋；
从此，尼雅玛冰雪成霸；
从此，尼雅玛成北域之主。

但是我们看到的更多的是书写之后，为了表意需要发展出的更精细和固定的语法：如在对比人和其他动物的情况时，开始是添加的内容，介绍鸟儿、鱼儿、百虫的情况，接下来就是分析人的劣势：

鸟儿凭翅羽，遍野翱翔觅食；兽群窜山越涧，八方猎获美味；鱼儿江海安家，何愁饥贫；百虫娇柔身质，广采天下甘露，安忧安虑，堪比江河，与群山同岁。然而，尼雅玛呢？众类中，凭啥能耐全没有啊！光光的身姿，站立行走——藤萝刮体身生血，尖石啃足地染红。尤怕冰霜风雨夜，慨叹尸僵梦中魂。

作为 20 世纪 50 年代的大学生，富育光对中国古典文化的吸收和继承，使其在书写时注重语言的精练和句子的对仗，如"命本无强弱，贵在锐志坚。蚁小垒高垤，蜉蝣能遮天。""生存大地时日长，坎坷前程醒事多。沟壑苦恼应常忆，当然晓彻处事圆。""尼雅玛，本无教，愚氓野性乐逍遥。受命降世慰黎庶，凝砂成塔铸天骄。慈音热语何嫌苦，殷殷诱导输新窍。"还有完全的对仗，例如，日阳身暖，日没身寒。宜居之所，不独洞穴。高岗朝阳，草木遮风。夏树冬窟，均属良居。依山傍水，丰衣足食。

在富育光文本的书面表达中，其逻辑性很强，"此刻，奥克敦妈妈，觉得水到渠成，该完成她一腔夙愿，到扭转乾坤的时候了"，"原来，奥克敦妈妈，乍见尼雅玛时，有一椿最可恨恶习，永挂心间：强壮尼雅玛——妻多肉多水饱喝，衰老尼雅玛——无食无水尸满坡"。"尼雅玛，要爱白发人：有了他们——少吃亏，有了他们——少遭殃。勿学蜘蛛幼残老，老来又被老来噬，形迹皆空化无有，循循环环何时了？所以，白毛人，就是人堆里的——智者和宝贝。"

《奥克敦妈妈》借用了大量俗语："尼雅玛，务记养生经：集群谋饱安，求靠群抱团儿。雁有头雁，鹰有首鹰。蚁有蚁主，蜂有蜂王。""饮水思源，经一事，长一智。""一春种一粒，秋收一串。春撒一把，秋搂一抱。""曲警世歌，千万常追忆。这宝贵古谣，译成汉意，是这般说的：'麻团絮乱理出来，万物纷纭识出来。人贵负苦勤磨砺，铁杵磨绣针，顽石化美玉，穷谷荒郊，踏出新天地。'"

"书写造就一种现象。它把知识从人类相争的角斗场中离析出来，从而也使知识同知识的拥有者分离。口传性则让知识与人文生活世界密切接触，从而把它镶嵌在人类相争的场景中。"① 在富育光的文本中，这两点是融合在一

---

① 瓦尔特·翁著，张海洋译：《基于口传的思维和表述特点》，《民族文学研究》2000 年第 S1 期。

起的，他拥有知识，也将这些知识镶嵌在文字中。

我们举一段《乌布西奔妈妈》满语和汉译文本为例，来看富育光翻译的特色，《创世歌》中：

> damin tanggū feye yeru,
> 雕 百 窠 穴，
> tasha erde murame,
> 虎 早晨 吼叫着，
> den bulehen weihuken hūlame,
> 高 鹤 轻轻地 啼鸣着，
> jili jabjan ilenggu fusubume,
> 怒 蟒 舌 让喷着，
> wan wehe mudangga.
> 梯子 石 弯曲的。

富育光的翻译为："苍鹰百巢，晨曦虎啸。长鹤柔啼，怒蟒喷舌。梯岩诘屈，麋鹿匆驰。"这是非常简练且典雅的译法。

我们再来看《创世歌》中的一部分翻译：

> angga funggaha ošoho gubci fulgiyan,
> 嘴 羽 爪 全 红，
> juhe bira i sidende deyeme,
> 冰 河的 中间 飞着，
> sukdun beikuwen bigan šahūrun,
> 气 冷 原 寒，
> juhe gida nimanggi niru,
> 冰 枪 雪 箭，
> horon tuwa cabin gidame,
> 威 火 燕 压着，
> tuwa cabin getuken šeri šumci dosime,
> 火 燕 清泉 深陷入 进着，
> funggaha fulahūn der seme,
> 羽 红很白的样子，

emu nimaha beye fulahūn hehe，
一　　鱼　身　裸　　女，
nimaha hehe tule ba，
鱼　　女　外头地方，
juhe muke fuhešeme，
冰　　水　滚着，
hab halhūn beye hoo seme，
热　热的　身体 滔滔道着，
juhe muke wenehe，
冰　水　融化了，
tumen elden yasa　be biyarišame mukdeme，
万　光　　眼睛把　刺眼着　升腾，
juhe abka juhe na elbeme.
冰　天　冰　地苫盖着。

　　富育光的译文为："红嘴红羽，在冰川中穿梭不息。寒凝冻野，冰枪雪箭，威压火燕。火燕被清泉荡涤，毛羽净俏，化成一位鱼面裸体的美女。鱼面美女随冰水滚动，灼热身躯使冰河越融越宽，幻成万道耀眼的霞光，覆盖冰野之巅。"他深谙满语，将满语原文的逻辑关系连缀起来，又用书面文学的表述方式将其翻译为汉语。

　　我们认为富育光从小生活的氛围、满族民众对文化的热忱及其家族内部世代相沿的传统和规训是他能够掌握巨量叙事资源的关键，家族的训练使他承继了民间故事家的特质，又因他善于书写、勤于调研、有较高的文学修养和长期的记诵—书写实践，形成了他作为传承人及其说部文本的独特性。

第三节　"演"而"述"的传承人

　　满族说部三批共 50 余部，富育光掌握的说部逾千万字，赵东升、关墨卿、傅英仁、马亚川都掌握 3 部以上满族说部，堪称"嘴茬子"和"笔头子"都过硬的传承人。据目前我们掌握的资料来看，马亚川所讲说部有《瑞白传》《女真谱评》《阿骨打传奇》《女真神话》，共 4 部；傅英仁出版及待出版的说部应有 7 部，分别为《金世宗走国》、《东海窝集传》、《萨布素将军传》、《红罗女三打契丹》、《比剑联姻》（与关墨卿共同讲述）、《满族神话》、《两世罕王传》；赵东升掌握 10 部左右，已出版的有《扈伦传奇》《碧血龙江传》《乌拉秘史》，还有《白花点将》《辽东烽烟》《庚子秘闻》《白马捎书》《五官地轶事》，另外还有《总管衙门奇闻》《伪宫风云录》，据悉《白花点将》已被列入第三批说部名录；关墨卿掌握 3 部，为《萨大人外传》、《比剑联姻》（与傅英仁共同讲述）、《绿罗秀演义》（残本）。

与富育光相比，赵东升、关墨卿、傅英仁、马亚川掌握的说部数量要少很多，其原因为何？

一、传承人之比较

我们提到富育光掌握巨量叙事资源有三个主要因素：从小生活的氛围及满族民众对文化的热忱；其家族内部世代相沿的传统和规训，使他承继了民间故事家的特质；他善于书写、勤于调研、有较高的文学修养和长期的记诵一书写实践。

那么，赵东升、关墨卿、傅英仁、马亚川是否具备这几个要素呢？我们在分析穆昆组织对说部承继影响时提到赵东升、傅英仁与富育光一样，他们从小都生活在满族传统文化极为浓厚的氛围中，其家族都有极为出色的文化人，且都擅长书写。同为富察氏家族的传承，相比较而言，傅英仁与富育光的讲述方法不同，如同样是关于萨布素将军的说部，傅英仁就是以《老将军八十一件事》为主线，没有富育光家传的《萨大人传》那般的细致：

笔者：傅英仁老师跟您记故事一样吗？

富育光：他记几件大事，没有我们爱辉老富家记得细。他弄不了这些东西，他那些故事都非常生动，他还教我呢。我说我爸爸教我"葡萄蔓"，他说那个琐碎，记不住。我看着图讲就清楚。满族说部为啥这么生动，记忆力非常好。汉族也好，说书人记忆力非常好，脑袋迟钝的人讲不了。我现在背书还行呢。就这样一点一点就成熟了。①

从富育光的讲述中，我们发现傅英仁并未总结出那么多的诀窍，三大技法及"抓骨、入心、葡萄蔓"以及"石头书"小本子等都不是傅英仁所擅长的。他更偏向于记纲要和大事。

关墨卿去世得早，研究他的学者一向很少，所以我们没有太多的资料可

_____

① 2013 年 1 月 30 日，笔者在长春市富育光家中与富育光的访谈。

供评析。他留下的本子都比较简短且不全，说明他记录书写还不够自觉，并且不那么擅长。

赵东升掌握了家族中秘传的本子，当有异文时，他也倾向于选择祖父的讲述本，他或许不太擅长讲述，我们也未曾听到他讲述的录音，只见到他反复提及自己记下的几个本子。

马亚川作为传承人，并没有太高的文化水平，只读过四年的小学，但是具有天才的口语表述能力和惊人的记忆力。赵焕珍藏有傅延华的《女真谱评》。马亚川曾看过这部抄本，并且记住了许多故事。1947 年，这部手抄本散佚了，但马亚川还能讲出其中许多的故事。与口头文学相比这些手抄本显然被文饰了，有的已初具作家文学面貌。① 现在他写出的女真故事，就是那部手抄本中的故事。

马亚川介绍他从小生活在浓郁的满族讲古气氛中："我在小学二年级的时候，刚十岁，四舅妈借些唱本，什么《响马传》《水浒传》《封神演义》等，让我给念，念累了，就听他们讲故事。每天晚上，老头、老太太都挤满了屋。"②

马亚川掌握了各种古书是其后来能够传承满族说部的主要原因："我姥爷才将他珍藏的各种古书交给我，其中有用纸捻装订的《女真谱评》，用小楷字书写的，还有《论语》《庄子》《墨子》《老子》《荀子》《奇门遁甲》《万年历》等一些古书。姥爷告诉我，这《女真谱评》是求他表弟傅秀才（傅延华）写的，是按我姥爷讲的这些故事和他本人所掌握的写的，这些故事是一代一代传下来的。又告诉我傅秀才是念大书的，由于看《奇门遁甲》看邪了，患了精神病，被锁在屋里，大小便都不准他出去，硬憋死了。在患精神病时，他曾将写的这《女真谱评》撕了部分。残存的和这些古书被我姥爷拿回家收藏至今，全交给我了。"③

"《女真谱评》像本流水账，是从女真起源一直记到清朝顺治时期，一段一段的，像小故事，后边还有小批。总的来看和我姥爷讲的故事差不多。由于字迹潦草，有很多字我还不认识，但按姥爷讲的故事一顺，能顺下来。1946 年，我参加革命后，这些书全放在舅母家了。《女真谱评》全被她撕了，《奇门遁甲》让她烧了，怕留着谁看谁中邪了。只剩下其他古书我收藏起来。

① 孟慧英：《满族民俗文化论集》，长春：吉林人民出版社 1990 年版，第 11 页。
② 马亚川讲述，王宏刚、程迅记录整理：《女真谱评》，长春：吉林人民出版社 2009 年版，第 722 页。
③ 马亚川讲述，王宏刚、程迅记录整理：《女真谱评》，长春：吉林人民出版社 2009 年版，第 722 页。

我当时也提心吊胆，特别是'文化大革命'，披藏在天棚顶上，担心被别人发现。现在想，如果《女真谱评》保留下来，'文化大革命'有可能烧掉它。但好多故事已经刻印在我脑子里，是不会忘掉的。①"

《女真谱评》从成文到最后散佚的一系列遭遇，也是因手抄本的不可复制造成的，今天我们能够见到《女真谱评》，还要归功于马亚川的超强记忆力。

马亚川从听讲故事、读古书到写作品是有一个过程的：

> 我从 1960 年开始发表文学作品，在《黑龙江日报》《北方文学》《哈尔滨日报》发表了 30 多篇作品。但在"文革"中受到惩罚。赌气将钢笔砸碎，决心什么也不再写了。但晚上无聊，一帮孩子围着我，我就给他们讲故事。（经过笔者稍加整理）落实政策后，腾出时间写了《催克》《保证》《1982.9》，同时还为省政协整理了《莫德惠的生涯》十万字的文史资料。②

> 1983 年 9 月，在吉林省社会科学院文研所程迅、王宏刚等同志的鼓励下，回忆整理出这本《女真谱评》，这些流传在双城、扶余、榆树、吉林、阿城、五常一带的《女真谱评》，是经过我姥爷长期搜集变成的口头文学，又经傅老先生整理记载评述的民间传说，埋藏了好几百年。③

1982 年之后的三年多时间里，马亚川写出了三百多万字的满族说部资料，包括清太祖努尔哈赤、康熙、乾隆的历史传说，长白山的风物传说，满族的风俗传说以及萨满教神话传说等。1986 年中国民间文艺出版社出版了《康熙的传说》，这是一个近百篇的传说集，其中编入马亚川先生搜集并参与整理的康熙故事二十余篇。④

若仅从超强的记忆力和讲述能力来说，马亚川、傅英仁应比富育光有优势，各种资料显示他们讲述过多则故事、多篇神话。富育光的身份一直是整理者，很少作为讲述者出现。但若从调查搜集整理的持续不间断来看，无人能及富育光。而总结规律、诀窍似乎也是学者们的专长。所以，具有较高的

---

① 马亚川讲述，王宏刚、程迅记录整理：《女真谱评》，长春：吉林人民出版社 2009 年版，第 722－723 页。

② 马亚川讲述，王宏刚、程迅记录整理：《女真谱评》，长春：吉林人民出版社 2009 年版，第 723 页。

③ 马亚川讲述，王宏刚、程迅记录整理：《女真谱评》，长春：吉林人民出版社 2009 年版，第 723 页。

④ 马亚川讲述，王宏刚、程迅记录整理：《女真谱评》，长春：吉林人民出版社 2009 年版，第 5 页。

文化程度，在学术机构工作，常年地调查与研究，使富育光具备了与其他传承人不同的有利条件。幼时生活在文化氛围浓厚的环境中的人甚多，但不是每一位都会对当地文化有深刻印象并愿意成为传承文化的一分子；重视文化传承的家族甚多，但不是每一位家庭成员都愿意承担起这一重任；搜集调查民间文化者甚众，但成为传承者的较少；善于书写者甚众，但不是每一位都能够成为很好的研究者。

关于满族说部被记录的时间，我们因无确切的史料记载而无法得知。满语满文虽然创制于四百多年前，但在创制后的很长一段时间里，满文主要用于政治、军事及经济领域，而文学方面，也多为创作书面文学。我们无法得知口头文学是否曾被记录下来，所见子弟书应该是介于口头与书面之间的文类。我们只能依据满族说部传承人的相关提法，按图索骥，试图拼合出一个口头传统的发展脉络。满族说部家族传承的特性使其传承有两极分化的倾向，其传承的盛衰优劣完全取决于家族中的知识分子。知识分子掌握书写能力，甚至满汉齐通，并不意味着他们从一开始就选择了书写这一方式，即使书写最开始也没有选用纸张，而会用黄绸布，有时用茅头纸、高丽纸。一般来说，满族说部的传承方式以口耳相传为主。而对于那些秘而不宣的历史、不能为人所知的英雄事迹，为了保证家族安全必须口耳相传。直到特定阶段有了书写的需求才开始考虑书写这一方式。据传承人提供的资料来看，这一时期主要始于清中期，满文已经不再受重视，满人与汉族官员及普通族众联系日益密切，甚或还与其他少数民族有交往，这时为了交流的方便，手抄本的记录就不可或缺了。满族说部没有像《江格尔》《格萨尔王》史诗一样，有专人负责记录演唱。负责记录的人多半是家族内的知识分子或者是传承人。可以说，满族说部的手抄本与其家谱一样重要，尤其是放置于神龛中的"窝车库乌勒本"的文本，在修谱时家谱要重修誊录，如果萨满学习"乌勒本"，就需要由师傅抄写下来教授给学徒们。

二、国家级传承人的学徒

作为满族说部国家级传承人，富育光有义务和责任传承说部，曾先后收过多位徒弟。宋熙东和何新生（62岁，著名满族音乐家）、何钧宇（32岁，为吉林市歌舞剧团作曲人）先后成为其徒弟。其中举行正式收徒仪式的仅有两次。2015年10月15日，安紫波在家族穆昆达主持下敬祖叩拜，由此成为满族正黄旗富察氏"乌勒本"第十五代说唱弟子。2017年3月25日，富育光在黑河市东四嘉子村举行第十五代传承人的收徒仪式，富利民、宋熙东、安紫波等正式成为富育光的徒弟。从这个拜师收徒仪式来看，我们更认可仪式感最强的第二次，并以此来分析这三位徒弟的特点及其将来传承满族说部的可能性。富利民，1972 年生，满族正黄旗，高中文化程度，聪明好学，有弘扬本民族文化的热情和责任心。宋熙东，1979 年生，满族正白旗，歌唱家兼创作人，对满语书面语和土语都很熟稔。安紫波，1974 年生，汉族，单田芳的弟子，评书艺人，是吉林市委宣传部工作人员。

从民族成分来看，这些徒弟以满族为主，仅安紫波一位汉族人，但从传承角度来看，他的条件更为成熟。首先，安紫波在吉林市委宣传部工作，有稳定的工作，可以较为灵活地控制自己的时间；其次，作为评书艺人，他有一套非常成熟的理论和方法；最后，他的口才及表达能力在几位徒弟中堪称翘楚。

我们来看安紫波的评书演艺之路：

2010 年 8 月 28 日，我以中国评书大师单田芳先生的"模仿者"身份，在两个月内分别在吉林市和北京市与单田芳先生同台演出。

2010 年 12 月 28 日，单田芳先生正式收我为徒，从此我正式迈入曲艺的大门系统学习中国传统评书艺术。

2012 年，我利用业余时间创编、录播了六十集传统评书《话说龙潭山》，在吉林市人民广播电台全频播出。

2014 年，在沈阳老北市剧场举办了个人评书专场。

2015 年，完成了一百二十集长篇传统革命评书《共和国空军主帅——刘亚楼（上）》和近三十万字的吉林市地名评书故事《江城往事》的创作。

2015 年 12 月和 2016 年 4 月，由我创编、播讲，吉林省电视台录制的六集吉林地名故事《江城往事》在吉林卫视大型历史人文栏目《天地长白》中播出。

2016 年初，由中共吉林市委主办的《吉林市通讯》与我建立长期合作关系，在全市党委唯一创办的专刊中开设了个人文化专栏，陆续刊登吉林市的历史人文评书故事。[1]

安紫波是位成熟的评书艺人，有个人专场，有长期合作的对象，对传承说部是很有利的。这也不由得让我们想起，曾经的传承人中有多位关姓讲述者，讲述风格就是评书形式。当笔者问安紫波"讲述评书的经历对满族说部

---

[1] 安紫波：《传承之路》，未刊稿。

的讲述是否有帮助"时，他的回答是："评书与满族说部本质是同源的，学习方法也是同源的。单田芳先生就是将单派这种学习方法传授给我，让我在舞台上真正看到了'许多人物的真实存在'，才有了自己流畅、鲜活的表演。"①也许鸿篇巨制的满族说部由评书艺人来传承是可行的，辽宁省的一位中学语文老师徐爱国多年前完成了《天命雄鹰》的书写，并于 2017 年，在腾讯视频以评书形式播出。

富育光将《乌布西奔妈妈》及《群芳谱》交付给安紫波，"目前《群芳谱》已经初步完稿，我想休息一下再润色，然后直接录音、出版。也可以把下部书完成后，集中录制。反正今年年底前要录几部书"②。《乌布西奔妈妈》因有满语部分及其他原因，讲述时机尚不成熟，宋熙东的满语很好，他也有强烈的意愿讲述该说部，但是他目前想要过上稳定的生活，暂时以生计为主。

笔者在访谈安紫波的过程中，发现他的语言表达能力很强，善于总结。

笔者：你觉得富老教你的与单老传授的有何区别？

安紫波：肯定有区别。我用评书的学习方式感悟《乌布西奔妈妈》，只能看清一半，另一半就得靠师父富育光先生的点拨。因为它独特的民族文化根源或者说文化灵魂与评书是有区别的。只要抓住其魂、其神，马上就能自如地驾驭书中的内容与人物。但是这个魂和神必须是师父口传心授给弟子，然后弟子还得靠虔诚恭敬之心不断努力学习。

笔者：除了《群芳谱》，《乌布西奔妈妈》你准备怎么讲述？

安紫波：《乌布西奔妈妈》的讲述还没有提上日程。我是先把《群芳谱》整利索后，再做别的。另外，自己刚介入满族说部，基础还不扎实，有许多东西都需要师父再补课。自己要学的东西太多了。许多东西，不是自己想承担就能承担起来的。能承担，是建立在自己不断努力学习的基础上。所以，自己还有很长一段时间需要谦虚、虔诚地去向师父富育光先生和其他先生循序渐进地学习。

安紫波如此评价满族说部：满族说部是北方民族的一部百科全书，包罗万象。而富察氏家传"乌勒本"，既是家族血缘文化和民族历史文化的一种高级形态，也是一种精神，一种向往，一种追求。富察氏家传"乌勒本"，不但承载着人们回归自然的终极理想，还藏匿着一个社会、一个家族的意趣和一

---

① 2017 年 8 月 14 日，笔者与安紫波在微信中的访谈资料。
② 2017 年 8 月 14 日，笔者与安紫波在微信中的访谈资料。

代一代伟大先祖的英雄故事，更主要的是蕴含着隐形和无限的文化张力。① 从安紫波拜师到现在已有两年，他对"乌勒本"的体悟比之前更多了一些，自陈"有时你不加上，它书里的东西总来找你"。这也应该是满族说部的魅力，笔者曾听过整理者曹保明、王卓表达对满族说部的着迷。

安紫波对师徒关系的总结是：学习说部，必须依靠师徒间的口传心授。这种传统方式能非常直接有效地了解和掌握说部中的人物角色和个性特征。比如像京剧里的生、旦、净、末、丑，在对人物完成定位之后，再找到各个角色在书中所承担的使命，就足以将其内容鲜活地支撑起来了，也就是色夫所讲的必须清楚地看到书中人物鲜活的表情与举止行为。② 口传心授的最大好处，就是师父能把说部中没有呈现在舞台和书面上的东西，真正的秘诀与精华，无私地传授下来。这种学习也是相互的。一要靠师父教，二还是要靠徒弟去悟。当徒弟的不去悟，便不会从师父那里得到真正的秘诀与精华。③

安紫波对传承满族说部很有信心，如饥似渴地学习，最终目的是传播。"所以，整理完这部长书后，想将它集中录制。因为我不是简单地整理，还要随时把它搬上舞台。这就需要时间了。"④

我们也希望满族说部登上舞台之日早一点到来。如果说富育光希望安紫波能够将满族说部真正传扬出去的话，那么宋熙东应该是富育光寄予厚望的满语传承人。他通晓满语，自 2001 年初以来，就背着乐器和行囊，长期深入北京、辽宁、吉林、黑龙江各满族聚居地考察满族古文化遗存，记录民间满语和满族古歌古谣，颇有成就和影响。为使其讲唱满语更准确，他多次到黑龙江省孙吴县四季屯村，向何世环老人学说满语。宋熙东住在老人家里，像亲孙子一样，学满语和唱讲满族说部。现在他能用满语讲唱大段的《萨大人传》，多次在北京、长春、哈尔滨、内蒙古等地讲唱，获得好评。其实我们更希望他能用满语讲述《尼山萨满》，这也算在某种程度上继承了何世环老人的精神财富，据笔者了解，宋熙东目前正在背诵《尼山萨满》。

三、手抄本·讲述本·印刷文本

满族说部传承的历史可谓一波三折，从使用满文记录，清初大量汉文典籍被翻译为满文；到清中期因主要受到汉文化的影响，在满族民间，汉语和

---

① 安紫波：《传承之路》，未刊稿。
② 2017 年 8 月 14 日，笔者与安紫波在微信中的访谈资料。
③ 2017 年 8 月 14 日，笔者与安紫波在微信中的访谈资料。
④ 2017 年 8 月 14 日，笔者与安紫波在微信中的访谈资料。

满语这两种口承媒介并重；再到清末、民国时期，汉语成为主流。不同时期使用语言的不同，在某种程度上也影响了满族说部的传承方式。我们从满族说部的传承人来看，他们能够将满族说部世代传承下去，一方面，在于其家族对文化素质的重视。另一方面，听众的存在和支持也是非常重要的。讲唱满族说部在满族民众中已深入人心。如果没有满族民众对长篇说部的喜闻乐听，就没有满族说部长期流传的可能。知识分子掌握书写能力，甚至满汉齐通，但并不意味着他们从一开始就选择了书写这一方式。

1. 手抄本出现的多种原因

满族说部手抄本，如宁安十二部族的原始神话和《两世罕王传》《萨布素将军传》《红罗女三打契丹》等，形式多样，专业的有抄写员记录的本子、传承人书写的本子、文化专家搜集记录整理的本子。另外，提要本也是手抄本之一，但是它的篇幅较短。萨满内部的传承基本上靠口耳相传或提纲挈领地传授主要内容，神谕（"窝车库乌勒本"）就为提要本。

为了防止口承内容的遗失，近代以来个别家族中出现了以汉字记录文本的情况，记录者均受过一定程度的教育。

赵东升家族秘传史在清代是不允许用文字记录的，清亡后才可以用文字记录。

1983 年 9 月，马亚川在吉林省社会科学院文学研究所程迅、王宏刚等同志的鼓励下，回忆整理出了《女真谱评》。

傅英仁多次撰写手抄本，日伪时期因日本人不让讲述满族说部，傅三爷嘱托他记录下来；在"文革"时期他记录的四大本资料都被烧毁，后来他连续多日请病假趁机将相关文本整理出来；20 世纪 80 年代，他整理出多个本子，他讲述的《东海窝集传》《萨布素将军传》《红罗女三打契丹》先后被学者根据录音整理成文本，其他人在整理时也依其手稿和录音资料。

关墨卿的说部基本由他自己记录，交付傅英仁保管，后又由傅英仁托付给富育光，富育光将其书稿交给说部集成委员会得以出版。

2. 讲述本保留了讲述者的风格

我们见到的满族说部文本有口述记录本，如《天宫大战》《乌布西奔妈妈》《松水凤楼传》《雪妃娘娘和包鲁嘎汗》；有现场录音整理本，如傅英仁老人讲述的《萨布素将军传》《红罗女三打契丹》《东海窝集传》；也有两种方式的杂糅，如关墨卿讲述的说部《比剑联姻》开场白为现场录音整理本，其余部分为其手抄本；有异文综合本，有的说部在流传过程中形成多个异文，传承人以其中的一个文本为主，自觉地接受了其他异文的主要内容，并对其进行增删、润色、加工；有的是将搜集到的文本综合整理形成综合本；较为特殊的就是以传统为导向的文本，如《女真谱评》《扈伦传奇》《天命雄鹰》《招抚宁古塔》。这些说部都与口头传统密切相关，但是在形成文本的过程中加入了较多的个人观点。在笔者掌握的资料中，鲜少有故事讲述者或传承人提及自己的讲述风格。倒是听关纪新先生提过满族说部的文本与传承人关系密切，辨识度很高。每一位传承人都有自己的讲述风格，而书写和讲述是不同的，但都带着传承人自己的标签。

笔者就此问题询问过富育光先生，有两段话很具代表性：

讲述重要啊，讲述靠讲述人的智慧、讲述人的素质、讲述人的生活阅历、讲述人的口才，几方面综合在一起才形成他的讲述风格。但是在讲故事中间呢，常和社会因素、周围环境的因素紧密相关。

在我原来能讲成什么样的时候，就是小本那样的时候，但是人在讲话的过程中，每次都会大相径庭，一般是这样的。因为讲的时候跟周围环境、气氛都有关系。你要写我的时候得依靠本子，得以我的本子为主，我为啥有本子，我的本子不是原来的概念，我就是想把满族说部留传下来。这里有我的东西，如我的文化层次、人生阅历等，完全糅入其中。虽然说起来是我爸爸的、我奶奶的，杨青山的、张石头的，但是最后根本上说是我富育光的东西。现在大胆地讲这不是隐晦的东西，捅破了就是这样。在民间文学故事里，规律就是这个规律，传承人什么样就是什么样，本身就是这么回事。傅英仁的故事就是傅英仁的故事，马亚川的故事就是马亚川的，都不一样。①

从富育光的口述中，可以看出，讲述时受讲述者周围环境、听众反馈的影响非常大；讲述本与手写本的差异也是比较大的；讲述者自身带有浓郁的个人特色。

3. 印刷文本时代的传承人

现在出版的满族说部，既包括印刷本，也包括手抄本。印刷文本之后如何传承，笔者在多年前曾问过传承人相关问题，传承人的答复是自然希望能够按照印刷本来传承。

那么现在就有三个问题：印刷本交付传承人，传承人会一成不变地演述或讲述吗？传承人如果是文盲或半文盲，情况会是怎样？传承人若是初通文墨，甚至擅长书写，情况又会怎样？

多年前帕里、洛德调查歌手阿夫多时，就曾有过尝试：

---

① 2013 年 1 月 30 日，笔者在长春市富育光家中与富育光的访谈。

有人把歌本读给阿夫多，但阿夫多并没有试图记忆固定的文本，对他来说印刷文本不过是另一次的演唱而已。当别人读歌本给阿夫多时，他已经在自己的脑海里形成了关于集会主题的模式，他根据自己业已储备的材料来重新创作了这个歌。这还表明，印刷文本不可能马上改变他口头创作的习惯。对阿夫多来说，歌本就等于行吟诗人，歌本就是一次表演。①

宋熙东和安紫波都不是文盲，比较起来，安紫波更擅长书写，有过完成大型评书的经历。作为真正意义上的满语歌手，宋熙东觉得满族说部的传承最好由文盲来继承。因为有其他琐事拖累，到现在宋熙东还没完全将《萨大人传》背出来，只有零散的几段。"最好是文盲来继承，否则对文字有依赖就麻烦了；就像萨满的传承多半是靠没文化的女性，因为一旦对文字形成依赖，就不好背了。"② 在与何世环老人的长期交往中，他不仅学会了满语，也很熟悉老人的讲述，若学讲《尼山萨满》将是很好的选择。他幼时并没有浸淫在满族讲古的文化氛围中，高中毕业后才开始学习满语，创作满族歌曲，从先天上就错过了最佳的学习时期。

安紫波有着评书艺人的身份，正式拜过师父、学过相关技巧的传承人，在拿到印刷本后，其表现与他人不同。他曾对笔者说过，拿到《乌布西奔妈妈》后他很长一段时间没有讲述，而是将自己置于一个庞大的场景中。他充分运用了评书的技巧，一半靠自己领悟，另一半就靠"师父富育光先生的点拨"。笔者对安紫波寄予期望，也许他能真正将满族说部的讲述传承下去。

小　结

满族说部反映了满族及其先世从远古至清末、民国不同时期的生活，其中的"乌勒本"至迟在辽金时期应已成熟。目前，很多传统的满族说部已散佚，有的因为年长者的离世不再为人所知，有的仅保留在民众的记忆中，有的仅有片段留存。从业已出版和待出版的 50 多部满族说部来看，满族说部的文本演述、流布和传播主要经历了七个时期：口述/图示记忆时期；口传讲古习俗盛行时期；新说部大量产生时期；康乾至宣统讲述说部习俗定型时期；辛亥革命影响下对满族母族文学有意识的传承期；满族说部与"乌勒本"的

---

① 尹虎彬：《古代经典与口头传统》，北京：中国社会科学出版社 2002 年版，第 142 页。
② 2013 年 10 月 22 日，笔者与赵楠访谈宋熙东时的资料。

定名时期；新中国成立后的定型时期。这 50 多部满族说部中，与国家级传承人富育光有关的超过 20 部，逾千万字。这既与富察氏家族的说部传承及其独特的训练方式有关，也与富育光超强的记忆力和善于有效地利用书写手段密不可分。换言之，家族内部世代相沿的传统和规训是个体能够掌握巨量叙事资源的关键，而个人较高的文学修养和长期的记诵—书写实践也造就了传承人及其说部文本的独特性。我们将同样掌握满族说部超过三部的传承人与富育光进行比较，发现若仅从超强的记忆力和讲述能力来说，马亚川、傅英仁应比富育光有优势；若从持续不间断地调查搜集整理这点来说，则无人能及富育光。富育光作为学者，善于总结规律和诀窍，在满族说部文本化过程中成为佼佼者。

现在满族说部文本已经基本定型，接下来的传承情况如何，从富育光的几位徒弟来看，宋熙东和安紫波，他们分别代表了评书传承人及满语传承人。目前，我们还无法得出更确切的结论，只能留待时间来检验。

第五章 21世纪的满族说部

　　本章分为独立的三节，拟从三个角度来解析在不同的维度下满族说部传承的不同，第一节以满族说部国家级传承人富育光的申报经历来解读非物质文化遗产保护过程中，国家话语与传承人之间的博弈；第二节依照媒介传播的观点，将满族说部传承置于媒介的框架下加以探讨；第三节在笔者提出"书写型"传承人这一术语之后，围绕近几年对相关传统的传承人的研究做一总体介绍。总而言之，满族说部的传承在21世纪呈现出如此的样貌，并非孤例，而是在特定时段由特定传承人做出的特定选择。

第一节　国家话语与代表性传承人的认定
——以满族说部为例

　　从全国的范围来看，20世纪对民间文化有组织有领导的大规模调查有两次，第一次是1955—1962年连续进行的全国民族调查，对各少数民族的民间文化做了有史以来最为全面详尽的一次学科调查和激励；第二次是自1979年起由文化部、国家民族事务委员会和中国文学艺术联合会有关的艺术家协会联合开展的10部中国民族民间文艺集成志书的编撰及其普查和研究工作，涵盖了戏曲、民间音乐、民间舞蹈、曲艺、民间文学5个艺术门类的10个领域，搜集的各类资料极其丰富。[①] 非物质文化遗产普查是21世纪初进行的一次大规模的文化普查，是掌握全国及各地区非物质文化遗产蕴藏状况和了解民情民心的重要手段。

---

　　① 中国艺术研究院·中国非物质文化遗产保护中心编：《中国非物质文化遗产普查手册》，北京：文化艺术出版社2007年版，第6页。

非物质文化遗产是指"各族人民世代相承的、与群众生活密切相关的各种传统文化表现形式（如民俗活动、表演艺术、传统知识和技能，以及与之相关的器具、实物、手工制品等）和文化空间（定期举行传统文化活动或集中展现传统文化表现形式的场所，兼具空间性和时间性）"①。

在非物质文化遗产大规模普查之后，至今已公布了五批国家级非物质文化遗产名录，名录公布后还公布了享有该文化遗产的传承人。2006 年，国家级第一批非物质文化遗产 518 项，2007 年第一批非物质文化遗产国家级传承人 224 名（民间文学、杂技与竞技、民间美术、传统手工技艺、传统医药)②。当然并非每一项都是一一对应的，以民间文学为例，第一、第三、第四、第五批民间文学国家级传承人分别为 32 人、25 人、20 人、47 人。

无论是非物质文化遗产项目的申报还是国家级传承人的申报都不是简单的过程，一般由文化部门组织相关人员进行申报，项目的申报包括七个部分③。国家级传承人的申报需要由传承人填写的项目包括"个人简历；传承谱系；学习与实践经历；技艺特点；个人成就；授徒传艺情况；参与社会公益性活动情况（展演、宣传、讲座等）；持有该项目的相关实物、资料情况；为该项目的保护传承所做的其他贡献"等方面内容。而选择哪个项目、哪位传承人进行申报多半是由当地文化部门决定的。从申报到最后的批准是一个漫长的过程。第一批国家级传承人的获批就经历了从地方到国家多个部门的工作，首先是"各地积极组织申报工作，认真准备申报材料"；其次是"在个人申请、当地文化行政部门审核、省级文化行政部门审核评议推荐的基础上，按照国家级非物质文化遗产项目代表性传承人评审工作规则和文化部办公厅《关于推荐国家级非物质文化遗产项目代表性传承人的通知》［办社图函（2007）111 号］要求，文化部组织有关专家对全国 31 个省、自治区、直辖市及相关部门推荐申报的十大类，共 1138 名国家级非物质文化遗产项目代表性传承人的材料，分门别类逐项进行审议"；最后是"专家评审会和评审委员会根据其掌握技能情况、代表性、传承能力等进行认真评审和科学认定"。④

①　中国艺术研究院·中国非物质文化遗产保护中心编：《中国非物质文化遗产普查手册》，北京：文化艺术出版社 2007 年版，第 3 页。

②　国家级非物质文化遗产传承人第二、第三、第四批分别发布于 2008 年、2009 年、2012 年。

③　基本信息中有"所在区域及其地理环境"，项目说明包括"分布区域、历史渊源、基本内容、相关器具及制品、传承谱系等"；项目论证包括"基本特征、主要价值、濒危状况"；项目管理包括"已采取的保护措施"；保护计划包括"保护内容、五年计划、保护措施、建立机制"；省级专家论证意见、省级文化行政主管部门审批意见。

④　《文化部办公厅关于公示第一批国家级非物质文化遗产项目代表性传承人推荐名单的公告》，见 http：//www. gov. cn/zwgk/2007 - 05/23/content_623301. htm。

通过两轮评审，代表性传承人推荐名单才得以产生。

目前，"非遗"代表性名录和传承人体系都有国家和省、市、县四级，国家级为最高级别。作为非物质文化遗产代表性项目的传承人，应当符合下列条件：熟练掌握其传承的非物质文化遗产；在特定领域内具有代表性，并在一定区域内具有较大影响；积极开展传承活动①。同时，还应当履行下列义务：开展传承活动，培养后继人才；妥善保存相关的实物、资料；配合文化主管部门和其他有关部门进行非物质文化遗产调查；参与非物质文化遗产公益性宣传②。正如很多学者探讨过的，选择评判的权力属于各级文化机构和各级专家委员会。认定代表性传承人的不同批次、不同级别，意味着传承人之间等级的差异。同时，官方认定的传承人由于其官方渠道而被赋予合法的权威性，也影响了外界对传承人地位、技艺水平的判断。然而，不可否认的是，无论是"非遗"项目还是代表性传承人的申报、评审以及纳入名录体系，都是各方利益博弈的结果。官方的认定与民间的认同，往往存在着一定差异。由于官方认定制度的介入，在官方指定的传承人与其他具有丰富民俗生活体验、未被官方认定的传承人之间，不仅形成了相互竞争的态势，对"非遗"的传承发展产生了积极的影响，而且改变了"非遗"传承人之间的人际关系生态。③

一、传承人：从省级到国家级

传承人是非物质文化遗产传承中至关重要的因素，他们"可能是家族传承中承上启下的继承者，也可能是社会传承中承上启下的继承者"④。有的项目是因人而设的，自然会出现人亡歌歇的状况，因此对传承人的保护为文化部门所重视。在四级传承人体系中，无论是县市级还是省级都需要省内专家的评定。国家级非物质文化遗产项目代表性传承人的推荐程序要复杂一些。推荐表需要省专家评审委员会的评议，一般而言，被推荐人应为省级传承人，而选择谁为传承人是由当地文化主管部门确定的。如满族说部的省级传承人有8位，有傅英仁、马亚川、关墨卿、富育光、孟阳等，在推荐人选上吉林

①《中华人民共和国非物质文化遗产法》第二十九条，见 http：//wenku.baidu.com/view/6afa4407cc17552707220802.html。

②《中华人民共和国非物质文化遗产法》第三十一条，见 http：//wenku.baidu.com/view/6afa4407cc17552707220802.html。

③ 刘晓春：《非物质文化遗产传承人的若干理论与实践问题》，《思想战线》2012年第6期。

④ 刘锡诚：《传承与传承人论》，《河南教育学院学报》（哲学社会科学版）2006年第5期。

省文化厅申报第一批国家级传承人的时候选择了富育光和赵东升①，但未通过。时隔五年，在推荐第四批候选人时吉林省仅选择了富育光，最后得到文化部的认同。可以想见，另一位传承人在文化部门的决策下与国家级失之交臂，也许会产生心理上的失衡，也许会影响对传承人履行职责。赫哲族伊玛堪传承人吴明新、吴宝臣在黑龙江省文化部门的力推下，成为 2008 年第一批国家级传承人。更多非常优秀的民间文化传承人因各种原因仍然仅为省级传承人，如锡伯族长篇叙事传承人何钧佑于公示期间过世；有的极为突出的传承人因所传的项目为市级或省级而无法位列其中；有的因不关心文化部门的相关信息而痛失良机；还有经文化部门衡量之后被舍弃的遗憾等。

这种四级体制虽然人为地将传承人分成四等，但是在某种程度上也刺激了传承人，给了他们向更上一级争取的积极性。如市级传承人希望能成为省级传承人，就要更好地履行传承人的职责，能够"开展传承活动，培养后继人才"，如果他们做得好，使得传承谱系清晰化、年轻化，能够推动该项遗产进入省级名录，他们就有可能成为省级传承人。不过，操作过程中也容易出现意料之外的情况，以黑龙江省齐齐哈尔市"富裕三家子满语"为例，2008年 4 月，该项目被纳入齐齐哈尔市第一批非物质文化遗产名录；2010 年，富裕县人民政府公布了 16 位资深的满族语言文化传承人并颁发了证书，给予每人每月 200 元的奖励；2013 年，由该项目衍生的"三家子用满语讲民间故事"通过专家评审成为省级项目，然而，其后公布的省级传承人却另有其人。由此对三家子的 16 位满语传承人产生了巨大的冲击。这种制度，"改变了传承人之间的人际关系生态，既具有其积极作用，也具有负面影响，主要表现在官方认定制度挫败了非官方传承人传承'非遗'的积极性"②。

传承人具有极大的带动意义，因为国家会给予其一定的经济补偿，级别越高，声望越高，经济补偿也越高。《中华人民共和国非物质文化遗产法》规定了传承人若不能履行相应的传承义务或丧失传承能力可取消并重新认定的制度，对省级、市级的传承人就有一定的促进作用。如赫哲族伊玛堪目前有 8 名省级传承人，2 名国家级传承人，省级传承人学习传承伊玛堪的热情就非常高。当然，对有的传承人来说，他们更在意的是这一名号带来的意义。如富育光认为满族说部能有国家级传承人是国家对这一民间文学类别的肯定，对继续传承满族说部有着非凡的意义，也对民族认同有着重要的作用。

---

① 中国文化部办公厅 2017 年 12 月 28 日公示"第五批国家非物质文化遗产代表性项目代表性传承人推荐名单"中，赵东升为满族说部国家级传承人。

② 刘晓春：《非物质文化遗产传承人的若干理论与实践问题》，《思想战线》2012 年第 6 期。

二、传承人富育光解读

满族说部传承人有省级和国家级，省级传承人主要分布在吉林省，每年由吉林省文化厅负责保护事宜，国家级目前有两名，富育光和赵东升。富育光掌握的说部情况，前文都已说过，此处不再赘述。申报推荐表的相关内容是由富育光本人经过深思熟虑完成的，这是他多年来从事满族民间文化调查研究、萨满教研究，熟悉非物质文化遗产政策，在文化部某些专家的影响下填写的。我们通过其中各项的内容，可以试做出其之所以成为国家级传承人的学术解读。

"传承谱系"中概要地介绍了三百多年来富察氏说部的传承脉络，其中重点为《萨大人传》。

我姓满族富察氏，正黄旗，祖上康熙二十二年（1683）奉旨由宁古塔（今宁安市）北戍瑷珲，传至我辈十四代，329 年。曾祖发福凌阿咸丰朝侍卫；太爷依郎阿清同治、光绪两朝瑷珲副都统衙门委哨官，通晓俄罗斯及北方民族方言土语，大半生从事边疆要务。1900 年庚子，在大岭与凤翔将军抗俄殉难有功晋三品衔，长子德连世袭拔什库（《瑷珲县志》有载）。我家至今老辈人晓说满语、供祭家传满文谱牒、沿袭续谱祭祖古礼。阖族不忘祖德，"每岁春秋，恭听祖宗'乌勒本'，勿堕锐志"，缅怀本家族著名抗俄将领萨布素老英雄。凡婚嫁、丧葬、祭礼毕之余兴，必由族中长者或萨满述说开拓北疆之艰，诵唱富察氏家书《萨大人传》，激励儿孙，遂成传统。新中国成立后，传讲说部之习不改。我族传承谱系是：

传讲《萨大人传》三百年，首创自康熙五十年（1711）四代祖果拉查；五代祖嘎泰延请萨布素后裔并京中族瑞再修《萨大人传》；六代祖达期哈增修定稿《萨大人传》，传藏世代长子袭；八代与九代阙失；十代祖发福凌阿倡讲《萨大人传》；十一代太爷依郎阿承袭《萨大人传》及传讲《雪山罕王传》《傅恒大学士与窦尔敦》等；十二代祖父富察德连承袭《萨大人传》及《雪山罕王传》《傅恒大学士与窦尔敦》等；祖母郭霍罗美容，出身于满洲齐齐哈尔郭氏名门，通晓女红书文，擅长歌舞，在娘家带来《飞啸三巧传奇》《东海沉冤录》《雪妃娘娘和包鲁嘎汗》等满族说部。十三代家父富希陆承袭《萨大人传》与其父富察德连和其母口传之全部遗产；二姑及二姑父张石头，性格开朗，口才好。在祖母影响下，也擅长讲唱说部。我父富希陆先生能记忆祖传许多篇说部，这与和我二姑父常在一起切磋和协助追忆说部有很大关系。

十四代传人长子富育光，另三子富亚光、张石头长女表姐张月娥（现年82岁）和小儿子张胜利。我因在长春工作，亚光弟与他们来往密切。父富希陆先生身体很好，1977年冬突染病，自知年寿不永，函召我们返里，病中常为家传说部未能吐尽而慨叹。1980年春病笃，我与世光弟速归，病中老人口述《萨大人传》，殷嘱光大之，呕心践之。5月病逝，享年69岁。

满族说部传承脉络在被调查过程中都非常清晰，这是调查者有意为之的结果。值得称道的是富育光先后写了多篇满族说部传承文章《满族说部调查（一）（二）》（2008）、《满族传统说部〈松水凤楼传〉的流传与采录》（2012）、《满族说部的传承与采录——〈鳌拜巴图鲁〉〈傅恒大学士与窦尔敦〉〈扎忽泰妈妈〉》（2013），在出版的每一部跟富育光有关的说部文本的开篇都附有他撰写的传承与采录情况。

富育光充满感情地讲述了自己的"学习及实践经历"，重点是"乌勒本"的学习和实践，"乌勒本"与满族说部之间有异有同①：

我从小在奶奶、父母和族中长辈膝前长大，直到二十二岁考入大学，才远离黑龙江畔大五家子故乡。那里地处边陲，保持着满族人固有的语言和习俗。想当年最诱人的盛举，就是聆听妈妈、玛发、萨满和族中推选的师傅们讲唱说部"乌勒本"，沁人肺腑，听也听不够。我就是在那温馨、古朴的氛围中被熏陶着，度过了难忘的少年和青年时代。我受长辈影响，非常尊敬为家族讲唱说部的人，把他们看成圣人，并跟着学说学唱"乌勒本"。那时，只要上心，机会很多。因为家族隔三岔五就有盛会，阖族乐聚，就连附近的鄂伦春、达斡尔、汉族叔叔大爷们，都划船、骑马赶来，热闹异常。凡有此事，我都在奶奶怀里专心默记古歌古谚。我打小聪明伶俐，痴迷学习，总像个小大人一样努力仿效，学说"乌勒本"，晚上睡觉奶奶常从我衣裳里掏出不少提示助记用的小石子，备受奶奶、爸爸的慰藉和宠爱。又因为我从小在奶奶身边长大，她对我影响甚大。我非常崇拜奶奶，她是家族里德高望重的满族说部"乌勒本"传人。她每逢说唱说部，总喜欢我在身边。奶奶出身名门，记忆力和口才好，能歌善舞，从她娘家带过来几部满族说部。我父亲富希陆先生，从小受她教育，不图官宦，安守农村，用满文为同族写谱书和萨满神本、讲唱"乌勒本"。她的二女婿，即我的二姑父张石头，在她的培养下也是"乌勒本"说部传人，在瑷珲和孙吴逊克两县颇有名气。我就是在这样的家庭中

---

① 其异同详见高荷红：《满族说部传承研究》，北京：中国社会科学出版社2011年版，第20页。

成长起来的，从小会说《音姜萨满》和《萨大人传》说部段子，受到本族二叔和叔叔们的夸奖。在逢年过节的风雪天，跟随大人坐上大马爬犁去外屯说唱说部。1946年春到1947年春，我在去黑河中学读书离开故乡前，在大五家子、小五家子、兰旗沟、下马厂村屯，都参与过族内或族外的年节歌会，讲唱满族说部各种段子。我学会压场子、转调、单挑儿，被公认是族中擅讲满族"乌勒本"的"小色夫"（小师傅），成为其中一员，直到1950年我在黑河完小当教员后，族里每有重大活动还找我回去一块说满族说部。我热心于满族说部，是牢记奶奶曾说："学说'乌勒本'，要有金子一样的嘴，有一颗爱族的心。"我暗下决心，要像父辈一样，献身于民族文化。1954年秋，蒙全村推荐，送我调干考大学，得到所在单位黑河专员公署总工会党委特批。天遂人愿，我没有给故乡丢脸，考上了东北人民大学，毕业后按我的志愿从事民族文化抢救工作。童年时代的影响，青年时代的训诲，多少慈祥可敬的面孔和声音，朝夕鞭策着我不可偷闲地去为传承民族文化苦斗。往昔经历给我烙下刻骨记忆。所以，在我投身于中国民族学研究时，总是向组织向同仁大声疾呼，不懈努力，把我从童年时候就积聚起来的中国北方生存记忆史，全部口述出来、记录下来。欣逢盛世，为我开拓了平坦大道，我三十多年来风雨无阻地一直向前走着。

最引人注目的是富育光填写的满族说部的"技艺特点"部分：

满族说部是满族先民世代生存记忆的口述史，是对先贤和氏族英雄的礼赞，不同于一般讲"朱奔"（瞎话古曲），它崇高而神圣。其传承特征，正如《太平御览》称：满族自古"无文墨，以语言为约"，代代口耳相传。我从小学说说部，熟知三大技法："布亚昂卡"（小口）、"安巴昂卡"（大口）、"它莫突"（记忆符号）。我在长辈的教育和影响下，七岁乍学唱说部时，就是先跟大人学说小口的说部"引子"（雅鲁顺）或小段《尼姜萨满》等练嘴巴。及长，在奶奶和父亲的教导下，学说大口，即"放说"《萨大人传》《雪妃娘娘和包鲁嘎汗》等长篇说部。我学说之初深切体会到满族说部是祖上留传下来教育儿孙的百科全书，洋洋大观，有的能说上数月。要讲满语，必须有驾驭能耐，这就全靠助记物，俗称"它莫突"。父亲教我密窍："学说或记忆说部，万变不离其宗，一定牢记'抓骨、入心、葡萄蔓'。"说部强调说唱结合，以说为主，古有蛇、鸟、鱼、狍皮蒙成之花鼓、扎板、口弦（给督罕）伴奏，佐以堆石、结绳、积木等法助记。记得先父曾讲过奶奶留下的一首摆弄嫩江宝石就能说"乌勒本"的口诀："紫纹龙鳞奇石块，红黑黄白模样怪，嬉笑怒骂全都有，外加条穗一大串。"父亲将其戏称为"石头书"。我富察氏家族，清代有满文《萨大人传》文本，一直传藏到民国时代。后来，多次撰写过有汉文的大小满族说部手抄传本。①

我至今能熟记众多长篇说部，因我从小说满语，考入大学后又攻读满文。说唱密窍除来自父亲外，本人多年来亦独立创造出绘图制表法和卡片襄助记忆，即可见图悟出，说写自如。

三大技法及"乌勒本"的口诀"紫纹龙鳞奇石块，红黑黄白模样怪，嬉笑怒骂全都有，外加条穗一大串"，这些有助于记忆的方法是富育光祖辈传承的总结，富育光能将篇幅如此宏大的说部传承下来也基于此。当然，富育光体悟出的"绘图制表法和卡片"成效更大，笔者在富育光处看到几乎每一部说部都有这样的表和卡片。

作为传承人，富育光需要履行的义务包括开展传承活动，培养后继人才。从他成为省级传承人时起就开始自觉地考虑收徒传承问题，成为国家级传承人之后其自觉意识更为强烈。目前他有4位传承人，一位是本家族内部的人即富育光的侄子，一位以满语传承，另两位专门负责音乐方面的传承②。

2007年，我回黑龙江省黑河市故乡拜访族人，述说祖传说部已被国务院收入为第一批国家级非物质文化遗产名录的福音，叩拜族谱与祖坟，唯愿不辜负国家的关怀和期望，做好传承与保护工作。在四嘉子村，与胞弟富亚光阖家商议，因我月娥表姐和我们兄弟年事已高，本家族说部《萨大人传》等的传承，交由亚光弟第二子富利民承继，为第十五代传承人，他聪明好学，有弘扬本民族文化的热情和责任心。

富利民侄儿是我的第一传人，除此，在北京、吉林我也培养了说部传人。

因为家庭生计问题，虽然富利民很希望传承该说部，但目前未能传承下来。

而家族外对此感兴趣的还有：

宋熙东，1979年生，满族正白旗，北京市满族歌唱家兼创作人。他通晓

---

① 富育光申报第四批非物质文化遗产国家级传承人文档，2013年1月28日笔者在富育光家中记录。

② 何新生、何钧宇父子在今年黑河的拜师仪式中并未参与。

满语，自 2001 年初以来，就背着乐器和行囊，长期深入北京、辽宁、吉林、黑龙江省满族聚居地考察满族古文化遗存，记录民间满语和满族古歌古谣，颇有成就和影响。2007 年 3 月，闻悉我在进行关于满族家传说部的调查和录音后，他来我家，看到许多遗存文物和满文资料，决意拜我为师，学唱满族说部《萨大人传》，是我的满族说部的传人。为使其讲唱满语更准确，我建议他赴黑龙江省孙吴县四季屯村向我儿时的故乡长辈何世环奶奶学习满语，她现已 83 岁，仍在说流畅的满语口语，是故乡中能说满语的少数几位长老之一。宋熙东就住她家，像亲孙子一样，学满语和学唱满族说部。现在他能用满语讲唱大段《萨大人传》，多次在北京、长春、哈尔滨、内蒙古等地讲唱，获得好评。

宋熙东跟随富育光学习了《萨大人传》的一些篇幅段落，经过努力练习背诵，后来得以在很多大小场合为专家展示过。

富育光另外还收了两个徒弟，主要从音乐方面考虑：

2008 年 6 月，收何新生父子为徒，何新生，62 岁，满族正蓝旗，吉林市满族博物馆副馆长，著名满族音乐家；何新生子何钧宇，32 岁，为吉林市歌舞剧团作曲人。他们父子与我，将满族古老的说部讲唱曲调和定场歌（雅鲁顺）恢复过来，以吉林市满族博物馆为基地，在市文化局领导的大力支持下，从 2010 年以来组织全馆举办"满族'乌勒本'演出展示会"，为了宣传和活态传承与保护，民间艺术家和学生讲述和演唱满族说部《萨大人传》《雪妃娘娘和包鲁嘎汗》等选段，广受称赞。在我们的共同努力下，该举动一直坚持至今，成为该展馆保留节目。在吉林市影响下，伊通满族自治县满族艺术剧团，亦增设讲唱满族说部节目，生动活泼，倍增该团的知名度。

2017 年 3 月底，富育光在黑河市举行收徒仪式，宋熙东、富利民、安紫波①、王文忠②等正式成为满族说部传承人。

我们看到整个申报表逻辑清晰，理论性很强，传承谱系梳理得很清楚③，尤其是便于记忆的口诀和技艺特点的总结，更与学界的口头程式理论相契合。这与富育光一直致力于满族文化的搜集、整理、研究、推广，有较强的学习

---

① 安紫波在这几位徒弟之后，富育光填写此表时还未收其为徒。
② 王文忠为富育光外甥，尚未显露出传承说部的能力。
③ 据富育光本人所述，这是他依据刘魁立、刘锡诚先生的建议而写成的总结。

意识和互动沟通能力有着密切的关系。

三、辐射圈：传承人的影响

值得思考的问题是为何富育光执着于成为国家级传承人。作为耄耋老人，他声望高，荣誉多，著作等身，对他而言，国家级传承人每年的经济补偿应不是主要的考虑因素，那究竟为何呢？经过沟通交流，笔者认为，他的终极目标就是成为满族民间文化代言人，通过掌握话语权使得满族说部文本经典化。通过多年的辛勤耕耘，他已成为满族民族文化的符号象征。从目前来看，富育光为满族说部之贡献或影响可分为以下四个方面：

1. 回归传统

相较于几千万的满族普通民众，满族及其先民留下来的50余部说部逾千万字，但仅在东北三省、河北省几个县乡个别村屯内流传，掌握该传统的仅为极少数的民众。近年来随着满族说部的集中出版，学者调查研究的深入，满族民众恢复了对满语的热情，对满族说部的认同感逐渐加强。黑龙江省黑河市红色边疆农场即大五家子，该地将满语作为日常交流语言的仅有一两位老人，他们能够讲述个别单词，富育光近年来多次回大五家子调研，与民众交流。在他的影响下，2013年笔者再到大五家子调研时发现，满语单词的恢复和满语的学习已经成为当地50岁以上老人的重要活动，他们时常聚在一起用满语讲述现在和过去的生活。而"满族说部""乌勒本"等词在辽宁新宾也从2007年的无人知晓①，变成2014年传承人的有意识依附②，他们将满族说部、"乌勒本"纳入当地民间文学的类别③。

满语原为满族说部传承的主要媒介，现在民众有意识地恢复，在某种意义上看也是满族文化传统的回归。

2. 获得学术界的尊重和认同

多年来坚持不懈地行走在满族乡屯间，富育光充分了解并掌握了满族说部在民间的蕴藏分布图。在搜集保留了大量满族说部文本的基础上，他积极推进将满族说部纳入第一批国家级非物质文化遗产的工作。在满族说部文本出版之前，他撰写过多篇论文界定满族说部、"乌勒本"的概念，构建其学术体系，勾勒每一部文本的传承脉络。而学者对满族说部、"乌勒本"的认知都

---

① 笔者2007年在新宾对部分地方文化人的调查所得。
② 中国社会科学院研究生院博士候选人刘先福的开题报告内容。
③ 中国社会科学院博士研究生刘先福在新宾调查查树元（努尔哈赤传说故事的传承人）时，查树元称自己为"乌勒本"的传承人，而在2007年笔者的调查过程中，他和其他地方文化人对吉林说部集成委员会的调查还是一头雾水，仅将"乌勒本"等同为当地的"讲古趣儿"。

不可避免地深受其文之影响，遵从其对满族说部和"乌勒本"的定义和解读；对其的访谈内容也成为诸多学者撰文之依据。在成为国家级传承人之后，富育光本人依旧奔走在满族聚居地间，对满族说部的传承投入了更多的精力。

3. 依靠新媒介传播方式

满族说部传承人能够将满族说部世代传承下去，一方面得益于其家族对文化素质的重视；另一方面，听众的存在和支持也非常重要。如果没有满族民众对长篇说部的喜闻乐听，就没有满族说部长期流传的可能。进入21世纪，传承已不仅仅依托传统方式，新型媒介的介入使得满族说部的传播超越了乡土社会。

如富育光的徒弟何新生利用工作之便，以吉林市满族博物馆的"吉林满族陈列"展览为载体，在各个展厅中，借助版面、人物雕塑及展品，在原展线、原解说词中融入相关的满族说部段子，进行常态化的不同形式的演讲①，该形式对满族说部传承的常态化及民众影响力的提高具有一定的积极意义。

满族说部走入学校，将其活态传承与校园文化相结合，使学生这一群体成为潜在传承人。吉林电子信息职业技术学院以《尼山萨满》为例，开始了满族说部活态传承的尝试。②

年轻人使用电子媒介加以传承，"满语、满文、汉文、印刷文本，更为丰富的电子媒介，还有其他方式都会促进满族说部这一文类焕发青春，保持传承活态。电子媒介使用者更多的是年轻人，'讲古'的危机需要电子媒介来解决"③。

4. 传承人现象

因非物质文化遗产而获得各种名誉的传承人面对的听众，已不再局限于以往的乡邻，更多的是采录者、学者专家、媒体。面对这些受众时，他们可能会有意识地转变自己的角色，不仅注意彼此之间的互动以便随时调整自己的看法和观点，更为有趣的是他们都带着自己各自的标签或特色总结出一套民间文学专业的学生所熟悉的理论和方法，而这些理论和方法源于他们的讲述经历和生活的磨炼。由此我们将之总结为传承人现象：

---

① 何新生、王明辉：《论满族说部常态化展演与满族博物馆的软实力提升——从吉林市满族博物馆谈起》，见邵汉明主编：《满族古老记忆的当代解读——满族传统说部论集（第一辑）》，长春：长春出版社2012年版，第312页。

② 关迪：《论原生态满语满族说部的活态传承——从尼山萨满谈起》，见邵汉明主编：《满族古老记忆的当代解读——满族传统说部论集（第一辑）》，长春：长春出版社2012年版，第319–320页。

③ 高荷红：《技术的力量：媒介对满族说部传承的影响》，见邵汉明主编：《满族古老记忆的当代解读——满族传统说部论集（第一辑）》，长春：长春出版社2012年版，第305页。

　　在 21 世纪初国家重视非物质文化遗产的大环境下，民众生活中多种媒介的使用，以往围着故事家听故事的场景多成过去式。年轻人或到博物馆中、旅游区内，或在网络电视上获取相应的知识。随之而来的是学者、文化官员、媒体对传承人的重视，对传承人而言，他们的演述场域、受众都发生了变化，因面对的群体不同，传承人不断调整自己的演述思路，以便适应这种新的形势。我们把这种现象称为传承人现象。

　　争取成为更高一级的传承人是每个传承人积极努力的目标，他们大都愿意与专家、学者、研究人员、媒体保持良好的关系，而在这个过程中也有彼此间的较量和竞争，我们相信也愿意相信这是一种良性的循环。虽然我们从前文看到与满族说部有关的国家文化政策的影响，也看到学者和国家权力给口头传统带来的各个方面的影响，但民众对自己文化的传承是最重要的一环，他们的主动性、积极性是非常重要的。作为国家级传承人，富育光的所做所为对满族说部的辐射影响会日渐显著。

　　富育光作为民俗学者，谙熟"非遗"政策且成为"非遗"保护对象这样一个过程，其实也是民俗学、民间文艺学的理论反思、推进的结果。

第二节　媒介传播与满族说部传承

　　从远古时期的荷马到《新约》，到修辞学，到后现代派的解构主义；从非洲的手鼓到波利尼西亚的歌谣，到美洲印第安人的神话；从谷登堡的活字印刷术到滚筒印刷，到现在的广播和电视、互联网。我们看到人类知识的相互关联，都是在口述—书写的语境中形成的。

　　满族说部出版后，展现给世人的是其体例之宏大，四种不同类型的"乌勒本"反映了满族说部在满族不同历史时期的文化样貌。我们通过对满族说部传承的研究发现，书面文化与口头文化并存是满族说部的重要特色。满族自身的语言、文字和现在通用的汉语、汉字，以及随着不同时代发展的印刷媒介对满族文化的产生、发展、传承起到了重要的作用。

　　以往学界较少从媒介的角度入手分析文学样式，尤其是民间文类。我们多从不同的角度来研究文类的传播与流布，而忽视了在传播与流布过程中媒介的重要作用。在不同的历史阶段，不同的媒介使传播展现出不同的形态。尤其是在当下，非物质文化遗产的研究工作开展得如火如荼，传统媒介如报纸、书籍、电视、广播的传播速度远远不及互联网，很多人都是通过互联网来了解传统文化。因此，对民间文化或曰非物质文化遗产的研究离不开对媒介的研究，民间文化的传承也多借助于媒介的力量。现以满族说部为例，试析媒介传播与其传承的关系。

马克思说："技术透露了人对自然的方式"，技术造成了"交流的条件"；麦克卢汉提出"媒介即讯息"。媒介环境学者认为媒介的四个历史分期为：口语时代、文字时代、印刷术时代和电子媒介时代。而这一分期取决于技术发明的更新，我们知道后三个时期对应的是文字的发明、印刷术的发明和电子计算机的发明，当然互联网时代的来临对媒介的影响最大。

在口语时代，"口语—文字研究"是媒介环境学的一个分支，主要考察口头文化各种各样的特征，包括心理、社会、经济、政治、文化和认识论的特征。在这个语境下，口语文化研究的焦点是原生口语文化。所谓原生口语文化指的是没有文字的社会所产生的文化；同样重要的是，生活在原生口语文化中的人根本就不知道文字的存在，也就是说，他们说的内容中既没有视觉的成分，也没有书写的成分。换句话说，对处于原生口语文化里的人而言，主要的交流手段是口语和其他非文字的手段，以此来对信息进行编码、记录、迁移或运输、检索和解码。[①]

从口语文化向书面文化过渡时发生的媒介转换，产生了深刻的社会影响：一个社会阶级（长者在口语文化里是宝贝）被取代。用伊尼斯的观点来说，"知识垄断"的宝座从一个阶级转向另一个阶级，从一个传播媒介时代转向另一个传播媒介时代。[②]

而印刷技术的开发和普及是人类传播在技术上的重大改进。这是因为有了印刷术之后，人们可以用一个原件大批量地复制一模一样的信息，可以达到信息民主化，摆脱宗教、政治精英的控制。[③]

相较于人类学会说话花费的数百万年时间、学会使用文字花费的几千年时间，开发印刷术花费的时间要短得多，数十种新电子媒介技术在短短的一百多年时间内就问世了：电报、电话、留声机、轮转印刷机、电影、广播、有声电影、收音机、电视、电脑、卫星、激光、磁带、录像机、电子游戏、因特网、万维网、无线个人通信等。电子媒介带来的变化，不是人们所谈论

---

① 林文刚编，何道宽译：《媒介环境学：思想沿革与多维视野》，北京：北京大学出版社2007年版，第33页。

② 林文刚编，何道宽译：《媒介环境学：思想沿革与多维视野》，北京：北京大学出版社2007年版，第34页。

③ 林文刚编，何道宽译：《媒介环境学：思想沿革与多维视野》，北京：北京大学出版社2007年版，第34页。

的"内容"发生了变化，而是人们认识和谈论世界的方式发生了变化。电子媒介使我们在人类传播和文化中的传统时空观念完全过时了。线性和理性的思维方式是书面文化和印刷文化的界定性特征之一，如今它受到的挑战是思维方式、审视世界和认识世界的方式的挑战；这是多媒介的、直接的方式，是后现代文化的征候，电视、因特网、多媒体成了时代的主宰。[①]

以往学界较少从媒介的角度入手分析文学样式，但是我们在研究中发现，各种研究理论变化的背后其实离不开技术的发展。新形势下的研究也有必要借助技术的力量。

一、满族说部从口语社会到书面社会的变化——双线交通到单线交通

就满族说部这一研究对象而言，口语时代持续了很长时间，这是满族说部原生口语文化传承时代；自从满文发明以后，用满语交流、满文记录本民族内部的文化变成主流；满族统一中原以后，学习汉文化，用汉语交流也渐成趋势。除了东北部分村屯还保持满语日常交流外，其他原通用满语地区已渐渐丧失其满族特色。北京虽然保留了很多满族文化的印记，但满语已与汉语交融在一起，且仅以其汉化的形式保留在日常的语言中。印刷术的发明，对汉文化的大量翻译、刻印使汉文化在满族中占有一定地位，彼时满语文化的传承采用了手抄本、记录本的形式。在满族统治时期，满语文化呈现渐趋衰微的状况，虽然清朝统治者希望将国语骑射这一立国之本保留下来，但是大趋势是难以逆转的。在这期间，政治活动对文化的影响尤为深刻，尤其是在辛亥革命之后，其变革辐射到全国，自然也改变了满族文化的传承方式。首先，满语不再是日常交际的主要媒介，进一步衰微；其次，满族文化的传承方式也发生了变化，很多人不敢也不愿承认自己是满族人，"驱除鞑虏，恢复中华"虽然针对的是满族上层统治者，但波及最深的还是下层的满族民众。在辛亥革命后很长一段时间，包括日伪时期内，满族文化的自觉保护者多半是那些被我们称为地方文化精英的族众。大量手抄本的流通，口头的传播为新中国成立后满族文化的保存起到了重要作用。

口语民族有一些更加准确的记忆。[②] 这种记忆相对精练，在口耳相传中得

---

① 林文刚编，何道宽译：《媒介环境学：思想沿革与多维视野》，北京：北京大学出版社 2007 年版，第 35 页。

② 瓦尔特·翁著，何道宽译：《口语文化与书面文化：语词的技术化》，北京：北京大学出版社 2008 年版，第 47 页。

以保存。当然，口语记忆也有一定的技巧，重复、背诵是其主要手段。在口语社会，主要衍生的是口语文化，对应的是满族说部传承的主要方式：口耳相传。早期的书写材料促使抄书人的文化长期传承。[①]满族神本子的记录，因其保存在神龛之中，有其神圣性，也从篇幅上限制了其容量不会很大。而那些能够书写的人多半是萨满、族长（穆昆达）或色夫（满语师傅意）。

口语文化对满族说部传承起着世代传播的作用，但也存在着一定问题，如不稳定性，口语社会的关键是记忆。记忆把诗歌—音乐朗诵和表演活动转化为创造和再造社会化自我的承载手段，成为个体身份进入集体的载体。口语文学则可说是双线的交通（two ways communication），作者或传诵者不但可以随时获得听者的反应，而且可以借助这些反应改变传诵方式与内容。我们可以推测满族最早的口语文学，主要是萨满神谕、神词，在祭祀时对民众讲述，是声音文本的再现，配合着仪式演唱。而小萨满的学习活动，也成为这一活动的注脚。因其神圣性内容很少发生改变，而向族众讲述的族史、祖先英雄传说，讲古的内容会有些变动，为了调动听者的兴趣，讲述者主动调整所讲的篇幅、内容等，这是双线的交通。满族使用满语，后来兼用满语、汉语，最后主要使用汉语，而萨满神词主要使用满语进行流传，后世的萨满有很多已经不会讲满语，但是神词中用汉语记录下来的都是满语的意思，若要了解其意义必须将其译为满语。很多萨满主要通过背诵来记忆。

书写文学可以说是一种单线交通（one way communication），作者不易得到读者的反应，即使有亦不能改变内容。文字开创了一个新的世纪，口语不再是继承传统、口头传说和历史的唯一手段；在这个时代里，口语不再用来记述历史，因为需要用口语来记述历史的情况不复存在，口语最适合记述历史的情况也不复存在。文字的确创造了一种储存和再现记忆的手段。文字使诗歌延伸到白纸黑字的书页上，使诗歌展现出视觉形象。满族说部传承的历史一波三折，最初使用满文记录，清初大量汉文典籍翻译成满文，如《三国演义》对满族的作战起到了很大作用；到清中期主要受到汉文化的影响，在满族民间口承的媒介就是汉语和满语并重；到清末、民国时期，汉语成为主流。不同时期使用的语言不同，在某种程度上也影响了满族说部的传承方式。

在满文刚刚发明创立的时代里，满语最重要的功能是建立和维持人与人的关系。尤其是氏族内部的关系，满族非常重视家族谱系的传承，逢龙虎年修谱是常态，修谱时讲述祖先或家族、氏族英雄事迹是维系氏族关系很重要

---

① 瓦尔特·翁著，何道宽译：《口语文化与书面文化：语词的技术化》，北京：北京大学出版社 2008 年版，第 71 页。

的手段。那时家谱都是用满语书写的，讲述祖先的事迹也主要用满语，满语在其中起到了重要的作用。雅克·艾吕尔认为，口语需要序列结构的、条理清晰的思想，口语有助于抽象和反思；与此相反，形象是直接、强大的实体，没有鼓励批判性思维的手段，更不会需要批判性思维。

麦克卢汉和瓦尔特·翁认为，口语文化和书面文化有深刻的区别。口头（前文字）文化的运作出自特定的意识框架。换言之，书面文化在我们的思维方式上产生了真正重大的变革。比如瓦尔特·翁认为，在口语文化里，话语的复杂性和抽象性必然是比较少的。因此，思想的复杂性和论辩的复杂性对口语文化是一种障碍，因为口语文化不可能记录和记住复杂和抽象的东西。口语文化里的思想有可能有趣，但出口即逝，所以它不可能在口语文化中产生深刻的变化。所以当文字这种技术进入一种文化时，它就使过去不可能保存的结构和机制保存下来了。洛德发现：读写能力在脑子里产生一个文本的观念，而这个概念对叙事起控制的作用，干扰口头创作的过程；口头创作的过程和我并没有关系，这个过程仅仅是"记诵诗歌的过程"。[1]

傅英仁、关墨卿、马亚川等满族说部传承人，多半将其半生掌握的满族说部书写下来，尤其是关墨卿。一直没有学者对关墨卿进行深入的调查，当20世纪80年代王宏刚等人调查傅英仁时，关墨卿老人才将他所掌握的《红罗女》书写下来，该书稿才得以流传至今。

那些生活在四季屯的父辈们，很多采用了这种措施来保存满语手稿，从而保存了杨青山、白蒙古讲述的《天宫大战》。而富育光在记录整理《乌布西奔妈妈》的时候也充分注意到这一点，有意识地保存了满语的手稿。

二、印刷术时代的满族说部传承

在声音世界的滥觞之地，语词是人类活跃的交流工具。印刷术把语词从声音世界里迁移出来，送进一个视觉平面，并利用视觉空间来管理知识，促使人把自己内心有意识或无意识的资源想象为类似物体的、无个性的、极端中性的东西。印刷术使人觉得脑子里的东西装在某种迟钝的心灵空间里。[2] 印刷术促成了一种封闭空间的感觉，这种感觉是：文本里的东西已经定论，业

---

① 瓦尔特·翁著，何道宽译：《口语文化与书面文化：语词的技术化》，北京：北京大学出版社2008年版，第45页。

② 瓦尔特·翁著，何道宽译：《口语文化与书面文化：语词的技术化》，北京：北京大学出版社2008年版，第100页。

已完成。它影响文学创作，也影响分析性的哲学研究或科学工作。①

2004年前，满族说部多以单行本的形式出现，如已出版的傅英仁讲述的《东海窝集传》（1999年）和《风流罕王秘传》（1989年）。有的散见于各种民间文学故事集成中，有的以其他形式出现，如傅英仁民间故事《满族萨满神话》等。直到2004年，吉林人民出版社策划出版"满族口头遗产传统说部丛书"，这些作品在社会上反响十分强烈。说部的出版使其延伸为白纸黑字，为有阅读需求的人提供了最好的媒介，也为研究、传承提供了很好的文本资料。

2011年8月，吉林省满族说部学会的成立为满族说部的学术研究提供了很多新思路。当然从目前的计划来看，他们"要办一个不定期的内部学术刊物；三五年内，我们会出版关于说部研究的系列丛书；因为具有相对独立的学科条件，我们想把满族说部做成一个学科推出来，像'红学'一样"②。我们可以看到，该学会的主要成果将印刷成册并出版发行，虽然不再是以讲述文本的形式呈现，而是以研究论文、研究专著的形式。

当然，我们意识到：手稿文化仍然和口语世界的通用传统保持着密切的关系，并有意识地吸收其他文本来创造新的文本，其形式包括借用、改写和分享口语文化中通用的套语和主题；当然，它逐渐把旧形式转换为新形式——如果没有文字，这样的转换是不可能的。印刷术产生了自己独特的心态。它觉得文本是"封闭"的，和其他文本隔绝，是自足的单位。印刷文化产生了"原创性"和"创造性"之类的富有浪漫色彩的概念，这样的概念使一个文本和其他文本的距离更加遥远，认为该文本的源头和意义都独立于外在的影响，至少理论上是如此。在这里，我们将原创性理解为文本的原初状态，创造性离不开传承人的劳动。满族说部的讲述、出版离不开手抄本，研究也离不开最早的原始资料。考虑满族说部下一步的传承也离不开口承与书写的问题。而关于傅英仁讲述文本的原创性和创造性的比重也曾引起众多学者的探讨。随着满族说部印刷文本的产生，我们的研究可从更多角度进行。

三、电子媒介时代的满族说部传承

我国正式进入互联网时代不过20年左右的时间，这种变化对文化传播的影响极大，可以从几个角度来分析。在现代社会，多种媒介交汇：广播电视、

---

① 瓦尔特·翁著，何道宽译：《口语文化与书面文化：语词的技术化》，北京：北京大学出版社2008年版，第100页。

② 朱立春采访资料。

录音磁带、录像、互联网，都为满族说部的传播起到了一定作用。网络将更多互不相识的人聚合在一起。口语并不会因为文字的发明而过时，不会废止，不会完全消失。传承满族说部依托的是语言，但是在现代社会要借助于更多的媒介。

首先，满族说部的传承不会因为进入满族说部的次生口语文化时代，就抛弃了最初的口语文化形态，虽然中间也会出现断层，但总体上会一直持续下去，也许还会有其他的媒介方式对其产生影响。

其次，网络对满族说部传承的影响。有吉祥满族（http：//www. manchus. cn）、满族文化网（http：//www. imanchu. com）等满文部落，虽然这两个网站中以满族文化为主，包含内容丰富，但是满族说部的动向也是他们及时关注的内容。也有博客专门介绍满族说部的相关研究状况。我们在百度中搜索"满族说部"的相关信息，有 60500 条之多，谷歌中更可以搜到 521000 条。① 提供这种信息主要起到了知识普及的作用，让大家了解满族说部，这对其传承的潜在影响不可小觑。若能以网络在线的形式刊布，也许更能激发人们对满族说部传承的热情。

最后，是立体的传承，如博物馆的传承方式、活态展演及民俗生活文化的传承。满族目前没有全国性博物馆，吉林省的伊通，辽宁省的岫岩、新宾，河北省的丰宁有地方性博物馆。

伊通满族博物馆让人们对满族的过去与现在有了一个大致的了解。该博物馆有两个特点：一个是文物（实物）多②，还特别辟专室展出满族的祭神、祭祖活动；另一个是辅助展品特别逼真，例如所有人物塑像都是用硅胶制作的，个个栩栩如生……吉林市王百川大院满族民俗博物馆③展览面积达 2400

---

① 这是笔者在 2017 年 11 月 3 日查询所得结果。

② 这里不仅有满族的生产工具、生活用具和各式武器，而且有满族精美的艺术品，比较全面地反映了满族人的生产生活、骁勇善战和艺术创造。

③ 王百川大院位于吉林市船营区德胜路 47 号，是目前吉林市唯一一座尚存的清代至民国年间典型的四合院民居。1999 年，王百川大院被吉林省人民政府列为重点文物保护单位。王百川又名王富海，在清末民初曾先后担任长春、吉林永衡观银号钱号经理和总经理，1940 年曾捐巨款修建了吉林市松花江第一座公路桥——吉林大桥，为吉林市的建设做出了一定贡献。

王百川大院为一个封闭式四合院，原为二进院落，坐北朝南，建于 20 世纪 30 年代，系南北中轴线布局，前后左右共有正房、厢房 30 间。与北京四合院相比，吉林四合院室内炕灶布局及门窗上的花纹图案都带有满族地方风俗特色。王百川居宅旧址对研究昔日吉林民居特点具有重要的实物价值。

平方米，共展出各级各类文物 1147 件，其中国家级珍贵文物 31 件。① 建于 1985 年的岫岩满族博物馆，设有"满族发展史展""满族民俗展""满族民间文化艺术展"等展馆。岫岩满族刺绣、岫岩皮影戏、岫岩满族剪纸等均陈列于馆内，显示出当地丰富的满族历史文化底蕴。2003 年建设的新宾满族民俗博物馆，共分设 8 个展区，有 600 余件展品，主要展现了明清之际兴京（新宾古称）满族的兴盛史以及当地流传的满族民俗。丰宁满族博物馆新馆 2003 年竣工，有 7 个展区，分别为历史文物展、满族民俗展、郭小川生平事迹展、知青专题展、丰宁藤氏布糊展、丰宁满族剪纸艺术展、丰宁化石展。北京市满族怀柔区喇叭沟门满族乡占地约 2000 平方米的满族民俗博物馆就坐落在山坡上，外形宛如一座清朝王爷府。②

四、活态展演：由政府或学术组织承担的任务

满族故乡之一的吉林省吉林市，近年来不断加大对满族说部的保护力度，吉林市文化局先后启动了满族说部进校园、建立满族说部培训展演基地、将满族说部拍成动漫和电视剧等活动。满族说部已经走进吉林电子信息职业技术学院，专家向学生普及说部知识，最终使之成为一门选修课程内容；通过培训满族说部、经常性展演来促进这门古老艺术的普及和传承；意欲将满族说部拍成动漫和电视剧，希望能"以大众的方式让更多人认识和理解满族说部"。

2010 年 9 月，吉林省吉林市文化局在王百川大院举行了"满族乌勒本演出展示会"，来自吉林省伊通满族博物馆的工作人员与吉林市第二十五小学、华强学校、轻工业学校的学生们，表演了乌拉满族萨满乐舞、八角鼓舞唱、满族传统乐器单弦、满族传统舞蹈单鼓舞等多个富有原生态满族文化特色的节目。满族锡克特里家族第十二代传承人石光华作为全国年龄最小的萨满，编撰了"窝车库乌勒本"《五辈太爷掌劈狐狸精》唱本。他既是萨满文化的

---

① 无论是先秦的陶俑、瓦当还是满族人民的劳动用具、生活服饰，从宫廷的青铜禽鸟到民间的轱辘车，人们都能从大量珍贵的实物、照片、图表和影像中一瞥吉林满族源流、生产习俗、生活风俗、重要历史人物、宗教信仰、文体游艺的特色与变革。在展览主展厅，沙盘模型复原了乾隆帝望祭长白山的盛大场景；在生活风俗展厅则复原了满族人家吃年夜饭的场景，通过传统居民、服饰、食品及生活用品的展示，逼真再现了吉林满族"窗户纸糊在外、姑娘叼着大烟袋、养活孩子吊起来"的生活习俗；皇家贡地展厅在喜庆的满族鼓乐声中，惟妙惟肖地重现了当年打牲乌拉总管衙门朝贡时热烈宏大的场面；在满族源流展厅，一个鞑鞨罐的实物即可让人们对满族文化的起源与发展有一个具体而微的了解。

② 该馆展柜中陈列着自汉代以来的各种文化珍品 950 多件，其中满族民间实物达 500 多件，大部分是从当地百姓家中征集而来。满族收藏家爱新觉罗·毓岚还捐赠了 235 件自己珍藏的满族文物。

学者又是神职人员，还亲自参加展演，集传承人、学者、神职人员、表演者四重身份于一身。主唱由石氏第十二代萨满石光华亲自担任，族人石继顺是剧组的主要成员，全程用满语进行演唱，解说员做现场翻译。这个节目歌颂了该家族五辈太爷智斗狐狸精的故事，这个故事在石氏家族流传几百年，是典型的"窝车库乌勒本"，在表现形式上采用了"窝车库乌勒本"讲、唱、舞、乐相结合的手法，让大家亲身感受了以家族传承为版本的原汁原味的满语满族说部。①

打牲乌拉第十三任总管"云生公"的曾孙女赵清兰老人，出现在中国满族说部活态传承保护展演中，让人们看到承续说部艺术的根基与希望。91岁的她说："满族说部文化的传承必须从娃娃抓起。现在看见说部走进校园，我也要尽自己的一份力，用故事传承的方式传播说部。现在我写了120个满族说部故事。今年我91岁，能促进弘扬说部文化，使说部从家族走向大众，我不累，很高兴也很幸福。"吉林市王百川大院满族民俗博物馆还尝试用满族传统曲艺单弦的形式讲唱《合欢路》，根据儿童的特点，运用"窝车库乌勒本"的手法改编了一段《貉子和獾》。

满族说部在不同时期使用不同的语言进行表达，在清朝产生并流传的满族说部，最早是纯满语的，之后出现了满汉语言合用的，最后是全汉语的，语言的变化体现了不同历史阶段满汉文化的融合。而不同的展演风格体现着说部的发展和进化。富育光的弟子选择传承最原始的以讲故事形式为主的《雪妃娘娘和包鲁嘎汗》，突出了说部以"讲"为主的特点。《皇权之争》《奉旨拓乌拉》由男演员展演，是借鉴评书表现手法的说部，把传统评书的程式化套路引入其中，突出了技巧性和观赏性。②

满族说部还有一个重要的程式化内容就是定场诗、定场歌。它可以说是满族说部礼仪的重要组成部分，具有传承的神圣性、严肃性，集中表现在"窝车库乌勒本"的传承展演中。何新生等人在讲述《萨大人传》前还特别恢复了富察氏古老的定场歌仪式《萨大人颂》，突出了族人对祖先的敬仰之情。依据定场歌的功能，为了增加观赏性，还在《雪妃娘娘和包鲁嘎汗》之前创作了歌舞定场歌。它既是《雪妃娘娘和包鲁嘎汗》的铺垫、引子，又是独立的说部歌舞节目，曾在吉林市庆祝满族颁金节375周年的大型文艺演出

---

① 何新生：《满族说部活态传承保护展演初探》，见邵汉明主编：《满族古老记忆的当代解读——满族传统说部论集（第一辑）》，长春：长春出版社2012年版。
② 何新生：《满族说部活态传承保护展演初探》，见邵汉明主编：《满族古老记忆的当代解读——满族传统说部论集（第一辑）》，长春：长春出版社2012年版。

中获得好评。①

2011年8月9日满族说部学会成立时，主办方特别加入了满族说部的表演，有吉林市委宣传部的安紫波表演的《萨布素将军传》，吉林市群众艺术馆评书演员孙霞飞表演的《雪妃娘娘和包鲁嘎汗》，吉林市文化局的孙中志表演的《奉旨拓乌拉》，满语音乐歌手宋熙东用满语讲述了《萨大人传》中的两段，宋熙东和王朔还表演了二人编词创作的《长白山》。次日，来自全国各地的40余名专家学者来到伊通满族自治县进行满族文化实地考察活动。专家学者们欣赏了伊通满族艺术团所展示的满族说部内容的歌舞表演，其中最具特色的是满族艺术团新编排的满族歌舞《八角鼓》。这也是吉林省落实满族说部传承的举措之一。

由吉林省社会科学院、长春图书馆主办的"关东文化讲坛"连续三次把满族说部作为主讲内容。黑龙江省北部及吉林省一些地区大的满族家族或氏族，在举办祭祖活动时会以说部"讲述祖先的丰功伟绩"，但东北三省不过数十家，活态传承更是仅存于个别家庭中。在传媒发达的今天，年轻人都喜欢用更便捷的方式获取信息，说部这种"讲古"的方式日益受到冲击，被人们舍弃。朱立春表示，"如果老一辈的传承人逐渐故去，家庭成员们又都有各自的工作，满族说部的传承就会面临危机"。学术机构的努力应该也会为满族说部的传承起到比较大的作用。将受众扩大，满族说部接受者的增多和认同度的提高将会使潜在传承人的出现成为可能。

当前，满语满文的民间记音记录是难度比较大的细致工作。这是因为满语满文遭到长期废弃，东北满族民众早已习惯使用汉字，即使是满语书册的习惯用字，也已经不是原来的满文了，而是借用汉字来注音满语。何况东北地区的满语方音土语，各地差别甚大，常常要花费较长时间进行辨识，给翻译整理工作带来诸多问题。进行满语的复原工作是更深层次的细腻工程。近些年来，富育光及满族说部集成编委会在族中老人的帮助下，已将《天宫大战》《西林安班玛发》和满族说部《萨大人传》部分章节重译成满语，在四嘉子村富育光胞弟富亚光家中讲唱，受到乡亲父老异常热烈的欢迎。满族说部最关键的保护措施，就是对通晓满语的文化传承人的培养，并使其在满族中逐渐传唱开来。满族文化的推广与传播，不可以急于求成，需要慢慢地做工作。在漫长的社会历史进程中，满族群众对本民族的说部艺术已经陌生了，只有在族中倡导讲唱满族说部，使他们由熟悉进而亲近，这是最群众性的传

---

① 何新生：《满族说部活态传承保护展演初探》，见邵汉明主编：《满族古老记忆的当代解读——满族传统说部论集（第一辑）》，长春：长春出版社2012年版。

播、延续与开掘。由陌生到喜爱，渐渐形成往昔讲唱"乌勒本"的氛围。满族老人们的建议很实际："别挑剔，讲起来就好。"民间传承终究是民间自己的事，以满族群众自己现有习惯采用的形式为好，不必拘泥于群众久已遗忘的旧习惯。只有如此，满族文化遗产才可得到很好的保护与传续，得以发扬光大。①

相关的活动还有很多，多种媒介并存使满族说部的传承从单一化到多元化。

满族说部丛书的渐次出版，使很多学者开始从满族文化、历史、传承方式、传承人等角度对其进行研究。我们发现，虽然满语和满文并非满族日常主要交流语言，但也并没有退出历史舞台，有一些立志于传承满族文化的年轻人开始用新的媒介（语言和文字）来传承说部，比较典型的例子就是宋熙东和王朔。吉林省社会科学院的一部分科研人员学习满语也成为常态。满语、满文、汉文、印刷文本，更为丰富的电子媒介，还有其他方式都会促使满族说部这一文类焕发青春，保持传承活态。

第三节 "书写型"传承人研究

人类学会说话花费了数百万年的时间，语词是人类常用的交流工具。人类学会使用文字花费了几千年，文字作为工具，在纸张发明并大量使用之前，被书写在羊皮、竹简或树叶上。对语言、文字的崇拜随着人类的发展而发展。

一、"书写型"传承人的出现及其传承的文类

目前我们研究的"书写型"传承人有满族说部传承人富育光、赵东升、赵君伟、何世环，锡伯族民间长篇故事传承人何钧佑，回族民间故事传承人杨久清及苗族《亚鲁王》传承人陈兴华②。

这些"书写型"传承人可分为单一型传承人和复合型传承人两类。单一型传承人主要传承他人讲述的内容（很多传承人能够记忆自己故事的具体来源），不创作或很少创作完整的作品。代表人物有何世环、叶福昌、关世英、关铁才、关正海、鲁连坤。复合型传承人除了家传的说部，还主动搜集、记

---

① 富育光、朱立春：《富察氏家族与满族传统说部》，见邵汉明主编：《满族古老记忆的当代解读——满族传统说部论集（第一辑）》，长春：长春出版社 2012 年版。

② 陈兴华，男，苗族，1945 年生，贵州省紫云苗族布依族自治县猴场镇打哈村打望组人。

录其他人讲述的内容。讲述时对原来的故事进行修正、加工、补充，也可以说是一种"创作"。传承兼创作型传承人，指能编讲完整故事的讲述家。代表人物有满族说部传承人傅永利、赵东升、关墨卿、马亚川、傅延华、富希陆、富育光、傅英仁、徐爱国，其他传统项目传承人则有何钧佑、杨久清及陈兴华。

四个不同的口头传统在21世纪非物质文化遗产的热潮中得到了不同程度的关注：满族说部（2006）、苗族《亚鲁王》（2010）、何钧佑老人讲述的锡伯族民间长篇故事（2010）先后被列入国家级非物质文化遗产名录，杨久清讲述的回族民间故事（2007）被列入省（辽宁省）级非物质文化遗产名录。2012年富育光被文化部列为国家级非物质文化遗产传承人。

就文类角度而言，苗族《亚鲁王》被学术界公认为史诗，杨久清老人讲述的都是回族民间故事，而满族说部与锡伯族民间长篇故事的情况就要复杂得多。我们来看这四个文类的简要情况：

苗族《亚鲁王》传唱的是西部方言区苗人的迁徙与创世的历史。史诗主角苗人首领亚鲁王是他们世代颂扬的英雄。目前出版的苗族英雄史诗《亚鲁王·史诗部分》汉文与苗文对照本，诗行长达10819行。

而杨久清老人讲述的回族民间故事，目前统计已超过1000则。1988年，杨老被沈阳市委授予"优秀民间故事家"称号；2007年，又被辽宁省委授予"优秀民间故事家"称号。

笔者曾概括过满族说部：历时地看，民间文化一直都是口耳相传的，满族说部沿袭了满族"讲祖"习俗，是"乌勒本"在现代社会的发展，既保留了"乌勒本"的核心内容，又有现代的变异。最初在氏族内部以血缘传承为主，后渐渐地以地域为核心进行传承。涉及内容广泛，包括满族各氏族祖先的历史、著名英雄人物的业绩、氏族的兴亡发轫及萨满教仪式、婚丧礼仪、天祭海祭等；篇幅简繁不等，少则几千字，多则几十万字；原为满族民众用满语说唱，现多用汉语，以说为主；以神话、传说、民间故事、史诗、长篇叙事诗等方式被民众保留下来，是韵散结合的综合性口头艺术。①

何钧佑讲述的锡伯族民间长篇故事以锡伯族部落时代的生产、生活活动和英雄传奇为题材，故事内容丰富，有讲述神话传说的，有描绘爱情故事的，还有描述英雄人物传奇的。人物有孝子孝女、烈士、谋士、奇人、残暴的大汗等，这些故事反映了锡伯族自氏族部落以来的历史发展进程。专家称这些"土故事"为"锡伯族活态史诗"。目前已出版《何钧佑锡伯族长篇故事》

① 高荷红：《满族说部传承研究》，北京：中国社会科学出版社2011年版，第11页。

（上、下），老人讲述的《乌初勒西漫游记》《檀石槐统一鲜卑》《喜利妈妈西征英雄传奇》等已出版。

我们发现在传承的过程中，书写在特定时期都对四个传统的传承起到了一定的作用。

二、作为媒介的书写及手稿文化

借用奥丁①的话来说，文字是智慧和神圣的结合：

> 罗纳文字你务必找到，
> 这些字符都含义深长，
> 字符伟大而威力无穷。
> 它们乃智慧之神创造，
> 圣明的神灵赋予活力，
> 文字之神勒石来镌刻。

对文字的崇拜让我们想到仓颉造字时"天雨粟，鬼夜哭"的奇观。文字是人类交流媒介史上出现的第二个主要媒介，那些用文字记载下来的东西总是被奉为至高无上的经典，随时间推移而越发珍贵。②

本书提到的满族、锡伯族、苗族都有自己的语言和文字。现在满语已经不再是满族日常交流用语，除黑龙江省富裕县友谊乡三家子满族村有一部分老人精通满语，绝大部分满族人已不通满语，亦不识满文。③ 锡伯语在新疆察布查尔锡伯族自治县的锡伯族中保留得非常好，40 岁以上的民众大多能较为

---

① 奥丁是《埃达》中的主神，此段文字参见《埃达》第二首《高人的箴言》，讲述的是奥丁窃得文字并学习掌握书写技能的故事。

② 叶舒宪：《〈埃达〉与北欧神话》，《人民日报》（海外版），2001 年 4 月 2 日。笔者做了些许改动。

③ 满文是 1599 年清太祖努尔哈赤命额尔德尼和噶盖二人参照蒙古文字母创制的，俗称"无圈点满文"或"老满文"。1632 年，清太宗皇太极令达海（1595—1632）对这种文字加以改进。达海利用在字母旁加圈加点、改变某些字母的形体、增加新字母等方法，将原来不能区分的语音区分开来，规范了词形，并改进了拼写方法，创制了专门拼写外来音的字母。改进后的满文有了比较完善的字母体系和拼写法，具有区别于蒙古文字母的明显特征，俗称"有圈点满文"。

熟练地阅读和书写锡伯文①，其他地区的锡伯族熟练掌握汉语。回族②基本上使用汉语作为日常的交流语言。苗语主要在湘西、黔东和川黔滇几个地区使用，苗族在历史上没有本族文字，新中国成立前传教士创制了老苗文③，新中国成立后又有了新苗文④。

16世纪之前，锡伯族先民世世代代生活在松嫩平原和呼伦贝尔大草原上。据史料记载，锡伯族被称为满族的索伦部，其语言文字都与满语、满文相似，深受锡伯族民众喜爱的《三国演义》也是从满文翻译过来的。而乾隆二十九年（1764）的锡伯族西迁是历史性的大事件，从此锡伯族分别居住在新疆和东北。两百多年过去了，居住在新疆和东北的锡伯族深受周边族群文化的影响，保留的文化传统也有较大差异。在察布查尔锡伯族自治县锡伯族民众保留了大量锡伯文手抄本，熟练掌握书写是他们的特点。在东北的锡伯族日常交流的语言和文字皆为汉语。

苗族《亚鲁王》主要流传在贵州麻山地区，因地处偏僻，交通不便，所以主要还是以苗语传承。

从某种角度来说，史诗《亚鲁王》和回族民间故事仍以口耳相传为主，满族说部、何钧佑讲述的锡伯族民间长篇故事则借用了录音机等设备，并辅以书写。

我们发现，手抄本出现在清朝中晚期，主要有三种形式：用民族语书写的手抄本；用民族语与汉语同时书写的手抄本，如满汉、苗汉语书写的手抄本等；用汉语书写的手抄本，还包括用汉语记音的文本。

用民族语书写的手抄本数量不多，我们见到的资料如最早被翻译为满文的汉族长篇小说或故事《三国演义》《水浒传》《刘皇叔招亲》《薛仁贵征东》《武松打虎》，还有在东北少数民族中流传甚广的《尼山萨满》的满文手抄本。"窝车库乌勒本"（如《天宫大战》《乌布西奔妈妈》）就有满文、满汉双语、汉语记音的手抄本，有的已经遗失。用汉语记录的手抄本是大量存在的，

---

① 锡伯文到20世纪40年代，借用的是满文，用满文来记录。后虽使用过以斯拉夫字母为基准的新字母方案，但最终还是选择了满文。锡伯文的字母是1947年由锡伯族语文工作者在满文基础上略加改动而成的。

② 回族在形成过程中，初期同时通用波斯语、阿拉伯语、回鹘语以及其他中亚语言，而后，随着民族融合以及同中华主体民族的交往，且其自身大分散、小聚居的特点，汉语成为回族内部的通用语言。但是就民族感情来讲，回族内部依旧保留了不少阿拉伯语词汇，其中西北回族更多保留了波斯语词汇。

③ 有4种苗文，但是较为通用的是1905年英国传教士S. 柏格理与苗族人士杨雅各等为滇东北次方言创制的拼音文字，通称"柏格理苗文"。

④ 新中国成立后，政府组织语言学家为苗族三大方言各创制了一套苗文，还把滇东北次方言老苗文改进为拉丁字母形式，然后在一些地方开展新文字试验推行。

其来源不一。宁安十二部族的原始神话和《两世罕王传》《萨布素将军传》《红罗女三打契丹》等，在当地满族人中也都早有汉文传抄，其所涉及地域十分广阔，且不乏北方民族历史大迁徙中的"携来之物"①。马亚川承袭的《女真谱评》据说是从晚清秀才傅延华那里得到的，后散佚；傅英仁承袭的《两世罕王传》原为清朝宫廷讲述本，还有他传承的《萨布素将军传》，就是同治初年的富察氏家族传本。传承人自己撰写的手抄本，如关墨卿所写的《萨大人外传》《比剑联姻》《绿罗秀演义》（残本）；傅英仁所写的《东海窝集传》《金世宗走国》；马亚川先后整理出了《女真神话》《阿骨打传奇》等多部故事，共1200多则，计有380余万字。

苗族《亚鲁王》的手抄本有两种形式，"手抄本用汉译或汉字记录苗音两种方法综合使用，因为苗音与汉语语音差异大，难以一一对应，所以常常连记录者本人都难以顺利辨认。这种记录本不记述全文，以记录人名、地名和主题次序为主，确实起到防止遗忘的预期作用。宗地乡德昭村廖姓家族中传有一本竖体书写的手抄记录本，纸质薄而脆，据说是清朝时期的写本"②。

虽然锡伯族中有大量用锡伯语书写的手抄本，但是何钧佑老人已不懂锡伯语言文字，若要将大量故事记录书写下来，有厚厚的几大本，这厚厚的几大本由辽宁大学文学院的师生与沈阳市于洪区文化馆录音整理出版。杨久清老人的情况与此相似，不过老人讲述的故事还未出版。

手抄本是民众掌握了书写这一媒介后的产物，手抄本文化在各民族中广为流行，"书写型"传承人的出现与其有着密切的关系。

三、新媒介下的"书写型"传承人

中国大多数少数民族都有自己的语言，虽然有的已渐趋消亡，但是在大多数民族中，本民族语言仍然是民众日常交流的工具，也是民族文化传承的主要媒介，有民族文字的还保留了大量用民族文字记载的历史文献资料。在少数民族的历史发展过程中，汉族文化的影响大小、早晚各不相同，在与汉族长期共处、杂居的状态下，很多少数民族掌握了汉语。

通过对传承人的调研我们发现，书写能力的掌握主要与传承人的教育程度有关。富育光、赵东升、何钧佑都上过大学，何钧佑还曾留学日本，懂日

---

① 马名超：《黑龙江民族民间文学采集史及其文化层次概观》，见《马名超民俗文化论集》，哈尔滨：黑龙江人民出版社1997年版，第317页。

② 唐娜：《贵州麻山苗族英雄史诗〈亚鲁王〉考察报告》，见中国民间文艺家协会主编：《〈亚鲁王〉文论集——口述史·田野报告·论文》，北京：中国文史出版社2011年版，第55页。

语和俄语；陈兴华虽然只有小学一年级的文化程度，但 15 岁到 21 岁期间，在寨子里的"扫盲夜校班"当过教员；杨久清是千则故事家，在家里开"民话馆"讲述故事。虽然熟练程度因受教育程度存在较大差异，但是他们都能自己书写。何钧佑讲述的故事在被大量采录之前，由老人将故事书写下来，并配以插图，已经写了几大本；杨久清老人文化程度不高，但经常作诗、写故事，自己整理讲述的故事；苗族史诗《亚鲁王》的手抄本在历史上也并不罕见。满族说部因历史原因，大都保留了手抄本。

笔者认为，"书写型"传承人以书写作为其传承方式，有两个重要的原因：其一是传承、保护本民族文化的紧迫性；其二是听众缺失后的书写弥补。

1. 传承、保护本民族文化的紧迫性

虽然，这四个传统都已在 21 世纪初被列入国家级非物质文化遗产名录，但传承情况除《亚鲁王》外并不乐观。即便如此，"文革"后陈兴华还是意识到了史诗的濒危。之后若干年间，陈兴华在工作之余，用汉字记录苗族语音的方法四处走访年老的"东郎"，认真做笔记，不断丰富自己的唱诵内容。

何钧佑老人居住在沈阳市于洪区东甸子村，与他人往来较少，强烈的民族责任感和对锡伯族文化的独特体认使他在退休后的多年间过着不看电视、没有网络的生活，每天的重心就是在简陋的炕桌上将幼时听到的故事书写下来。由何钧佑高祖父以锡伯文字记述的反映锡伯族先民鲜卑人部落时代生活的《喜利妈妈西征传奇》《慈势得本救母》《勃合大神传奇》《马神海尔堪传奇》等故事，连同何钧佑伯父传承下来的讲述锡伯族民间医圣、大萨满黄柯传奇故事的《黄柯与神袋子》等，在何钧佑家族中已经传承了数代，每部作品都长达十几万字，堪称我国北方民族口承文学中的珍品。何钧佑讲述的这些故事在新疆察布查尔地区锡伯族民间几乎都有流传，如《喜利妈妈西征传奇》以及《马神海尔堪传奇》中的许多人名、地名和故事情节，都与该地区锡伯族流传的此类故事大体相同，只是由于种种原因，目前新疆锡伯族民间流传的这些故事，其完整与清晰程度已经远不如何钧佑家族保存下来的这些故事文本了。

满族说部传承人多已年逾古稀，能够口头讲述者寥寥无几，其他传承人以文本传承为主。已去世的传承人居多数，他们掌握的说部有的在 20 世纪后期被记录整理出来，有的只留下片段，如关墨卿讲述的《绿罗秀演义》（残本），有的留下了手抄本资料。而像马亚川写出的女真故事就是《女真谱评》手抄本中的故事，傅英仁留下的《萨布素将军传》《红罗女三打契丹》《东海窝集传》都保留了大量手抄本。富育光掌握的说部有的是从父辈那里继承来的，如父亲富希陆继承了祖辈传承的说部，有的从其母富察美容家族中传承下来，如《飞啸三巧传奇》，另有其父家传之《东海沉冤录》和《萨大人传》；有的是搜集记录的，如《乌布西奔妈妈》；有的是他经过了多次走访调研与繁重的史料甄别后讲述的。但无一例外的是我们都能看到富育光书写记录下来的手抄本。

这一切的支撑就是他们对本民族文化强烈的责任感，如果没有这种责任感，那些儿时的记忆、断断续续的内容不会形成今天的鸿篇巨制。

2. 听众缺失后的书写弥补

我们采访到的传承人，个别还居住在乡村，大多数居住在城镇，高楼远隔了民族聚居的社区，散落的分布使得以往的那种"讲古"氛围不复存在，听众也多转变成了研究人员、学者，还有那些先进的录音录像设备。虽然杨久清老人在家中专门辟了一间"民话馆"，但是民众对故事的日常需求已经不复存在了。进入校园给学生讲故事，在家中为慕名而来的研究人员讲述似乎成了常态。

听众的缺失使得这些老人不得不用文字来表达自己对故事的热爱，以及对本民族文化的执着。

当然，我们也看到了新的变化。现在满语和满文并非满族日常主要交流语言，但是它们也并没有退出历史舞台，有一些立志于传承满族文化的年轻人开始用新学的媒介（语言和文字）来传承说部，如宋熙东和王朔等。

录音设备的使用更为普遍，很多有志于学习《亚鲁王》的人都外出打工了，他们多半选择听磁带的方式来学习。杨光东有四个徒弟，他们还未出师，常年在外打工。岑万兴说："出去打工的时候，没有机会向两位师父请教，我拿录音机把两段念词（'杨鲁祈'和送老人去家族中先前过世亡人的所在处）录了音，带在身边，经常复习。"① 岑万兴"带的徒弟有空的时候跟着录音学，放录音机学习唱词"。韦正荣在外打工时，用磁带把《亚鲁王》录好后，带回去学。

我们可在网络上搜到大量关于杨久清老人讲故事的视频资料，这种传播方式更易为年轻人所接受。

而搜集整理者的介入也改变了传承方式，《亚鲁王》搜集整理工作组分三次给陈兴华录了音，第一次、第二次是参与其主持的葬礼，并全程录音，第三次录音时就是将其请到文化馆进行室内录音。虽然第三次录音时他边唱边梳理共唱诵了三天，但绝大部分诗行唱诵的内容已经无法表达了。如搜集者

---

① 杨春艳：《巴茅寨歌师岑万兴口述史》，见中国民间文艺家协会主编：《亚鲁王文论集：口述史·田野报告·论文》，北京：中国文史出版社 2011 年版，第 200 – 201 页。

拜老摩公为师，"杨光东知书达理，理解搜集整理者的心情，懂得其记录翻译成书的价值和意义，所以不讲究传授场合是否符合传统的传教要求，竭力配合，反复地回忆、梳理唱诵内容，一句史诗反复唱诵若干次，并耐心解说……十三天后，搜集整理者完成了对杨光东唱诵内容的记录及翻译整理"[1]。

"书写型"传承人不仅掌握着口语文学，也掌握着书写文学。他们身在传统中，既继承传统，又反映传统，并对传统有进一步的阐释；他们是传统的承载者，又是传统的创作者。在纸质媒介、电子媒介发展迅速的今天，"书写型"传承人将扮演越来越重要的角色。

小　结

"书写型"传承人的提出主要是基于满族说部存在着大量像富育光先生这样的传承人，在赫哲族、锡伯族、苗族、蒙古族、柯尔克孜族，也许还有其他我们所不知的民族中，都存在着此种情形，对这一类传承人的特性及其与其他民族的共性将是我们研究的重点。

本章中，我们以富育光努力成为满族说部国家级传承人的所言所行所写，来分析国家文化政策对满族说部这一文类的影响，以及学者和国家权力对口头传统带来的影响。富育光谙熟非遗政策且成为非遗保护对象的过程，其实也是民俗学、民间文艺学的理论反思、推进、博弈的结果。

在21世纪的当下，满族说部依托满语、满文、汉文、印刷文本及更为丰富的电子媒介，使得该文类焕发青春，保持传承活态。电子媒介使用者更多的是年轻人，"讲古"的危机需要电子媒介来解决。

---

① 中国民间文艺家协会编：《苗族英雄史诗：亚鲁王（汉苗对照）》，北京：中华书局2011年版，第17页。

结　语

　　进入 21 世纪不到 20 年的时间里，满族说部从散落民间，藏于各地文化人的手抄本或记忆中，到声名鹊起，连续出版几十部逾千万字，引起了学术界的极大关注。

　　口头传统是近年来较常被学者们引用的术语，围绕着口头传统研究的相关理论也渐被学者们引用，如演述理论、民族志诗学等。在口头传统和书面传统之间，以往民间文学界认为是相互学习、融合、借鉴的关系，口头程式理论认为在二者之间有着谱系似的过渡阶段，这一观点被学术界认可并接受，已有学者专门研究二者之间的过渡阶段。

　　分析满族说部般体量庞大、文化多元、传承路线较为复杂的专属性文类，首要问题就是研究文类自身的属性、传承人的特质以及解读文本。满族说部文本尚未完全出版，对文本的解读恐有遗漏，丛书全部出版应是满族说部立体全面研究的开始。何为满族说部，到现在仍然众说不一。满族说部传承人的状况堪忧，人数极少且年逾古稀，近年来我们重点追踪两位国家级传承人富育光（2012 年第四批）、赵东升（2017 年第五批），他们充分代表了"书写型"传承人的特质。在调查中，我们发现"书写型"传承人并非满族独有的现象，蒙古族的胡仁·乌力格尔、锡伯族长篇叙事故事、回族故事、苗族《亚鲁王》的传承过程中"书写型"传承人都起到了重要的作用。

　　满族说部讲述或讲唱过程中或使用满语，或满汉相兼，或以汉语为主，满族及其先世先后创制出了契丹大（小）字、女真大（小）字、（老）新满文，这些语言文字在长期的发展过程中呈现出不同的样貌，我们无从知晓用满语讲述、记录和用汉语书写、讲述的区别；手抄本和印刷本对一个文类的影响如何？为了解决这些问题，我们转向了媒介理论，希冀找到合理的学术阐释。人类从用各种符号记述知识或事件，发展到语言、文字、印刷媒介、电子媒介，信息传播的历史、口述与书写之间的关系，演述与文本本身与口头传统密切相关。在口语时代、文字时代、印刷术时代，满族说部传承先后经历了原生口语文化传承时代；满族创制文字后以满语交流、用满文记录文化，清入主中原后以满语、汉语交流为主的时代；以手抄本、印刷本传承为主的时代。在电子媒介时代，满族说部传承呈现出多元化的形式：原生口语进入次生口语时代，且将一直持续下去；充分利用电视、网络等媒介手段；静态保存文本及录音录像资料；立体式的博物馆活态展演、进校园开拓新的传播空间等。多元化的传承与传播路径，使得满族说部当代的传承体系正在逐步构建，并趋于完善。

满族堪称是依靠军事制度（八旗制度）容纳了其他民族而形成的结合体。因此，满族在语言、文字方面也吸纳了其他民族已有的模型，满族及其先世使用的语言文字之间必然存在一定的关联。毕竟满族及其先世生活在同一地域内，语言、文字、文化之间的紧密联系是不容忽视的。我们今天很难找到用契丹大字或小字、女真大字或小字撰写的文学作品，但用满语讲述的语言和文字还在民间有着极为少量的遗存，究其原因，跟其语言和文字受蒙古文影响较大有关。媒介传播学者认为，汉字这一表意文字和如满语一样的表音文字在创制和使用过程中，对民族的心理、文化的影响是不同的。出于统治全国的考虑，满族统治者由坚守"国语骑射"到趋向于使用汉语汉字，学习了解汉族文学，乃至其底层民众也广泛接受了汉族章回小说、评书的影响。从关纪新的论述中我们了解到满族人极其喜爱长篇叙事文学作品跟其民族感情、民族性格、所处地域都有关系。满族人居住在东北，一年之中有半年为冬天，要度过漫漫长夜，听讲长篇故事或讲古是其消遣的主要方式。因为满族人重视子女教育，重视本民族文化的发扬，讲古成为教育子女后代的主要渠道，其内容得民众喜闻乐见才能流传久远。讲古内容首选家族的祖先故事、英雄故事、当地人物传说，而这些内容主要依赖家族传承。随着历史的发展，"柳条边"政策的松弛，满族人已不再依旗而居，汉族人大量涌入满族聚居地，在与满族人相处中学会了满语，掌握了满族民俗，满族人同样也受到汉族人文化和习俗的影响。富育光经调查发现黑龙江省爱辉、孙吴、逊克诸县，世代为满族和达斡尔族聚居之地，有清以来出现过许多满学大家。辛亥鼎革后，关内汉族大量涌入该地，相互通婚亦多了起来。原居住的满族臧、张、关姓老年人相继谢世，年轻人外出打工，满族特点越来越少，并且早年家藏的满族说部佚失或失传，无法培训本家族的民族文化人士和说部传承人。

满族说部保留较好的地区与其语言的保留情况有关，有的满族说部依托满语存在，相对而言，黑龙江省的宁古塔地区、爱辉地区、阿城地区，还有北京、石家庄地区是满族说部的主要分布区。体量庞大的满族说部的传承不仅依赖传承人，更依赖传本，对于传本的重视自然是各族需要做好的必备工作。家族中的文化专家来延续满族说部的传承，家族中良好的讲古氛围使得下一代乐于勇于去承担继续传承的重担，如我们探讨的富察氏、纳喇氏及其他家族（如马亚川）。富希陆回忆，富察氏家族所以能够世代传讲"乌勒本"说部，代代有传承人，关键是历代穆昆达忠实遵照祖先遗训，管理好祖先传下来的各式各样的大小说部传本，不使其毁坏或遗失。满族大户望族早年都有此类大同小异的约束，对说部留存起到了保护作用。家族的作用不可忽视，我们认为，满族说部在其穆昆组织下产生，依仗萨满教传承发展，其传承的边界有的很清晰，有的则看似模糊，但并未超越穆昆本身。

满族说部反映了满族及其先世从远古至清末、民国不同时期的生活。"乌勒本"在辽金时期应已成熟。最早的说部体遗文，可追溯到辽金时代，且数目可观。目前，很多传统的满族说部已散佚，有的因为年长者的离世不再为人所知，有的仅保留在民众的记忆中，有的仅有片段留存。从已出版及即将出版的50多本说部来看，满族说部的文本演述、流布和传播主要经历了七个时期：口述记忆时期；以口传为主讲古习俗盛行时期；明末清初新说部大量产生时期；康乾至宣统讲述说部习俗定型期；辛亥鼎革影响下对满族母族文学有意识传承期；满族说部与乌勒本定名时期；新中国成立后至当下的定型期。

富育光从小生活在满族传统文化氛围极为浓厚的地区，其家族内部世代相沿的传统和规训是他能够掌握巨量叙事资源的关键，家族的训练使他承继了民间故事家的特质，此外，他善于书写、勤于调研、有较高的文学修养和长期的记诵—书写实践造就了他作为传承人及其说部文本的独特性。他掌握的满族说部超过20部，逾千万字。我们将掌握满族说部超过三部以上的传承人与富育光比较，发现若仅从超强的记忆力和讲述能力来说，马亚川、傅英仁应比富育光有优势；若从持续不间断地调查搜集整理，无人可及富育光。可总结规律、诀窍似乎也是学者们的专长。所以，具有较高的文化程度，在学术机构工作，常年地调查与研究，使富育光具备了与其他传承人不同的有利条件。幼时生活在充满文化氛围的地域的人甚多，不是每一位都会留下深刻印象并愿意成为传承文化的一分子；家族重视文化传承者甚多，不是每一位家庭成员都愿意承担起这一责任；搜集调查民间文化者甚众，较少成为传承者；善于书写者甚众，但不是每一位都能够成为很好的研究者。富育光应是集聚了如此多的条件，才成为其中脱颖而出的佼佼者。

作为国家级传承人，富育光在选择徒弟时首先考虑家族内的侄子，但因多种原因不合适；后来又选择了懂满语、懂音乐的年轻人，最后选择了善于讲述评书的安紫波，从中可见以往的传承方式难以承继。2017 年 3 月富育光在黑河举行正式收徒仪式，安紫波和宋熙东是其中的佼佼者，分别是以评书为代表的传承人和以满语为代表的传承人。在满族说部已经文本化的当下将如何传承，我们还无法得出更确切的结论，只能留待时间来检验了。

赵东升作为纳喇氏的传承人，我们一直未给予足够的关注，2017 年 12 月28 日，他也成为国家级传承人，对他所掌握文本的传承我们将会继续关注。

从目前的研究专著及研究成果来看，学者们的研究主要基于前两批文本，满族说部的整体研究还需等待合适的时机。

笔者认为，满族说部研究应该从以下三个方面入手：

首先，学者最好依据完整的三批文本情况重新审视满族说部概念以解读文本，开展整体性研究，以期构建满族说部研究的学术框架。

其次，满族说部研究对研究者的要求较高，因其内容较为复杂，研究者必须了解满族的历史、文化、宗教、文学等相关内容，最好能懂满语。

最后，应加强对传承人的调查研究，文化部已经立项记录了富育光讲述的《乌布西奔妈妈》，对分别代表了不同的满族说部传承人的赵东升、何世环的调查还应继续。

附　录

附录一　满族说部传承人情况简介①

一、傅英仁

傅英仁是"黑龙江省著名民俗专家、民间故事家，一生坎坷，为民族文化孜孜敏求、日夜操劳；为我国北方满族文化的收集、整理、弘扬做出了不可磨灭的贡献。他承继自己长辈的文化遗产，不仅为满族留下了丰富的神话和传说故事，以及北方民俗史料，而且在晚年仍始终坚持学习，搜访民间遗存的民俗古话。他从 20 世纪 80 年代初开始，便同我一起，在吉林和黑龙江两地最先倡导民族文化的抢救。他时常强调，要抓紧时机趁满族老人逐年谢世之时，全力以赴抓紧抢救、挖掘、征集久已濒危的满族说部艺术文化遗产。傅英仁在吉林省社科院学者的建议下，决定整理他从 20 世纪 60 年代当右派时，利用劳改之余，偷偷整理的祖传《老将军八十一件事》，王宏刚、程迅先生协助他整理说部。工作之余，他又动员昔年的老友关墨卿、隋书金等先生，组织收集、记录散在各地的满族说部和满族民间'玛虎戏'（面具舞）文化遗迹，成果斐然。傅英仁与其友在东北各地，收集到满族说部《红罗女》《宁古塔小传》《张坦公外传》《比剑联姻》《金兀术传》（合作）等达数十部之多，并首先独立完成了《老将军八十一件事》《金世宗走国》两部说部。满族说部能为世人所知，能逐渐走入民族文化的艺术圣殿，为多方人士所认识和青睐，傅老先生有开拓之功，永载北方民族文化史册"②。

---

① 这其中有几位传承人在笔者的专著《满族说部传承研究》的附录中有所记录，现仅挑选了与本部专著有关的几位传承人进行记录。

② 富育光：《再论满族传统说部艺术"乌勒本"》，见《富育光民俗文化论集》，长春：吉林人民出版社 2005 年版，第 409 页。

傅英仁传①：傅英仁的祖先②在清朝一直是京城官宦之家，据他所知先祖曾救过皇太极，之后世代做官。最高封官为"头等侍卫"，迄至其父傅明玉还封为六品云骑尉。在康熙三年（1664）奉旨到宁古塔（今宁安市）为官并落户迄今。清政府垮台后，仅靠父辈务农维持生计。

傅英仁于 1919 年出生在宁安城的红城村。兄弟姐妹共 5 人，傅英仁是男孩中的老二，7 岁上学，仅在校读过 5 年的书就高小毕业。毕业后他考入了吉林四中的初中班，名列第六。因为家穷，交不出 28 元大洋的学杂费而被除名。这对当年豪气满怀、志向远大的傅英仁来讲，无疑是一个沉重的打击。他在自传中豪气干云地说："满洲巴鲁图不许哭！"于是他擦干眼泪毅然回家，种地、打柴等，从此失学，同时也使他走上了艰难的自学道路。他在自传中写道："学完了中学课程，读完了《论语》《中庸》《大学》和《孟子》，练习了书法。"同时又学习了日语和满族的民间文学艺术等。这五年（1932—1937）的自学时间，不仅为他日后参加工作打下了良好的文化知识基础，还让他主动接受了满族传统文学艺术的熏陶。

1937 年至 1947 年的十年中，他一直住在宁安城里，在附近地区任小学教员，还办了私塾，教书养家糊口。同时，他更努力于讲故事和记录、搜集，自觉地参与满族的传统文化工作。他认识了民间老画匠山东人韩鑫一，老画匠劝他把听来的故事都笔录下来，以便日后查考。从此，他开始有意识地搜集整理民间故事。在敌伪统治的几年里，他冒着很大的危险整理出 40 多篇故事。

1947 年东北解放，进入而立之年的傅英仁，参加了革命工作，1953 年考入东北师范大学中文系专修班，以优异的成绩于 1956 年毕业，之后在几所小学任教导主任、校长等职务。这几年中，他一直致力于民间文化艺术的搜集整理工作。

1956 年至 1961 年，他因主张在宁安成立满族自治县而被打成右派并到农村去劳动。在此期间，他通过各种方法，搜集了多个民间故事和民俗传说。

1979 年平反后，他被分配到县里业余教育办公室负责发展农业中学工作。

---

① 笔者根据宋和平的《〈东海窝集传〉研究》及金天一的论文《略谈满族故事讲述家傅英仁讲述的传说》整理而成。

② 他的祖先过去同萨布素将军一起归属镶黄旗，再上溯 21 代，隶属乌拉部布占泰部族。再上溯 18 代，被派遣入关平息"三藩叛乱"，后返回北京菜市口定居。当时有三个儿子，全家靠俸禄糊口，生计艰难。康熙传旨，允许无职业满洲人回乡领荒地耕种。于是老大来兴回宁古塔，老二伊龙洼去吉林落户，老三去齐齐哈尔屯居。回宁古塔的来兴生五子，发为五支，迄今遍布全宁安县境。（彭勃：《满族》，北京：民族出版社 2004 年版，第 37 页。）

他工作任劳任怨，积极努力。正像他在自传中所说："终于一洗过去的冤案，彻底平了反。"在党的十一届三中全会精神的照耀下，为了充分贯彻党的"百花齐放，百家争鸣"的方针，全面落实党的民族政策，发扬挖掘民族传统文化，他被调到县志办撰写宁安县志，积极搜集材料，撰写县志，花甲之年的他迅速成长起来，成为著名的满族民间文化艺术家。2005 年、2006 年黑龙江人民出版社先后出版了傅英仁讲述、张爱云整理的《满族萨满神话》和《傅英仁满族故事》。

傅英仁从小就浸染在浓郁的满族文化氛围中，对他有影响的人不少。第一位就是他的祖母。他几乎在襁褓中时就开始听着祖母说故唱曲。他在自传中说："大概从那时候起，就和满族民间文化结下了不解之缘。"小小的傅英仁，就在闻名四方的号称"故事妈妈"的祖母的故事堆里成长着，今天讲个《蛤蟆阿哥报恩》，明天又讲个《小鲫鱼救主》，后天又讲《石头蛮尼》等。他在自传中写道："她老人家用故事，讲古论今教育后人，老人家的故事对我影响太深太深了。"

第二位是他的母亲。母亲是一位方圆百里人尽皆知的老萨满。她给傅英仁讲一些生活中的故事、萨满的传说等。

第三位是他的父亲傅明玉。其父专门向傅英仁传授一些宫廷见闻、官场轶事、文人雅事等。

第四位是傅英仁的三祖父傅永利，人称"三爷"。他终生未婚，傅英仁对他既恭敬又佩服。在自传中说他"长篇说部、民间故事、萨满神话、传说、历史、风土人情，简直无所不通"。说自己的故事"有五分之二都是他老人家口传心授的"。傅英仁夸赞三爷为"无所不通的圣人"，又自称是三爷的"直传弟子"。傅永利不仅向傅英仁讲述了萨满教中有关天地形成、人类来源的神话传说和萨满斗法等故事，还传授给他长篇说部——《萨布素将军传》《两世罕王传》《红罗女》和《金兀术传》片段。

由此看来，傅英仁未出家门就已经掌握了不少的满族民间故事和长篇说部，当地人还有个顺口溜：西园子①故事窝，装吧装吧，一大车；老一窝，小一窝；不老不小又一窝。这老小之窝，主要是指已被当地人所承认和认定的"故事窝"老傅家。傅英仁更是酷爱和积极努力接受这些民间文化艺术。傅永利因为在当地讲故事出色，众人送他一个绰号"三云"，意思是说他讲的故事云山雾罩，神秘、奥妙，让人看不透，摸不着。傅英仁不仅向他学习讲故事，还向他学习农活，从 13 岁起就与三爷朝夕相处，白天在农田干活，夜间走街

---

① 即宁安市红城村的别名，宋和平注。

串巷地在各屯说唱满族说部。说唱故事是三爷的嗜好，三天不讲古就受不了，同时又以其挣米粮养家糊口。直至 1937 年，18 岁的傅英仁与三爷在某屯说唱时，被当时的警察署抓去训斥了一顿后，他们才停止，傅永利于 1942 年离开了人世。

三爷等人的熏陶和教导，足以使傅英仁成为当地著名的民间故事家了。同时，他又得到了非傅姓人家，即姨父、舅父、舅爷和社会上其他民间故事艺术家的真传和培养，这使得他的视野更开阔，了解到的文化艺术更丰富多彩，底蕴更丰实。

姨父关振川：是清朝末年满汉皆通的秀才，曾任宁古塔副都统衙门的六品笔帖式（清代官员，相当于现代的文书之类）。清朝灭亡后，又当了吉林、黑龙江一带的大萨满。他对傅英仁传授的主要有萨满祭祀仪规和 150 多个萨满神灵来源等故事（傅英仁会讲 120 个）。关老于 1938 年故去，临终时同样称傅英仁是他的"直传弟子"。

舅父郭鹤令：也是满汉皆通的人物，是郭姓的大萨满。他对傅英仁主要传授了请神咒语和黑龙江省北部地区萨满活动情况。

对傅英仁影响更深远的是三舅爷，即他祖母的弟弟梅崇山，又称梅崇阿公，他是当地有名的舞蹈家。傅英仁 13 岁时曾参加过由三舅爷自出资金，招收 12 名少年男女的学习班，主要学习满族历史上流传下来的八套古代舞蹈，其中包括满族蟒式舞。傅英仁是当时学生中的佼佼者。

除家人外，"对我有影响的有：'黑妃娘娘'后人吴喜廷；都统后人关墨卿，他讲了《比剑联姻》；将军后人（伊犁将军）关亚东；乾隆师傅的后人，宁安县张育生；努尔哈赤开国大臣后人郎庆寿；外县的有九个人，汪清县骡子沟老郎头讲了《红罗女占山为王》"[1]。

几年的劳动改造中，他竟收集了"六七十个民间故事，十七份满族家谱，五十多则民俗，三家满族家祭仪程，同时，还了解了汉军旗的来历等"。在自传中他说："别人改造赤手空拳，而我却满载而归……劳动改造是坏事却变成好事了。"劳动改造为他的民间文化艺术宝库又增添了不少内容和色彩。

---

① 马名超：《满族民间故事家傅英仁访问记》，见傅英仁讲述，张爱云整理：《满族萨满神话》，哈尔滨：黑龙江人民出版社 2005 年版，第 326 页。

傅英仁的文化传承关系

与傅英仁的关系	姓名	身份地位
曾高祖父	六十七	清代官员
高祖父	倭新保	清代官员
曾祖父	乌勒喜奔	清代官员
祖父	德隆阿	清代五品参领、印君、笔帖式
祖母	梅氏	六品恭人，同治二年（1863）生，故于1933年。有名的"故事妈妈"
三祖父	傅永利	同治七年（1868）生，故于1942年，享年74岁。他多才多艺，闯荡一生，记忆超群，口才流利，是傅英仁三曾祖父的亲传弟子。晚年他把主要实物资料和全部故事整理成文字，传授给了傅英仁
三舅爷	梅崇山	满族正白旗，在旗务学堂就读时，和他的老师关云武、宁公学会"东海蟒式""野人舞"等歌舞。18岁时，被吉林将军选中，送往北京表演多次
舅父	郭鹤令	郭姓大萨满，主要传授了傅英仁请神咒语和黑龙江省北部地区萨满活动情况
父亲	傅明玉	曾任清代日俄分界钦差大臣
母亲	郭合乐氏	她对傅英仁专讲一些生活中的故事、萨满的传说等
师傅	关振川	傅英仁的姨父，大萨满，祖居宁安缸窑沟江南乡，是满族民间萨满、舞蹈、神话的传承人。傅英仁自12岁拜他为师，学习五经四书和萨满祭祀仪规
师傅	张福来（绰号"张牤子"）	傅英仁的表二叔，宁安有名的玛虎匠人和舞蹈艺人
师傅	卜清河	大萨满，祖居宁安卜家屯，其子卜长寿是傅英仁的至交，将祖传的神案、面具图谱等传授给傅英仁

二、富希陆①

富希陆，满族，正黄旗，1910年生，1933年在吉林当事务员（富亚光言称父亲在吉林粮食局管军队后勤，管写字），负责誊写工作。之后回到大五家子，住在大五家子下马厂当书记员，在四季屯当小学教员，1939—1940年在大桦树林子工作，1943年冬到了孙吴县，1949年8月到大五家子。1954年在供销社工作，1980年去世。他一辈子都在搜集满族民间文化，也是重要的说部传承人。家传的满族说部有《萨大人传》（富察氏传承）、《尼山萨满》、《东海沉冤录》（出版的书稿为富希陆和张石头共同切磋而成）、《飞啸三巧传奇》（富察美容家族传承下来的），搜集记录的有《瑷珲祖训拾遗》《乌车祭谱》《天宫大战》和《恩切布库》（从白蒙古处搜集得来），从杨青山处得到的《雪妃娘娘和包鲁嘎汗》。富希陆会鄂伦春语、俄罗斯语、日语，懂音乐、会画画。

富希陆自传：清宣统二年庚戌冬月，余生于大五家子百口大家之富氏大院老房子。余家族乃瑷珲沿江一带闻名的满洲富氏望族。余祖籍宁古塔，随本族首任黑龙江将军萨布素，于清康熙二十二年十月奉旨抗击罗刹，屯垦永戍黑龙江的。本姓分支族谱，系由先祖伯尔泰佐下领催托雍额长子伯奇泰为首，隶正黄旗二佐，子孙绵延，传至余已十三代，二百余年矣。据老人言，阖族第一次抬谱为民国元年农历二月二日。该谱由满汉齐通的著名文士四海亭先生，用满文书写。民国十七年第二次抬谱，阿玛德连大人参加了此次续谱。一九三八年春（伪康德五年），恰逢余由吉林携家返里的第二年，时在四季屯小学任教，闻讯后徒步七十余里，赶回参加了第三次在富臣山家举行的续谱礼仪。

余两姊，兄早夭，父母唯余一儿子，视若宝，娇甚。冲令多病，五日小病，十日大病，未有安生之日，父母爷奶拖累得苦不堪言。屯中好事者献言多认干姥可消灾。故而余有干姥十数位之多。尽管如此，还得常延请萨满去灾星。父严母慈，惧父威，课业荒废，皆赖庭训母教，及长，至卜奎（齐齐哈尔）大姊处读中学。姊夫陈氏，为人谦和，经商务。姊抚爱殷殷若母，循循善诱，余学识大进焉。大姊比余大二十余岁，为人正直，生活洁整有序，对我一生影响甚深。在她记忆里，有许多关于祖母郭霍罗格格生前的故事。

---

① 这是根据2006年1月笔者在长春访谈富育光的资料和2007年6月底在黑河市四嘉子访谈富亚光的资料整理而成的，另附有富希陆自传。

宝音大萨满传略，就是大姊留给我的美好遗产。（宝音生平略）木匣所遗草簿狼藉，慈母虽年逾古稀，惟能为祖母代劳者，遂受命梳理宝音大玛发生前语训兼译其残稿，即前文所述诸册。不久书成，东北沦陷。伪满初，母将遗稿传余，余携家至四季屯，仍锁匣中。余后调大桦树林子，为小学塾师有年矣，忙于教，古册积厚垢尘竟无暇顾，违愧也。后余到孙吴兴隆屯小学，东北光复，辗转奔波多地，母授古册终未敢失，祖物也。一九四九年初春，天无情，寒彻骨，悲莫悲兮爱妻早逝，停瘗道观。余含泪携子女由孙吴返归故里大五家子，妻葬祖坟，苦日何艰？一九五四年秋，育光考入东北人民大学，世光同年春由黑河苗圃选送富拉尔基电厂学习，分配到长春发电设备修造厂当技工。后来，亚光农大毕业后在四嘉子乡政府工作；倩华、艳华在金融、邮局部门工作。余被乡政府举荐到黑河地区供销社学习，分配到大五家子供销社任职，后调下马厂、锦河等地供销社工作。一九五六年夏同赵小凤成婚，生活大为安定，工余间，在油灯下入心追索遗文遗事，常不知天之即晓焉。

祖母训云：满洲古有唱祖之制，虔诚备至，逢节庆而兴焉，俗曰"乌勒本"。祭祀颂祖，沙玛为之。庶众颂祖，"乌勒本"弘之。"乌勒本"已事，不言外姓哈喇轶闻趣话。盖因祭规如此。凡所唱述情节，与神案谱牒同样至尊，享俎奠，春秋列入阖族祭仪中。唱讲者各姓不一，有穆昆达，有沙玛。以沙玛讲唱者居多，睿智金口，滔滔如注，庶众弗及也。每开场，族中长幼，依序恭坐，述者焚香漱盥而后诵叙之，所陈故事皆族源祖德忠勇诸类催人奋起者，慎终追远，光耀先贤。因情节繁简，讲授有数日、数十日或者稍长时日者。近世，瑷珲富察唱讲萨公布素，习染诸姓。富察家族家祭收尾三天，祭院祭天中夜后起讲，焚香，诚为敬怀将军之义耳。满洲众姓唱诵祖德至诚，有竞歌于野者，有设棚聚友者。此风据悉康熙间来处宁古塔，戍居瑷珲沿成一景焉。

《瑷珲祖风遗拾》，富小昌、富德连讲撰。富希陆于1935—1956年整理，后经多年润修，1966年"文革"遭劫，囚斗于锦河山内，所有书稿尽被"红卫兵"焚烧。1980年秋，富希陆已迁四嘉子乡三儿亚光处，病榻口述，长子育光记就，多已遗忘，记叙寥寥。

瑷珲大五家子二三十年代，有位德五爷，专门用满语讲聊斋故事。从正月到春耕前，能连续数十日为族人讲唱，听众不单为本族族人，相邻六七十里外的满族、达斡尔族、鄂温克人、鄂伦春人，都骑马套车来听演讲。德五爷死时入葬的书，便是满文聊斋。

吴宝财，满洲正白旗，大桦树林子人，其爷及叔父民国间皆本姓名萨满，伪满后传于宝财，多年主祭，颇有声誉。其神以鹰、蟒、水獭、虎、熊为主，有两次蹚冰眼经历，围众千余。宝财常言：祭神崇德，情发于理，歌发于心。萨满非虚言而勤勉，各有敏求之妙，如，一沟一凸，一行一行的花纹纹线，便可讲出全族的部落起源发脉来。再如，萨满者通史者也，广征博引，勤谙族事，多于神祀时唱有关天地开辟、万物形成及人类起源的神话古歌，以娱人乐神，崇德极远。四季屯张刚玉家大神神服，绣有很多鸟兽；下马厂祁世和家大神神服，主要以百鸟神采绣织而成。

居住在黑龙江省孙吴县大桦树林子屯臧姓家族，是当地的世居户。1940年余任教时，从臧秋鳘母亲处听到族源神话，即《妥勒痕传家故事》。妥勒痕，满语，为北方一种凶猛的体形很大的野猫，像猞猁般迅捷，可在树巅疾走。虎、豹都不敢轻易惹它。臧姓远祖就以妥勒痕这种动物为族名部号，称妥勒痕部。知道妥勒痕故事的还有两姓，即住附近的乌索木（吴姓）氏和托霍洛（陶姓）氏。吴、陶两姓老人也听祖辈讲过妥勒痕掌故，就此还能讲述个神话：最古时代，一只呼鲁昆雪鹰生下兄妹三人，分住混同江（黑龙江下游）的山坎处，立寨留下儿孙。三姓中讲述内容大同小异。图表列十七世，是经三姓老人回忆讲述出来的，没有文字谱。据臧姓萨满讲，他们祖先因洪水，部落冲散，传说六部宗支，各逃东西。有三支逃到东海窝集岭，游猎于乌苏里江以东锡霍特阿林等地方，四五百年前又回到萨哈连故土黑青山地方，渐成萨哈连、精奇里土民望族。清归努尔哈赤。吴、臧两姓分支日繁，萨满裔系严密，陶姓人口稀弱些，但在这里居住稳定，互不通婚。①

三、富育光②

富育光，满族，正黄旗，1933年5月出生于吉林，满月后回到黑龙江沿岸的满族聚居区大五家子③，该地保留了非常浓厚的满族文化习俗。幼时，他的家族还是大家族，他在淳厚的满族文化氛围中长大，祖父母和父母亲都用满语交流，懂得满族文化，有很强烈的民族感情和民族责任心。

富察氏家族原为镶黄旗，康熙二十二年（1683）雅克萨战争时奉命北上被重新编旗，编入满洲正黄旗。大五家子村，出过几位著名的满族大萨满。

① 富育光：《萨满论》，沈阳：辽宁人民出版社2000年版，第35页。
② 根据访谈资料和散见于与富育光有关的论文和著作中的资料整理而成。
③ 小堀严在《满族萨满祭祀观看记——黑河省瑷珲县大五家子村调查记录》中提到：大五家子村旧名"呼呼勒"，是位于该村后边的小河之达斡尔语名称。据说满族是在康熙年间从宁古塔来这里驻防的，汉族也随之来了很多人。该屯分六屯位于黑龙江右岸冲击地，蓝旗沟、下马厂二屯多为湿地。——大间知笃三等著，辻雄二、色音编译：《北方民族与萨满文化——中国东北民族的人类学调查》，北京：中央民族大学出版社1995年版，第88页。

咸丰年间，英和遭贬住到大五家子村。1900 年庚子俄难，当时黑龙江副都统凤翔署理将军事务，寿山自杀。沙俄侵占江东六十四屯，造成海兰泡血案。这些在《瑷珲县志》中都有记载。富育光的祖父富德连是穆昆达。

1958 年，富育光从东北人民大学（现吉林大学）中文系毕业，到吉林省民族研究所工作，1959 年到省委编辑理论刊物《奋进》（1962 年《奋进》改为《红旗》）工作。后又到吉林日报社当记者，一直到 1975 年。"文革"期间，1970 年春他插队到桦甸八道河子，1971 年作为报社插队干部借调到"八三"工程，1972 年返回。

1959 年为迎接国庆十周年，他被分配到中国社会科学院吉林省分院文学研究所，参与由吉林省委宣传部领导、省文联等单位主办的《吉林民间故事选》《吉林民歌选》的征集与编辑工作。与吉林省民间文艺研究会合作，从事民间采风工作。

20 世纪六七十年代他到吉林乌拉街徐志达家搜集《松水凤楼传》。

1971 年夏，他被抽调到东北输油管线吉林省建设工程指挥部协助办报；春节到东宁地方采访。到狼洞沟、小乌蛇沟、祁家沟走访满族遗老和汉族群众；又到大肚川、闹枝子沟，其间认识了刘秉文。通过后者认识了鲁连坤老人，记录了长歌《白姑姑》，即《乌布西奔妈妈》。从那时起到 1975 年 11 月期间，他们有过四次叙谈。

1978 年，吉林省社会科学院东北民族文化研究室成立，他任东北民族文化研究室主任。

他在东北三省满族聚居区和京津等地做了较为翔实的调查，发现了大量满族先世神话藏于满族诸姓萨满神谕和萨满故事中。特别是近年来，随着党的民族政策的进一步落实，一些满族聚居区相继成立了满族乡。一些满族穆昆达（族长）和各姓萨满老人，积极提供了不少代代传承、极其珍秘的神本和神词赞语，使我们得以对满族及其先民创造并保留下来的众多古代神话，有了较为广泛的接触和了解。①

富育光在黑河地区工作时，曾访问过熟悉《雪妃娘娘和包鲁嘎汗》故事的黑河职工干部学校教师徐昶兴、下马厂祁世和穆昆达、大五家子吴宝顺村主任等人，听过他们的不同讲述，并对该说部做了核对。1980 年春，富育光又认真通读了《雪妃娘娘和包鲁嘎汗》说部，并远赴辽宁新宾、内蒙古哲里木盟和郭尔罗斯查干花等地做进一步调查访问，对该说部中的年代与几处地

---

① 富育光：《满族萨满教女神神话初析》，见《富育光民俗文化论集》，长春：吉林人民出版社 2005 年版，第 279 页。

名做了核对。

《鳌拜巴图鲁》是富育光 20 世纪 70 年代初在黑龙江北安的富氏家族搜集的。

《两世罕王传》是富育光 20 世纪 80 年代在北京卧佛寺的陈氏家族搜集的。

《忠烈罕王遗事》是富育光在石家庄搜集的。

20 世纪 80 年代初，富育光在珲春一带发现光绪十六年（1890）库伦七姓满族火祭神书，是清以来满族拜火祭礼最重要的手抄本。

1980 年开始，富育光到黑龙江、辽宁、吉林、河北以及北京郊区的满族聚居区，充实满族故事内容，整理出《七彩神火》。

1980 年，富育光访问吉林省满族民俗专家赵文金，并访问满族 90 余岁的付吉祥老人，追忆乌拉街满族星祭实况。

1980 年春，富育光在吉林省九台县莽卡乡政府与杨世昌萨满座谈，1981 年至 1984 年间对其进行了多次访谈。①

1980 年秋，富希陆病危，富育光回到黑河市四嘉子其三弟家用了一个多月的时间记录了《萨大人传》。

1980 年底，富育光被借调到中国社会科学院少数民族文学研究所（现改名为民族文学研究所），工作之余经常到郊区调研，门头沟、西山都去过。还把傅英仁等萨满接到研究所，在研究所的主持下开始"抢救满族民族文化"。

1981 年起，富育光在东北乃至京津、河北、成都等地对满族文化流布实况做调查。历经四五年的艰辛，他了解了满族说部在各地的流传情况，掌握了第一手资料，并对一些传承人讲述的说部进行了录音。把《萨大人传》《两世罕王传》列为吉林省少数民族古籍整理出版的"七五"重点规划项目。后来由于各种原因有组织的抢救工作中断了，但从事这项工作的科研人员始终怀有抢救满族说部的"情结"，工作仍在断续进行。

1981 年，富育光在东宁地方调查时，记录了 80 岁老太太刘淑琴口述的一首古歌。刘淑琴，满族，伊尔根氏，女大萨满，在世时能唱 40 余首"东海渔歌"，民国年间在乌苏里江西岔口受族人委托跳过海祭神歌。

1981 年，富育光到吉林省九台县莽卡满族乡采访大萨满杨世昌老人，老人为满族尼玛查哈拉，祖居珲春故地。

1982 年夏，富育光到珲春何玉霖（何舍里氏大萨满）老人家中听其追忆江祭礼的情况，他已经不知道海祭礼，但江祭礼他听他大爷和父亲都讲过，在珲春河上还办过祭祀，是为了治疗天花症，族中举办的许愿河祭。他们还

---

① 富育光：《萨满论》，沈阳：辽宁人民出版社 2000 年版，第 180 - 181 页。

沿用"奥木赫富陈必"（海祭）一词来代替"毕拉音陈比"（河祭），足以证明该姓过去先人曾在萨满祭中进行过海祭仪式。神祭的保留正是该姓祖先足迹的历史证明。何玉霖年轻时跳野神祭时，河祭请水獭神，潜水珲春河中拾贝壳数枚，才出河面换口气，河祭只是萨满祭祀的一个内容，并无单纯的水祭内容。还有些姓氏水祭内容只依附在萨满野神祭礼中，请水鸟神、水獭神，表演潜泳、冬泳、钻冰窟等水技。

1982 年，他在吉林省珲春县搜集到陈满洲纽钴禄哈喇萨满神谕。①

1982 年，他访问了永吉县乌拉街阎振宽萨满。

从 1983 年春起，富育光心中最想做的事便是尽快组织力量，迅速抢救濒临消失的满族等诸民族萨满文化遗产。当时，适逢全国民间文艺家第四次代表大会在石家庄召开。富育光和一起参加会议的傅英仁达成共识，经过傅英仁精心策划，让王宏刚从长春赶去承德，富育光与傅英仁会后也到承德，以承德为基点，联络京承一带友好，筹措运作资金大计。几经奔波，得到了香港文化人士邓鹏腾先生的赞助。

从 1983 年春至 1984 年冬，富育光频繁往返于长春至齐齐哈尔、爱辉、呼玛、宁安，考察萨布素传说故事在民间流传的历史和现状，专访萨布素将军同宗的满族富察氏族人和文化知情人士吴维荣、富崇孝、傅英仁、马文业、关墨卿、富希陆、富安禄、富兴禄、陈凌山、徐昶兴等。

恰逢 1983 年端阳佳节之际，富育光一行访问了爱辉镇西岗子村。听到叶福昌讲述的萨布素传奇故事。

1983 年秋，富育光在珲春县板石乡满族关姓家族中征集到该家族传留的一本汉字标音满语唱本《洞窟乌春》。

1983 年冬，富育光在吉林省珲春县三家子满族乡征集到清光绪二十六年（1900）满洲扈伦七姓萨满火祭神谕。

1984 年，富育光在吉林省永吉县满族数姓中，进行了满族家祭电视录像，保留了满族家祭的原始资料。

1984 年春节刚过，富育光和王宏刚将九台县莽卡乡尼玛查氏大萨满，70多岁的杨世昌老人接到长春，采录萨满神歌。

1984 年六七月间，富育光到吉林省珲春地区扬泡乡访问了盛淑莲（81岁）、郎瑞先（69 岁）和同族的郎风歧（74 岁）老人，听他们介绍了珲春以及荒片子（指东北俄界山林地带）的自然植被。

---

① 富育光：《清宫堂子祭祀辨考》，见《富育光民俗文化论集》，长春：吉林人民出版社 2005 年版，第 27 页。

1984 年、1985 年，富育光在河北一带搜集了《双钩记》。

1984 年，吉林省社会科学院与香港邓鹏腾合作，拍摄了《满族瓜尔佳氏萨满祭祀》（吉林省永吉县乌拉街满族镇韩屯）、《满族陈汉军张氏萨满祭祀》（乌拉街满族镇弓通屯）、土城子乡渔楼村《海东青》和《神偶与宗谱》等民俗录像片。吉林省民族研究所自 1985 年以来陆续进行《满族尼玛察杨氏萨满祭祀》《满族罗关氏萨满祭祀》《满族厉姓祭祀》《大兴安岭十八站鄂伦春萨满祭祀》《广西瑶族原始祭礼》以及达斡尔族、鄂温克族和满族重大古祭祭礼的拍摄。1985 年春拍摄了黑龙江省塔河县《大兴安岭十八站鄂伦春族萨满祭祀》，随后，依据满族古祭神谕，又拍摄了《满族萨满火祭祭礼》。

1984 年 5 月 22 日至 28 日，中国民间文艺研究会在四川峨眉山召开了有 18 个省、市、自治区近 60 位民间文学专家参加的"全国民间文学理论著作选题座谈会"，讨论如何加强理论研究工作，提高学术水平，制订民间文学理论著作选题计划。黑、吉、辽三省分别派出马名超、富育光和乌丙安先生参加。富育光在座谈会上，着重介绍吉林省对中国北方萨满文化遗存和《天宫大战》《萨布素将军传》《红罗女三打契丹》等满族长篇民间文学遗产进行的田野考察中取得的新进展，并报了"萨满"和"说部"两个选题。这些录像送到了北京，先后在中央民族大学和中国社会科学院少数民族文学研究所展示，并召开会议请专家给予意见。

1986 年 4 月，富育光在广西南宁召开的"中芬民间文学搜集保管学术研讨会"上，做了《试论民间文学资料的保管》的演讲，还为大会带去摄制的四部萨满文化录像。这些录像获得了劳里·杭柯的称赞。由此，得到了吉林省社会科学院院长的支持。后中国和芬兰两国学者在广西三江进行民间文学联合调查时，除了入户采录，也曾采用过请演唱者到驻地来进行采录的办法。

1986 年 10 月末 11 月初，富育光出席四川成都中国民间文艺研究会四届二次理事会。

1986 年，富育光在珲春呼什哈里征得"威瑚哩额真"神偶，这是两位身缠树皮细绳的女性神。

1986 年，吉林省民族研究所创立后使萨满文化研究进一步得以深入开展，并在"七五""八五""九五"期间，承担了国家社会科学规划萨满文化专题研究课题。[①]

1986 年冬，富育光和尹郁山访问松花江畔的满族老屯，寻访失传的萨满

---

① 富育光：《中国萨满文化的国际地位和抢救保护的现实意义》，见《富育光民俗文化论集》，长春：吉林大学出版社 2005 年版，第 261 页。

神本和满族宗谱。

1990 年 10 月，在多方的通力合作下，拍摄了《鄂温克族萨满祭祀》和《达斡尔族萨满祭祀》。

1991 年，根据张晓光提供的有关线索，富育光来到"岭积千秋雪，冰凝万丈嶷"的大兴安岭，对呼玛县白银纳乡和塔河县十八站乡鄂伦春族萨满文化遗存情况进行调查与考察。他们从山上请下了正在狩猎的鄂伦春族萨满孟金福，并多次采访女萨满关扣尼及她的丈夫孟玉林，访问了一批对二十世纪三四十年代该地区萨满活动知情的老人，如魏跃杰、关永尼等人，参观了萨满神衣、神帽、神鼓、神器、供品等实物，对孟金福、关扣尼的跳神祭祀活动进行了实地调查。①

1991 年冬，富育光和王宏刚、郭淑云组织拍摄了《满族萨满雪祭祭礼》《满族萨满星祭祭礼》。

1992 年秋，富育光在呼伦贝尔草原录制了达斡尔族女萨满平果祭神电视资料。②

1994 年初秋，富育光、王宏刚、于国华去九台市莽卡满族乡三家子村塔库屯看望 80 多岁的赵云阁大萨满。

1995 年，富育光到北京调查，走遍了北京西山、十三陵。

1997 年后，富育光拍摄了《满族萨满鹰祭祭礼》。

2002 年以后，吉林省成立满族传统说部集成委员会，富育光、荆文礼等人进行了大量田野调查工作。

2004 年春，富育光和荆文礼到孙吴县四季屯聆听了满族老人何世环用流利的满语讲《音姜萨满》等故事。

2004 年 8 月 22—25 日，第七届国际萨满文化研讨会在长春市南湖宾馆开幕。长春师范学院萨满文化研究所名誉所长、吉林省民族研究所研究员富育光先生因在萨满文化研究及国际学术交流方面做出的卓越贡献，受到国际萨满学会的嘉奖，并被授予勋章。

富育光自传：毕业后便被分配到中国社会科学院吉林省分院文学研究所，更投身于民族民间口碑文学的挖掘、搜集、整理、翻译与研究工作。本人自

---

① 富育光：《鄂伦春萨满调查》，见《富育光民俗文化论集》，长春：吉林大学出版社 2005 年版，第 239 页。

② 富育光：《论萨满职能》，见《富育光民俗文化论集》，长春：吉林大学出版社 2005 年版，第 202 页。

幼生长在黑龙江畔满族聚居地区，受到本民族文化的熏陶，族中众长辈均操满语。逢年遇节或寿庆之日，常能聆听到族中德高望重者讲唱脍炙人口的"乌勒本"。及长，又从先父富希陆①先生处传承下来多部满族民间口碑说部。大学毕业后，组织又分配本人从事北方民族文学研究，便更充分发挥了自己的特长。1959 年，本人与吉林省民间文艺研究会合作期间，在我省著名民间文艺学家关山老先生的指导下，从事吉林省民间采风工作，后调入吉林省社会科学院文学研究所后，民间文学的采风范围扩大到内蒙古、天津以及东北三省等地，与各民族民间文学资料接触尤为频繁。在此期间，本人在国内外各种刊物、出版书籍上发表各类民族民间口碑文学作品百余篇，有十余篇获全国、省民间文学整理奖。满族先世女真人创世神话《天宫大战》被译为英文、法文、德文、韩文在美国、法国、德国、韩国发表。本人整理的满族传说故事《蚕姑姑》《骄傲的鲤鱼》《勇敢的阿浑德》等，被译成外文在德国、日本等国发表。1984 年 9 月，由吉林人民出版社出版了本人搜集、翻译、整理的满族传说故事选《七彩神火》。这是新中国成立以来，我国最早发表的一本满族传说故事选，得到国内外的好评，该书获国家三等奖、省民间文学奖。1986 年 2 月，由中国民间文艺出版社出版了本人与王宏刚等朋友合作整理的《康熙的传说》。1989 年 2 月，由中国文联出版社出版了于又燕与本人合作整理的满族传统说部《风流罕王秘传》。

本人为中国民间文艺家协会会员，曾任吉林省民间文艺家协会理事、副理事长。现为吉林省民族研究所研究员，中国社会科学院少数民族文学研究所萨满文化研究中心学术顾问，沈阳满族佟氏家族研究会顾问，吉林市满族文化研究会顾问，伊通满族博物馆筹建策展顾问，吉林省民俗学会名誉理事长。1993 年起享受国务院颁发的社会科学有突出贡献的政府特殊津贴。数十年间主要致力于中国萨满研究，许多论著在美、德、匈、日、韩及中国台湾等国家和地区发表，多次获国家和省部级科研奖励。曾承担和主持国家"七五""九五"萨满教研究课题和由辽宁人民出版社承担的国家"八五""九五"萨满教重点图书项目，均已圆满结束，获得好评。参与国家"十五"社会科学项目——《满族萨满史诗〈乌布西奔妈妈〉的研究》。独撰或合作出版萨满文化研究专著 6 部，民族文化研究编著 21 部，论文 70 余篇。（经由笔者和富育光共同修订）

---

　　①　他在故乡小学任教时，就非常注意搜集和调查本民族的历史传闻、人物风情以及记录传说故事。

四、关墨卿

关墨卿，瓜尔佳氏，满族镶黄旗，1913 年生于黑龙江海林县三家子屯，后住海林长汀镇，1995 年去世。他是督统的后人，海林老关家人，原来在西关住。赵君伟称他"善讲，文笔挺硬，文言文挺好"。

他高中文化水平，伪满期间曾当过教员等，1957 年任海林林业局会计。其父、叔父、义祖父、义父都擅长讲满族传说和故事，并与原宁安、海林一带的文人关奕舟、付耀华、常砚樵、明治忠为故友。他积累了数百个民间故事和传说。1986 年他被吸收为牡丹江市民研会会员、黑龙江省民研会会员。

他擅长讲民间故事，如"只准进宫，不准宿宫"（康熙和固伦公主的故事）、"天下第一家"（乾隆皇帝）、"鄂贞救夫"（嘉庆年间故事）、"一张字画"（乾隆第六次下江南）、"丢字得第"（道光皇帝时的书生）、"王皇可恕，犬帝难容"（巴海将军与玉皇大帝的故事）、"黄花甸子的传说"（阿骨打的故事）、"卓麻法倭伦"、"山鹰开湖"、"佛手山与人头砬子"、"腰岭的传说"、"牛拱塔"、"凡察出世"（努尔哈赤的祖先）、"拐棍爷爷与踢熊头"、"崩山老祖"、"贩卖状元"、"飞来的告示"、"赊里曷术的传说"、"桃花女"[①]、"八月十五杀鞑子"、"一苗龙参"等，搜集民间故事 300 多个。掌握的说部有《比剑联姻》《金兀术传》《红罗女三打契丹》《萨布素外传》等。这些说部是关墨卿的叔父关福绵传给他的。关福绵掌握的满族说部是从其父那儿承继下来的。伪满时期，关福绵将说部传给关墨卿，关墨卿偷偷地记下了一些故事的提纲。1980 年至 1990 年，他克服困难，回忆、撰写该说部。

傅英仁和关墨卿合作整理满族传统说部《比剑联姻》，并且藏有面具脸谱。关老为人热情，擅讲唱、绘画，为关姓家族中颇受敬重的文化人，长期受家族文化熏陶，喜爱本族文化遗产，不善于社会交往，当时社会知名度不高，但他多年默默寻访附近村屯，留心并广泛征集了大量满族文物与手抄资料，对本民族文化的传承和保留，有令人钦敬的贡献。特别是在英仁叔的帮助与鼓励下，克服诸方面困难，坚持整理和讲述满族民间故事，丰富了满族长篇说部文化宝库。[②]

---

① 该故事由傅明玉（傅英仁之父）、关明禄（关墨卿之父）、傅永利、关墨卿讲述，傅英仁收集整理，收入《宁安县民间故事集成》第一辑中。

② 富育光：《富有意义的新发现》，见《富育光民俗文化论集》，长春：吉林人民出版社 2005 年版，第 447 页。

五、马亚川

马亚川是"千则故事"级讲述家。1928 年出生，姓马富费，属满洲镶黄旗，祖籍辽宁省岫岩县。其先人在清末吃过"京旗租子"。民国以后家境破落，上辈人到黑龙江"跑马占荒"，定居今双城新营子正红旗五屯。该屯正好在金代始祖完颜阿骨打最早建造的皇家寨附近。这里流传着大量女真传说，马亚川正是在这种环境中长大的。他尚未出生，父亲即过早逝世。在褴褓中时，母亲也染病身亡，此后他寄养在外祖父家里。他是跟着外祖父、舅舅和舅母等亲人长大的。他有几个哥哥，都是扛大活的出身，只有马亚川念过四年乡村小学。书虽念得不多，但是他记忆力格外好。从小跟着外祖父赵焕出门帮人置席做菜，夜晚时在灯下消闲，谈古说今地乱扯。双城境内的老满族人那里素有"讲祖"的古习。"讲祖"即长者们闲暇无事，凑到一堆，没完没了地宣讲古事，抽着土烟，盘腿围坐，互说互讲，自开天辟地始，古往今来，侈述终年。

马亚川曾说："要不叫有这么个根儿，揍死我也编不出那么多有关'东海窝集传''野人女真''黄毛女真'或是金主阿骨打、契丹天祚帝等长篇大套系列故事的。"

当初阿骨打修建的皇家寨子"廖晦城"（今称"对面城"）与马亚川的所住之地不足二十华里。从八百年前的金朝第一代王都——上京白城（今阿城）算起，往西南方向计数，哪里是当年的"多欢站"，哪里是"大半拉城子""花园沟""涞流水"等，一一都能找出它们的位数来。[①] 新中国成立前，他在该村当过乡文书；土改期间干过武工队员；在韩甸区政府当过基层干部；还在省公安厅兰棱第一检查站当过"公安"。1948 年秋，由省公安厅执法处调至海林县公安局，走遍了横道河子、五林、宁安、东京城、依兰诸地的山山水水，什么"人参、貂皮、鹿茸角"一类的传闻，更是灌得"满耳朵都是"。解放战争时期曾当过公安员、侦察员。1953 年，他转回双城食品公司，在牧羊场和屠宰加工厂、糕点厂工作过，1958 年成为双城副食品商店的经理。后来又长时期做供销工作，这为他多接触人，多听故事提供了方便。

马亚川以讲述女真人的故事为主。每当老人们凑到一起，盘腿儿坐在炕上谈天说地的时候，马亚川都在认真地听，努力地记。其外祖父手里曾有一部《女真谱评》手抄本，是屯里的一位富秀才记录的女真奇闻轶话。马亚川

---

① 马名超：《满族故事家马亚川和他保存的女真叙事文化史料》，见中国民间文艺研究会黑龙江分会：《黑龙江民间文学》第 21 集（内部资料），1990 年，第 425 – 442 页。

曾看过这部手抄本，并记住了其中的许多故事。1947 年，手抄本散失了，但马亚川还能讲出其中的许多故事。

马亚川先后整理出《女真谱评》《女真神话》《女真传奇》《完颜部的兴起》《阿骨打传奇》等多部故事，共 1200 多则，计 380 余万字。这些故事真实地反映了满族及其先人女真人的社会生活、风俗习惯、民族心理，并带有浓郁的东海窝集部和"野人女真"的那种粗犷、豪放色彩。他能讲述多则专题故事，努尔哈赤的《两世罕王传》，萨布素的《萨布素将军传》，东海窝集的全套故事等，每一专题都有几十万字的故事。马亚川的故事多是历史著名人物传说，像阿骨打、努尔哈赤、皇太极、康熙、乾隆等都是他讲述的对象。故事场面宏伟，知识丰富，个人创作因素明显。这些故事常使人信以为真，并以强烈的好奇心和对知识的渴求接受它。[①]

六、赵东升[②]

赵东升，满族，1936 年出生在吉林市乌拉街。赵东升现在是族内的穆昆达，能讲的说部有《扈伦传奇》、《乌拉遗事》（也叫《洪匡失国》）、《白花点将》、《布占泰传奇》。从小受到祖父的影响，听了很多"乌勒本"，20 岁左右开始有意识地记录、传承本家族的文化。由于政治原因，家族严格规定《洪匡失国》必须在办谱和除夕晚上才可以讲述，平常不能讲述，且不能外传。1964 年，其家族举行了办谱仪式，家族内的大萨满经保详细地讲述《洪匡失国》时，赵东升记录了下来。其时赵东升刚开始对氏族和家族的文化感兴趣，觉得有必要传承本民族的文化，因此很好地继承了这一说部。《两世罕王传》的文本手稿据说在他手里。

赵东升毕业于东北师范大学中文系（1956—1959），1957 年被打成右派，后在中医学院上学（1959—1963）。现在是吉林师范大学的教授，还开有一家诊所。有几个研究课题，如辽宁的项目"满族家谱史"和吉林的项目"扈伦四部家谱研究"。

七、杨久清

杨久清（1919—2014），回族。在父亲杨焕文的呵护下，度过了一个快乐的童年，8 岁开始上学，后由于家中突生变故，生活变得异常艰难，杨久清是

---

① 孟慧英：《满族民间文化论集》，长春：吉林人民出版社 1990 年版，第 54 页。
② 时间比较集中，2006 年 1 月 12 日从上午 10 点到下午 1 点左右在他的家中对他进行的访谈，录音时长 2 小时 55 分钟。

家中长子不得不提前为父母分担生活的重担。11 岁辍学，开始扎起围裙去自家的"永盛圆"饭馆帮父母工作。17 岁时"永盛圆"饭馆倒闭，他和父亲、弟弟们开始在沈阳四处打工，曾经在日本人的机场干过活，为五弟讨公道含冤入狱，新中国成立前和乡邻去鞍山淘金子。26 岁时完成终身大事。在父母离世后，杨久清和妻子担负起照顾弟弟们的重任。杨久清从事过很多职业，务过农种过地，参加过大民屯业余剧团，改革开放后卖一些面点。1997 年，杨久清老伴儿被恶犬咬伤后瘫痪，杨久清悉心照顾老伴 10 年，2007 年老伴离世。

五弟杨久成在杨久清的鼎力支持下，将爱好文艺的乡亲们组织起来，于 2003 年成立了"金阳艺苑"，除了自娱自乐，还经常到敬老院、驻军部队、社区进行义务慰问演出。2007 年，他们被辽宁省文化厅授予"辽宁省农村文化建设先进集体"称号。

2004 年，作为民间故事家的杨久清再一次回归学者和公众的视野，他的讲述活动和所讲述的故事才正式被采录、整理，他的传承谱系才得到梳理，在新民间故事家中的位置才被提升。杨久清被评为省级非物质文化遗产项目代表性传承人之后，除了积极配合新民文化馆对自己所讲述故事的采录外，从 2010 年开始，还让大女儿杨淑华帮助他记录丰富的人生经历，对自己所了解的歇后语进行归纳，对他所了解的传统社会的江湖行当进行总结，回忆了老沈阳的市井风情，如老北市场、皇寺广场、十二线 30 年代的景象，整理了大约 40 万字的材料。老人说："我觉得我应该将自己知道的这些都记录下来，我觉得会对你们这些人有用处，我现在都 93 岁了，现在不记下来我怕不赶趟啊！"满族说部讲述场域的改变，原来的听众或老去，或选择其他娱乐方式等，都使这门口头艺术脱离了平民群体。新的听众有采录者、学者专家、媒体，他们带着强烈的自我意识在与杨久清讲述故事的过程中对讲述场域的影响、互动各有特色。每次面对学者的采访，杨久清都会拿出"看家本领"，讲上一两个"看家段"，将近几年出外旅游时创作的诗歌和创作前的心境说给来访者听。由此，讲述活动已不局限于故事本身，老人展示了自己"一专多能"的价值。有些人生经历被重点描红，如五六岁时经历的"郭军反奉"，"三年自然灾害"中巧妙解决家中无粮的故事等。

附录二 何钧佑与锡伯族民间长篇故事

何钧佑，1924 年出生，2012 年 11 月 28 日去世。原籍吉林省扶余县，祖上迁居盛京北部倒树子村（现沈阳市于洪区平罗街道），当时村子只有三户人家，均为锡伯族。2008 年，辽宁大学民俗学教授江帆在从事非物质文化保护工作时，偶然获得这一线索，从而开始了学者和老人之间长达四年的互动。2009 年，"何钧佑锡伯族民间故事"正式入选辽宁省非物质文化遗产保护名录，同年，《何钧佑锡伯族民间故事》（上下两册，60 万字）出版；2010 年 6 月，"何钧佑锡伯族民间故事"正式列入第三批国家非物质文化遗产项目名录，2012 年，被评为国家级非物质文化遗产传承人，但因未到公示期，老人离开人世时未能带着这一称号。

锡伯族自古就有说书讲古的传统，过去，鲜卑人把部落英雄或部落历史的长故事称为"郭尔敏朱伯"，鲜卑语"郭尔敏"意思是"长长的"，"朱伯"意思是"故事"。

何钧佑锡伯族民间故事具有明显的家族传承特点，以家族为核心形成了传承谱系。清康熙三十八年（1699），锡伯族挂勒察部落三户家族（韩家、何家、吴家）迁至盛京北部倒树子村居住。何钧佑是何家的第十代，他的祖父何明岫曾出任盛京得胜营的骁骑校，父亲何若太也曾任盛京得胜营的统领。何钧佑少年时期听到的故事大多来自他的祖父。在他的记忆中，读过私塾，精通满文、汉文的祖父有满肚子的故事，只要闲下来，他准会叫上几个孙辈用锡伯语和汉语相夹杂的语言，给他们讲述锡伯族故事。何钧佑的父亲虽对祖辈流传下来的民间故事并不十分感兴趣，但由于从小记忆力特别好，所以也记了不少，《喜利妈妈西征英雄传奇》便是父亲讲给何钧佑的。

反映锡伯族部落时代生活的《喜利妈妈西征英雄传奇》，在何钧佑的家族中已经传承了数代。何钧佑祖父的大哥讲述的反映锡伯族民间医圣的传奇故事《黄柯与神袋子》，长达十几万字，反映了丰富的锡伯族先民时代古老社会的生活习俗、生活状况和风土人情。

何钧佑对祖父当年讲的故事中涉及的一些人名、地名、部落名及锡伯族词语只知其然，不知其所以然。不过，保留在民间故事中的不少词语大多为古鲜卑（须卜）语，为今后学术界研究锡伯族早期社会历史提供了有效的佐证资料，具有重要的历史文化价值。

何钧佑个人生活经历坎坷，日本留学之后，又辗转赴苏联进入塔斯社远东分社工作，新中国成立后归国，后因政治运动入狱多年。出狱后到内蒙古乌奴尔工作，退休后回到故里，定居于洪区马三家街道东甸子，闲暇时经常给街坊邻里讲故事。

何钧佑仍然记得小时候所居地的历史：

我很小的时候听我祖父讲喜利妈妈的故事，还不太明白故事的意思。很多老太太都会讲"马猴子"的故事，这是汉族的故事，在那个时代这样的民间故事很多。她讲了不止一遍，在我高小的时候还没注意，我高小的时候认识了很多满族人，在四方台读的高小。我住的青围子村子三面都是山，都是锡伯族，我们是最早搬来的。三户加到一起也没有50人。韩、吴、何，这三家是什么关系，十代人之前，我们是老韩家的大姑爷，老吴家的姑娘都嫁到了老何家。当时为什么搬到青围子来呢？老韩家有一个人在正白旗当差，满族，他说，你搬我们青围子去吧。为什么叫"倒树"？这个村子就他一户，榆树都向南倒着，我小时候还看到过这棵树，小孩都能上去。到光绪年间就改成青围子。我小时候听我奶奶讲锡伯鞑子，你看锡伯族没有一个地方不涝的，早先放羊，都选择洼地。那个时候还没有大连屯子。老韩家占了最高的地方，西边是老姑爷老吴家，老何家跑到南边。老韩家搁西边盖的房。锡伯族来了，也是做亲戚传到我这儿是十代。俺们这十代的家谱到现在都没有200人。老韩家几百人，光绪年间来的就哥俩，现在一百多户。为什么锡伯族后来人少呢？从清朝建立，年年有去当兵的，家家都有当兵的，去了进关打仗有时候回不来，回来五十多岁找不着对象，找着对象还不一定有儿子。我们老何家到现在分两支，都住在周围。①

何钧佑对满族与锡伯族之间的关系非常敏感：

清朝建立的时候锡伯族各个碑文记得都不详细，我看见咱们锡伯族有个碑，这个碑在沈阳博物馆，记载了66637个人。到光绪年间，清政府倒台的时候，还不足一万人。不光锡伯族这样，满族也这样，满族最初除了锡伯族，9个大部落，有100万人，100万人出动10万人，最后50多万都不剩。太平天国时，锡伯族13岁的都让去当兵，个头矮的不行，去了就不让回来了，历史都不记载这些。我看到日本写的锡伯族故事，洞庭湖有个军队防守，动员十万人打这个城，一个小孩都没剩，都给杀了。所以说无论满族还是锡伯族，

---

① 2012年6月8日，笔者在何钧佑家中的访谈资料。

皇帝虽然当官了，老百姓可遭殃了。锡伯族民国时有一万人，现在有十几万人。锡伯族西迁时是4000多人，平均二十三四岁。汉族人结婚早。现在知道锡伯族历史的人太少了。我爷爷当过部落长，知道锡伯族故事，我父亲不知道，就我爷爷知道。锡伯族人自己把名给忘了，本姓很少。不光是锡伯族，其他少数民族也一样。很多姓梁的都认为自己是汉族，是山西人，是匈奴的后人，其实姓刘的才是山西的。高小就听老师讲过这些故事，我就给爷爷讲。我爷爷说这讲得不对。经过这些年，我的历史也挺复杂，你也知道，我就想把这些记下来，这些是历史。

韩洪顺，小学校长，通过他叔叔认识的。他叔叔叫韩启坤，锡伯族学者，给江帆当过老师。这个老韩家和老何家，误认为是一家，其实是哥俩，是一家的姓。什么时候是一家子呢？在嫩江是一家子，是嫩江的财阀，拥有上万匹马。历史记载康熙皇帝为了戍边把他们调过来，都封了官，都是佐领。康熙撒了不少谎，吃了好几个月的空饷。清政府为了攻打嫩江以北，现在黑龙江最北的，姓韩的就帮助它，锡伯族往南迁，被没收了不少马，那时候清政府打仗需要马。韩启坤写过喜利妈妈。旱魃就是旱神，治住旱魃后，大兴安岭就丰收了。旱魃和王母娘娘本来就是汉族文化。①

从2008年被发现之后，沈阳于洪区文化馆、辽宁大学民俗学专业的师生们对何钧佑的调查采录十分频繁，而老人开始将故事书写下来的时间要比这个时间段早，对何老来说，族群归属的焦虑感比较强烈②。就族群归属作为身份中深植的情感成分来说，它传递较少通过认知语言或学习（社会学几乎把自己完全局限在这一领域），更多是通过与心理分析遭遇中的梦和移情类似的过程。③采纳一个族群身份的过程，部分是对一个多元主义的、多重维度或多面的自我概念的一种坚持：一个人可以是许多不同之物，而这种个人感觉可以成为更宽广的多元主义的社会精神的熔炉。④从某些方面来说，当代通过记

---

① 2012年6月8日，笔者在何钧佑家中的访谈资料。

② "族群归属之焦虑，从神秘深处涌现的这一感觉，并不是当代族群归属表达中唯一有趣的方面。对一个西方人来说，20世纪晚期的社会似乎具有如下全球性的特征：表面的同质化，传统的公共表达的剥蚀，仪式和历史之根蒂的失落。文化元素似乎越来越趋于碎片化，不过是个人任情使意的风格而已。"——詹姆斯·克利福德、乔治·E.马库斯编，高丙中、吴晓黎、李霞等译：《写文化——民族志的诗学与政治学》，北京：商务印书馆2006年版，第244页。

③ 詹姆斯·克利福德、乔治·E.马库斯编，高丙中、吴晓黎、李霞等译：《写文化——民族志的诗学与政治学》，北京：商务印书馆2006年版，第242页。

④ 詹姆斯·克利福德、乔治·E.马库斯编，高丙中、吴晓黎、李霞等译：《写文化——民族志的诗学与政治学》，北京：商务印书馆2006年版，第242页。

忆重新创造族群身份之举绝不是什么新鲜事。毕达哥拉斯的记忆概念（让柏拉图很是着迷）也把世界想象为一个遗忘的世界，现实隐藏在它的表面之下。只有那些参与记忆的活动，会回忆在奔向另一个世界的时候保存这一世界的知识，从天界返回这一世界的时候避开遗忘之河的水的灵魂，才能逃脱再生的循环、起起落落的无意义反复，和将人类简化为机械或野兽之符号的墙。只有通过记忆，为经常的训练和努力所打磨的记忆，一个人才能洗清过去生活的罪，净化灵魂，从遗忘的重复之渊上升和逃脱。①

何钧佑回到老家后，把搜集到的家乡的风物传说、历史都记了下来，因为"退休之后怕这些东西失传"：

从 2005 年开始，何钧佑便自觉地动手记录、整理从祖辈那承传下来的反映本民族部落时代生活的长篇叙事文本。由于他晚年定居的农村买笔纸不方便，他就用小外孙女的作文本记录。为了节约用纸，他的字写得很小，而且每张纸的正反两面都写得满满的，有的地方还配有老人自己画的插图。日积月累，几年下来，他记述的故事一共写了密密麻麻的五十多本。用何钧佑的话说，这几年来，他每天的生活就是回忆这些故事、吃饭、睡觉。老人十分急于把自己家中传承数代的故事都留下来，在马三家中心小学韩洪顺校长的帮助下，他的一部分手稿已经变成厚厚的打印稿了。据粗略统计，他记述的锡伯族民间长篇故事共有 60 余万字。

后来，老人意识到了所记故事的重要意义，他开始重新审视祖辈流传下来的这些"土故事"，并对族谱进行整理，还绘制了喜利妈妈的画像供奉在屋子的西北角——西北角代表喜利妈妈出征的方向。何钧佑曾对笔者说："喜利妈妈是保佑子孙繁衍和家宅平安的女神，'喜利'在锡伯语中的意思就是'延续'，尊崇喜利妈妈是锡伯族对远古时期母系祖先的崇拜。"

为了使那些群众喜闻乐见的故事得以流传，何钧佑老人把 25 个颇具代表性的锡伯族民间故事记录下来，并整理成册，同时运用点画法②附以图画对故

---

① 有关毕达哥拉斯和柏拉图的记忆概念，见让—皮埃尔·韦尔南的讨论，转引自詹姆斯·克利福德、乔治·E. 马库斯编，高丙中、吴晓黎、李霞等译：《写文化——民族志的诗学与政治学》，北京：商务印书馆 2006 年版，第 243 页。

② 何钧佑的点画技艺是在狱中跟一位东北画家学的。"回到哈尔滨在商业局，又反右，又判了 8 年。你可知道这两段监狱生活给我锻炼的，对我讲故事有很大的帮助。我在被打为右派的时候，满大街画的画比我都高。到监狱一看，哭的喊的都死了。四周都有站岗的，油盐酱醋不用管了。比农民吃得好，多好啊！东北有名的画家，点画法画家，我和他学了点画法，铁岭有个校长比我画得好。画的文成公主 3000 多米，现在在黑龙江博物馆呢。"——2012 年 7 月 8 日在何钧佑家中笔者与其的访谈资料。

事进行补充，使之更加丰满。据介绍，何钧佑老人把整理成册的故事集取名为"锡丽妈妈（即喜利妈妈）的传奇"。其中，神话故事有《锡丽妈妈》《核桃孩》《羊皮天书》《安都里神袋》等；描述锡伯族英雄人物传奇的故事有《慈势得本救母》《芙蓉娥救父》等；歌颂爱情的故事有《乌古出游》《红蝴蝶》等。何钧佑强调锡伯族与满族的族源不同，故事中鲜卑的历史故事占有相当长的篇幅。

　　调查过何钧佑老人的研究者曾经有一些疑虑：首先是"何钧佑家族和故事之间的关系、脉络和书上写的会有一些出入，丢三落四的"；其次是何钧佑如何记录下如此多的故事。这一问题，我们可从何钧佑老人的哲学思辨思想及其自身的文化水平（对民族文化有极大的热情和自觉性，另外从小记忆力特别好）来解析，因为他个人特殊的喜好和家族的传统，使他形成了现在我们看到的很奇怪的现象，在基本消失的土壤中还能保留这么珍贵的文化化石，还是挺可信的。① 何钧佑的哲学思辨思想与其留学日本有关，他看问题的角度和普通的故事讲述者不一样，带有哲学的辩证思维方式。他讲述的许多故事是英雄的成长故事，看待英雄人物是很关键的。他认为历史是人民创造出来的，英雄人物也是人民创造出来的，任何人都不是生而为神，只不过是后人把英雄神化了。对不同民族的看法是客观的、公正的。② 与同地区的谭振山相比，何钧佑有其独特的观点：

　　谭振山的故事讲得挺好。俄罗斯写的维吾尔族的文化，日本写的锡伯族文化，人家从窗户外边看咱们，我们从屋里看自己。你比如说姑老爷给新媳妇穿上鞋，是汉族的传统文化，他这种习惯人家也有，你难道不尊重吗？教堂里有神，灶王爷也是神，东北人死了领了活鸡，这是鲜卑人的文化，雄壮一生飞上西天。驾鹤西游本身就是锡伯族文化，哪个民族看自己都是这样的。③

---

　　① 2012 年 6 月 8 日，笔者与辽宁大学副教授隋丽的访谈。

　　② "我什么民族都爱接触，哪个民族都有它的长处。最早采访的是布利耶特蒙古，乌拉海，阿尔泰人，统治者改为阿尔泰族。俄罗斯人、鄂温克人还不是太落后的，鄂伦春人是落后的，赫哲族为了生活不离开那个地方。鄂伦春人是新中国成立之后过共产主义的生活，毕竟落后。鄂伦春木头没人敢坐，那是咱们伐木工人叫大把头坐的地方。鄂伦春人，都是少数民族的调，嗓子容易发音的调，汉族文化进步跟古代文化不一样了，《诗经》写的是民间老百姓的生活。结果我看了那些欧洲的文化，哪个国也赶不上中国。中国的老子、孔子学说哪个也没超过。洪范学是战国时出的，那个时候这个学说形而上为道，形而下为器。物理以上，咱们说形而上学是唯心的。康熙皇帝那段还没敢写，鄂伦春人是支持清朝的。"——2012 年 6 月 8 日在何钧佑家中笔者与其的访谈资料。

　　③ 2012 年 6 月 8 日，笔者与何钧佑老人的访谈资料。

关于锡伯族的部落时代文化，何钧佑有很多自己的看法：

锡伯族过年是从唐代宗时候开始的。唐代宗的老婆就是独孤氏，鲜卑人，为了抵抗突厥人，联合契丹（就是大兴安岭锡伯族部落）。

我爷爷说锡伯族最早可追溯到夏商周时期，那时没有国家，喜利妈妈时代占据了整个周朝。乌恒曾三次打败过匈奴。鲜卑打得最厉害，我爷爷说得跟《汉书》的还不一样，冒顿听说他弟弟要继承王位，就把他接回来了。冒顿这个人就想继承王位，其实冒顿是氏族里面最强的。欧洲所谓的发源就是匈奴，少数民族非搁个犬字旁，现在要改过来。最早匈奴是谁上去了呢，阿提拉，匈奴西迁，赶走了很多国家，最后成立了匈牙利帝国，三次打败罗马帝国，罗马每年都要给匈牙利上缴贡赋，我推测是欧洲人把冒顿害了，毒死的。他虽有后代但也衰落了。欧洲人害怕成吉思汗，成吉思汗的后代巴代尔在印度统治了三百多年，铁木尔是第三代孙子。①

何钧佑坚守着锡伯族的独特性，虽然历经坎坷，仍没有忘记将本民族的历史和故事记录下来。在 21 世纪，这是非常难得的举动。

---

① 2011 年 6 月 9 日，笔者与辽宁大学文学院隋丽博士到何钧佑家中的访谈资料。

附录三　口述与书写：以杨久清的《亢三》为例

　　杨久清（1919—2014），回族，辽宁省新民市大民屯镇三村人。8 岁开始上学，小学文化程度，从上小学就开始讲故事。据统计，他所能讲述的民间故事有千余则。他是一位典型又另类的民间故事家，除了具备故事家应有的素质外，还有其他故事家所不具备的才能。他是当地的民间文化精英，文艺骨干，京剧票友，楹联爱好者，业余剧团的编剧、导演和演员。他获奖无数，1986 年 11 月 30 日在沈阳市民间文学三套集成搜集、整理、编辑工作中，成绩显著，获得二等奖；2007 年，被授予辽宁省"优秀民间故事家"称号。2007 年 5 月，"杨久清民间故事"被列入辽宁省非物质文化遗产保护名录。

　　杨久清的祖辈是从北京迁移到新民大民屯的。他说："听老人讲我的曾祖带着我的祖父在同治末年从北京郊区常营，背着我爷爷来到东北辽宁。先到营口后来又到新民大民屯安家立户。落脚之后生活非常艰难，无以为生，在生活没有着落的情况下，我曾祖租了大民屯东街老陈家一所房，开了个大房店（旅店），招住过往行人。"[1] 清朝时期大民屯镇就是商贸重镇，大民屯集始创于嘉庆八年（1803），是清初新民比较繁荣的四个集市之一。大民屯镇总人口近 4 万，居住着汉族、回族、满族、蒙古族、朝鲜族、锡伯族等七个民族。区位的优势、交通的便利、经济的发展，使大民屯镇成为新民东部文化、交通和商贸中心。

一、杨久清民间故事的传承

　　杨久清能够完整讲述的民间故事共 998 则，主要为道德训诫故事、历史人物传说、辽河流域风物、风俗传说、精怪故事、回族风俗故事、生活故事、幻想故事和笑话，其中回族民俗故事有百余则。故事名目有《崇实将军禁赌》《神童谢晋》《阎王请医》《刀笔邪神》《刘大汉坟》《左宝贵除霸》等。其中反复讲述的故事为《阎王请医》，笔者就曾听过三次。

　　杨久清老人跟大多数故事家一样，记忆力惊人，且表现力极强，凡听来的民间故事他几乎都能记住，并善于将这些故事讲演给别人听。他在自家开的"永盛圆"饭馆中从南来北往的客人口中听过大量故事，之后走南闯北时

---

[1]　内容来自辽宁大学梁爽的访谈资料，梁爽：《民间故事家的成长之路——以辽宁故事家杨久清为例》，辽宁大学硕士学位论文，2012 年。

也掌握了大量故事。2011年，老人自掏腰包花费10万多元，在自家院子中盖了一座约300平方米的房屋作为展厅，成立了"杨久清民话馆"，展出与民间故事有关的展览品。其故事的主要来源如下所示：

1. 家族传承

杨久清家祖祖辈辈都很擅长讲故事，也愿意结交爱讲故事的朋友。太姥爷李文俊好讲"讲究儿"，学了大量道德训诫故事和回民本民族传统的民间故事。祖父杨玉林从结识的道人那里听了不少关于狐狸迷人的精怪故事。父亲杨焕文、叔叔杨焕章讲过一些回族民间故事和戏曲故事，教他做人的道理，要求他遵守民族清规戒律。

2. 社会传承

其父杨焕文曾专门请来北京著名京剧票友刘雨芝担任老师，刘雨芝在杨久清家中吃住一年多，教他们兄弟六人戏曲、书法、吹打弹拉唱。据老人讲，刘雨芝是吃过"老米"（享受贡饷）的满人，给老人讲了大量京城里的故事和满族民间故事，特别是紫禁城里的传说。沈阳当地的鼓书艺人刘魁武常与刘雨芝交流、切磋，讲了大量历史人物传说和戏曲故事。杨久清跟刘魁武学习了鼓书的技巧，杨老讲述的《阎王请医》就是鼓书版。

杨久清父母开的"永盛圆"饭馆坐落在大民屯东街繁华的集市上，南来北往的客商带来山南海北的见闻和故事。长期以来，杨久清家一直是票友和乡邻聚会的场所，也是家乡乡土文化交流中心。大量故事在"永盛圆"饭馆里汇集，杨久清通过超群的记忆力吸收掌握了这些故事。

3. 现实生活来源

杨久清长年生活的大民屯地多山少，属于辽河冲积平原，是重要的产粮区、绿色蔬菜生产基地，且交通便利，距省会沈阳40公里。杨久清在自己的饭馆倒闭后去沈阳给日本人干过活，淘过金、磨过香油、卖过烧饼和油炸糕、种过地；他接触过三教九流的人物，又因爱好曲艺闻名乡里而与地方文化精英有亲密交往，这些曲折的人生经历、生活经验积累等不断被吸纳到杨久清的故事链中，成为其民间故事创作的素材。

4. 书写传承

除了以上三种传承方式，大量故事书也成为杨久清故事的素材。他虽只念了三年半小学，但掌握一些文字，加之聪慧好学，最初把叔叔的书拿来看，后来也买书来看。他看过《封神演义》《彭公案》《聊斋志异》《名贤集》《回教真象》《古兰经》，虽然不能完全看懂，但还是执着地一遍又一遍地读，琢磨书上的内容，这些也融入其故事讲述中。

杨久清好讲"讲究儿"，讲述时口齿伶俐，情节跌宕曲折，环环相扣，语言生动幽默，善用方言、民族语言和肢体语言，声情并茂，尽兴时还拉起二胡，唱上一段京剧或打起鼓板哼唱一段东北大鼓或者二人转。因家族从北京迁移过来，还有北京著名京剧票友刘雨芝的教导，使他从小说话讲故事时就注意"尖团音"，说话略带京韵京味儿。演述时懂得通过语音的变化，辅以眼神和手势等肢体行为来表现故事，抓住观众。

杨久清的传承人只有他的二女儿杨淑范。她继承了父亲口齿伶俐、记忆力好的特点，加之自幼喜欢民间文化，在父亲的耳濡目染下也渐渐学会了讲故事。目前，杨淑范是非物质文化遗产项目杨久清民间故事的市级传承人，从父亲处传承下来的故事多达上百则。由于表演场域的变化，听杨淑范讲故事的乡邻亲朋已经不多了，杨淑范面对的讲述对象更多是采录者、学者和媒体。但无论是讲述风格、讲述技巧还是与讲述对象的"交流"，杨淑范对故事的驾驭能力还远远不及其父。

二、民间故事家的总结

20 世纪 80 年代辽宁省"三套集成"编委会寻访故事传承人时，因生计所迫，杨久清错过了那次机会，到现在他仍感到遗憾。2004 年，作为民间故事家的杨久清再一次回归学者和公众的视野，这时，他的讲述活动和所讲述的故事才正式被采录、整理，他的传承谱系得到梳理，在民间故事家中的位置被提升。

在多年讲述故事的过程中，杨久清形成了自己的一套观点。他在讲述故事时善于改编，如《阎王请医》就是他在原故事的基础上改编的大鼓唱词，唱词句句合辙押韵。"与所有的叙述者一样，他在讲故事时总是自觉不自觉地对文本进行某种重构或处理。诸如，根据个人的喜好强调或淡化故事的某一主题；对某些细节进行取舍与调整；将陌生的故事空间处理为他本人和听众熟悉并认同的空间；将故事中的人物转换为听众熟悉的当地人等。"[①] 杨久清是一位懂得与时俱进的故事家，他生活的大民屯处于城乡接合地带，发展速度要远快于偏远农村，他对自己周遭生活的变化是有深刻感触的，尤其是在经历过困苦生活的磨砺后，他更为珍惜现在所拥有的幸福生活，讲述时也会提出自己的观点。

1. 故事每一次的讲述都是不同的

2012 年夏，笔者第二次去杨老家，前一天老人家得知我们和辽宁大学文

---

① 江帆：《民间叙事的即时性与创造性——以故事家谭振山的叙事活动为对象》，《民间文化论坛》2004 年第 3 期。

学院的老师一起去，提前思考了所要讲述的故事内容。他说："我昨天又琢磨了一下，故事讲一百遍有一百遍的讲法。能往里面收的语言，不是那个照本翻下来，别离开故事的那个原则，别离开故事本来的精神，别脱离开。我们说口头文学，必须说出话来把观众笼络住，让人爱听，别都给讲睡着了。"这种观点与"口头诗学"中的"歌"与"这一首歌"的关系很接近，也跟他一贯讲述时注重方式，更注重趣味性有关。

2. 录像比较机械，更喜欢有观众的现场感——观众群变化

杨久清老人专门用于讲述的"民话馆"本打算吸引镇里的老百姓和打工伙伴来听故事。可惜的是，愿望虽好，但原来的观众或者老去，或者选择其他娱乐方式，他的讲述已经脱离了民众。以往大家聚集起来听故事、讲故事的辉煌时代已经不再，故事的讲述场域已发生很大改变，有很多观众是通过网络电子媒介来了解老人的。他重新回归 4 年之后，2008 年，吸引来的观众中有采录者、学者专家、媒体，在杨久清讲述故事的过程中，这些专家学者与其互动，影响了老人的讲述。

每次面对学者的采访，杨久清都会拿出"看家本事"，讲上一两段"看家段"，其中多次被讲述的就是"阎王请医"，还有他自己的人生经历也反复被讲述，如五六岁时经历的"郭军反奉"，"三年自然灾害"时巧妙解决家中无粮的困境等。由此，老人的讲述活动已不局限于故事本身，他充分展示了自己"一专多能"的价值。

3. 从演述到书写

杨久清是创作型和书写型兼具的传承人，相较于满族说部的几位传承人，因其文化程度更低一些，其中书写故事看似不太成熟。2012 年，笔者在其家里意外地获得了老人书写的民间故事，老人告诉笔者："昨儿我在屋里琢磨一个故事，这个故事加加工，我写的那个你不认得，别看你学历高，你不认得。我给你举个例子，给你讲个故事，这个要有章程。"①

杨久清因深感文化水平不高而对自己书写的故事没有自信，他的学生戏称文本"里面还有甲骨文"，"我写的，我这个字，在这边下笔上那边写去了。昨儿写俩呢"。"一个小故事不大，就写这么些。我就是没念点书，我写的是不行，我写那玩意儿不像玩意儿。写得不像字。"老人对擅长讲述的故事颇有自信，但书写下来就有很多的不确定。

作为故事家，杨久清老人不满足于仅仅在多种方面展示自己的记忆力与口才，在多年与学者、媒体、文化官员、大学生打交道的过程中，老人的自

---

① 2012 年 6 月 9 日，笔者在杨久清老人家中的访谈资料。

我总结与反省也很值得我们思考，俗话说智慧在民间，此言不虚。

三、书写与口述的《亢三》

现以老人口述和书写的同一个故事《亢三》为例来分析口述与书写的文本差异，这个故事分成"开篇""亢三的个人经历""亢三成家""亢三得到一个老妈妈""老妈妈郊外散心意外得银""倒腾银子""亢三要兑店""亢三兑店成功""结束语"九个部分（这是笔者根据内容划分的，而非老人的分法）。

开 篇

讲述部分	书写部分
山西有老亢家，你比如说吧，咱们今儿就讲讲山西亢家发财的起源，我就把故事引到这个题上了，讲一个人呢叫亢三。	中国从古就有传说山西亢家，今天咱就讲讲山西亢家发财的起源。

亢三的个人经历

讲述部分	书写部分
亢三幼年，能干点力所能及的活儿了，就维护（持）他这个生计吧。赶以后呢，约觉他大点了，就到一家饭馆打杂，就是干点零活。但是呢，这个小孩有个特点，掌柜的挺爱他，一方面他不撒谎摆屁的，（另）一方面他还勤快，不管在哪儿，不管年轻的还是老的都受人关爱（喜欢他）。	原来一个叫亢三的这个人从小就父母双亡，遗下他这个孤儿。十几岁就给人家放个猪拉（啦），干点力所能及的活。大一点拉（啦），就住（在）一家饭馆（工作），他很要强，忠诚老实肯干，这一来掌柜的爱他急伶（机灵）肯干。

亢三成家

讲述部分	书写部分
他成年了，乡下就来了个逃荒的姑娘，也是没家可归，大家做点好事，就给亢三成全了，把（让）这个姑娘给他做了媳妇儿。这时候亢三成了家以后，夫唱妇随的还真挺好。这时候亢三日子过得挺舒心。	正好来个乡下姑娘，无家可归，亢三人员（缘）好，大伙帮忙，就给亢三做了媳妇，从此之后，亢三也有了家。妇（夫）妻俩还挺和美，亢三算过了舒心的日子。

亢三得到一个老妈妈

讲述部分	书写部分
有这么一天，他搁柜上回家办点事。走到街上、道旁啊，一群人在那儿围着，他那么看看，有个老妈妈坐在地上哭。大伙一看，亢三来了，亢三啊，你不是少个妈嘛！这个老太太无家可归，你把她接家去给你当个妈吧！这个老太太什么原因呢？这个老太太逃荒，他儿子挑个挑子，挑子上挑着孩子，后边领着他妈和他媳妇，但是老太太岁数大，走道哼哼呀呀的，后来她儿子就起了变化了，就跟他媳妇一合计，两人合计就把老太太甩了，带着跟着咱们受罪。所以就这么的，完了就把老太太甩了，儿子说：妈，你在这儿等着，我们去找点吃的，回来咱们一堆走。早晨就脱离开老太太走了。（老太太）又渴又饿，儿子也没回来，结果老太太一看，这可了不得了。坐那儿就哭起（来），这一哭，大伙就把她围住了。围上一看，大伙这就三言五语，说做儿女的什么样的都有，他妈生身母亲他都那么。正赶这时候，亢三把头一探，大伙连说玩笑似的："亢三，你不是没有妈吗？你把老太太接去，给你做个妈妈去。"亢三问怎么回事，大伙就说怎么回事。亢三说："你问问老太太愿意吗？老太太说愿意，我就把她接家去。"跟老太太一说，老太太，有这台阶能不什么嘛。那好，就叫亢三领家去了，走在道上，他就告诉老太太：你进门啊你就说，咱们娘俩（在我）幼年间失散了，现在找回来了。他媳妇也挺顺善，给老太太擦擦洗洗，温点水，给老太太整点饭。老太太这一什么，亢三真就拿这老太太当亲妈，所以这老太太挺那什么，我自个亲生儿子都没对我这么样，你看我捡这么个儿子对我这么好，老太太心里头真有点过不去。	就有这么一天，亢三中午回蹚（趟）家，见街上有一群人围着，都往里看，亢三也过去看看，竟是个老妈妈坐在地上在那哭的（得）要死要活的，亢三也不知是怎么回事。这时大伙都认识康仁（亢三），一齐说：亢三你不没有妈吗？你把老太太接家去当个妈吧！再给说说这个老太太，她是跟他儿子逃荒，他儿子挑着孩子领着妈妈和妻子，老太太年迈，走起道来总是哼哼呀呀的。他儿子和媳妇一和（合）计，把她甩了吧。走到这街上，儿子和媳妇一说让她妈妈在这等着，他们到那边找点吃的。想他们一去就没回来。走的（到）晌午也没回来，老太太又渴又饿，因此老太太就哭起来拉（啦）。大伙这一问才知道他儿子把她甩到这，正赶上亢三来看，这些人是说闲话似的，可亢三发了慈敏（悯）心，亢三说："对，我正没个妈，你们问问老太太，愿要我这个儿子不嫌恶的话，就跟我回家。"可老太太正是无路可走的时候，有这个能不愿意吗？再加上围观的人以周（一诌），他（她）老太太也就不哭拉（啦）。站了起来，就跟亢三回家拉（啦）。可走在道上，亢三交（教）给老太太一套，就说我们娘俩失散多少年，今天我妈回来，让媳妇温点水给咱妈擦擦脸，整（整）点饭，我还在忙，马上回柜（上）去。亢三的媳妇也挺温良，顺着帮助老太太又洗又擦，你想老太太一路风尘，生活条件还不好，加上亢三媳妇的奈（耐）心，不用说就把老人感动的（得）无可无不可的，由（尤）其亢三只（自）从接进老太太，这种诚义孝顺，亲儿子也达（做）不到。

老妈妈郊外散心意外得银

讲述部分	书写部分
这一天，（老太太）跟他（她）儿媳妇说："儿媳妇啊，我在家待着挺闷。我到咱们那个山上挖点菜。"（儿媳妇说：）"老妈妈你可别去，你儿子脾气不好，在这山多，净是山，山多一旦你走丢了，我可受不了。"老太太说："你可别什么，我不上远处去。我到那儿斧头上就回来。"她说："你老可快回来。"行就这么的，她去挖菜去了。她去挖菜去了吗？她去哭去了。她享受着怎么还哭呢？这么说，妇女有这么个特点，好哭。好也哭，不好也哭，现在好了她就哭。没人地方，山砬子地方，拿着锸刀，就在那儿叨咕，鬼念清安的叨咕。一锸一砍地砸不厚的土，是板石的，她就捯着锸，锸来锸去，挺大块板石，又有第二块。板石接触的地方有个缝，往下一摸，摸出个元宝来。五十两一个大元宝，别这么说，再穷元宝也认识了，就这么搁在菜筐里。拿点野菜盖上就回家了。	一晃半年之久拉（啦），老太太真就享受晚年幸福，恭敬的（得）老太（太）真有点受不了拉（啦）。有一天（她）跟儿媳商量来（想）到村外边挖点野菜，儿媳妇不让去，出村外就是山，迷了道再（就）走丢了。老太太说我不远去，我连（就）到外面散散心，媳妇说（那）快点回来，你儿知到（道）还不得责怪我呀。老太太指义（执意）要去，媳妇也不好深拦。老帮（太）太拎个筐，出离家门不远就近（进）了山拉（啦）。因为山西山多，老太太是挖菜吗？不是，他（她）找了个山格拉被（圪塔背）人地方偷着哭去拉（啦）。亢三夫妻对她那么好，她怎么还来哭，你可不知道，范（凡）是妇女，不论年轻年老都好哭，这老太跟（了）他（她）亲儿子这么多年也没享受这样，连我（她）亲生自养的儿子对我（她）这样狠心，我（她）认这个媳妇儿子对我（她）这样孝道，我（她）实在受不了拉（啦），所以她找个地方偷着去哭。老太太一边哭着一边叨咕，她就用他（她）手里铲刀锄地，三锄两锄地（的），土（地）上一层土铲开，地下露一块板石。她就舍不得的（地）越铲越大，正（整）个把一块板石铲露出地面，又发现第二块板石，两块接缝的地方有个缝，她伸手去一摸，里边是空的，把手往里伸，从沿（缝）里边掏出一块银子，老太太把土照样盖上，拎着银子就回了家。

倒腾银子

讲述部分	书写部分
没进屋呢，亢三搁屋里跟媳妇喊呢："啊，你叫老太太出去！"她说："别喊别喊，我回来了。"这一什么呢，亢三不喊了。"明儿今后你可别出去。"她说："我不那什么，我上外头散散心。"进到屋里搁筐撂下了，她说："三儿啊，你看我拿这个是不是银子？"亢三天天在饭店啊，他一看这是好纹银啊！"搁哪儿来的？""别喊。"老太太一五一十地告诉他了。老太太已经搁土把那个地方盖好了，夜间这三口子就往家就倒腾。说不上这银子有多少，倒腾两间小房，没处撂啊，后尾怎么办呢？老太太新搭一铺炕，把炕面子挑了，把银子往这炕里装，装了一炕。不知道这银子有多少了，倒腾半宿。	就听亢三跟媳妇喊呢："老太太走丢了怎么办？"这老太太一听儿子和媳妇吵吵，她紧忙的（地）答话："别喊拉（啦），我回来拉（啦）。"亢三一听老妈妈（太太）回来拉（啦），也就不喊（了）。亢三说："今后可别去挖菜，走丢了怎（么）办？"老太太不慌不忙的（地）把银子拿出来给亢三看："仨（三儿）呀，这是银子？"亢三虽然没有，但经常摆弄，亢三当时惊问："妈妈，这是哪来的？"老太太就一五一十的（地）跟亢三一说，亢三当时到那块地认准拉（啦），作出记号。到夜间这三口子叨噔（捯饬）半宿两间小房，往那放。后来把他妈新搭的炕拆了，把银子放到炕洞子（里）。

亢三要兑店

讲述部分	书写部分
亢三还是上饭店打工去，什么事都巧，他们对门有个粮站带油坊，一个大买卖。黄了，出兑。大红纸写着"出兑"。正好这粮店的小买卖来这屋要水来，亢三就问："你们这个粮店出兑要多少钱啊？"小买卖说："这我哪儿知道，我们掌柜的知道。""回去你问问你们掌柜的要多少钱？要多少钱怎么的？你打听打听。"回去小买卖见着王掌柜的跟他一说，说："亢三问咱们兑要多少钱？说怎么的，亢三要兑？他一门地问我让我跟你说。"王掌柜就像取个笑似的，就上对门，"怎么的，亢三你要兑我们这个铺店怎么的？""啊，王掌柜的，这玩意你们兑得多少钱呢？""多少钱	第二天，亢三照常上班，不多日子饭馆对门，有一号油房带粮店帖（贴）出红纸出兑。对门小买卖过来要水，亢三问他："你们铺子出兑得要多少钱？"小买卖（说）："我不知到有（道要）兑得跟我（家）掌柜的合计。"亢三说："你回去给我问一问。"小买卖回去和掌柜一说，掌柜哈哈大笑，他问："他要兑怎的？"掌柜借故过来泡（问）他，"亢三你要对（兑）我们铺吗？"亢三正气粗的（地）说："看和式（合适）不和事（合适），如果和事（合适）我就要兑。""那好，我们东家正在这，我给你问一下要多少钱。"掌柜的取笑性的（地）问

（续上表）

讲述部分	书写部分
啊，正好你问得正好，我们东家正好来，你要真要兑我回去问问东家去要多少钱。"回去一问东家，"谁呀，就是对面那个饭馆的亢三，这怎么说的？你这么大人，他说这一点不靠边的话你跟他费什么话。""不是，他挺诚恳地问我多少钱。"问得东家说："你告诉他，别人要五千两，他要三千两。"回来告诉亢三，亢三说："掌柜的，能准成吗？""那我们东家说话能不什么呢？""那什么的，我要写字我可要兑。"掌柜的过来说别说梦话了，亢三说："我得请客兑，可能有人轴立尼（你），你拉家带口的，你可别上这个当。掌柜的我告诉你，没有这弯弯肚儿，不吃这倒头。我告诉你，我决定不迈大步。"掌柜的回去跟东家说，东家还是这句话，别跟他费那个话。	东家，说："亢三要对（兑）咱铺子。"东家问："那（哪）个亢三？"掌柜（的）说："不就对门饭馆的亢三吗。""别开玩笑拉（啦）。"掌柜的说："这可不是开玩笑，他可是郑重其事的（地）跟我说的。"东家始终不信，然后信口说："那他要兑兑也可以，别人五千两，他要让他拿三千两白银就行拉（啦）。"掌柜（的）又说："他可真要兑呀。"东家说："行。他真要兑就兑给他。"其情（实）东家始终没能深信亢三能兑起。掌柜（的说）："既然东家这样（说）我就答复他，他还在等我回信呢。"东家挺不奈（耐）烦的（地）说："去罢，我说了就真。"掌柜的马上告诉亢三店铺价钱，亢三说："这个价我兑拉（啦）。你再问一问，你们东家能不能落实，如果落实下来我好请客。"掌柜（的）说："你先别忙，我再去给你问一问东家。"掌柜的再一文（问），东家很不奈（耐）烦的杨（样），意思是你怎么拿假话当真话，说这不是没影子吗？其看不出亢三的真实行动，掌柜又向东家说："既然如此，我就给他达（答）复。他说明要请客写过契呢。"东家说："能那么容易吗？他那个样不用（说）铺钱就是请客钱他也拿不起。这不谁出的损招让他请客，吃他一嘴。"掌柜的说："东家，你也不用劳神，我就照你说的办。"说完就来到亢三柜上把东家说的价钱一说，亢三很高兴，安排请客。掌柜（的）劝亢三："你正（挣）点工钱不容易，你还拉家代（带）口的，别听大伙轴立你，都要借故吃你一嘴。"亢三说："老掌柜，我谢你的好义（意），今天跟您说句实

（续上表）

讲述部分	书写部分
	（话），没有弯弯肚也不敢剃刀头，我这个席就预备咱柜上，我先把请客治（置）席钱交给你（您）。"

亢三兑店成功

讲述部分	书写部分
这时候，亢三就下力了，把街面上头头脑脑的（请来），在本饭店准备（宴）席。东家说："你亢三说你别那什么，我给你钱。"亢三回家就拿了五十两银子。掌柜的说："钱怎么这么冲呢？"就给他置席，把这个客都请来。这时候找这个东家，东家还不出来。这时候亢三过来了，"王掌柜的，东家怎么？""他说他不出来。""他不出来不怕，这个事就算成，别看没写字。我给你五十两银子，你呀辛辛苦苦的，不容易。"掌柜的一看，这钱五十两不要紧，就把掌柜的买住了。东家说"什么的话"，掌柜的说："那不行，人家都请了客了。"东家过去一看，妈呀，都在屋里坐着等着呢。就赶谁那工夫亢三这工夫在这什么了，写字吧。在写字时候，亢三说："多少钱，王掌柜的，我如实地让车把式套车拉银子，拉来了。""亢三怎么称（趁）这么多。""全院伙计我一个也不打发，有一位算一位，另外增加二成工资。"这就是财主财主，有了钱会安排，掌柜的安排了，谁不倾向他啊？东家不（想）兑也得兑了。兑过以后，该着有什么了，越做越好，不说山西省，全国都有山西老亢家买卖。	亢三回家取来五十两纹银交给了掌柜的，然后刷帖子吧（把）当街头头脑脑（的）都请到。这一来他们掌柜的也摸不着头脑，亢三大方，钱怎么这样（来）的，真令人摸不透。第二天，（亢三）把粮站的全院伙计一个不少全请来了，然后请东家。东家不想来，可王掌柜不让。"人家亢三办事有根，把话都说拉（啦），你打退堂鼓，我都受不了。咱到现场看看吧。别看预备兑铺不是一个俩（个）钱。"强（正）说者（着），东家过来到屋一看，全街的大头子、二、四都到场拉（啦）。这时亢三就把王掌柜栓（拴）住拉（啦），这个事多亏王掌柜给我们家周旋这个事，常子（言）说的（得）好，船家不打过河钱，拿出五十两银子给了王掌柜，然后亢三又说："这个粮站我兑过，别看换了东家，咱以后柜房到院门，一个人也不打发。每人工薪，我今天说话算。每人提二层（成）。"他这一发言，全院人那（哪），他说话这时东家是要想反毁（悔）他本院伙计都不干。无奈写吧。亢三这个便宜，可占大拉（啦）。写完没等开席亢三吩咐车把式套车拉银子，然后再开一场可以算惊天动地。从此以后亢三不用（说）在山西，就（连）全中国到处都有山西亢家的买卖了，这个故事就讲到这吧。

结束语

讲述部分	书写部分
我的故事总结一句话呢，就是好心好报。	我的故事说明一个问题：好心人终得好报。

我们从《亢三》故事的讲述与书写中发现：

1. 存在错别字

诚如老人所说，因为他文化程度较低，书写是比较困难的事情。为了真实反映传承人文化程度较低导致书写困难的情况，我们在本书中转述亢三故事时保持其书写原样，仅在错别字或缺漏字后面以（　）形式标注，如"拉"应为"啦"；"回蹚家"应为"回趟家"等，这里就不一一细数。

2. 书写与讲述差异不大

如果与何钧佑、富育光做比较的话，对于书写的规则，他们是熟悉的。杨久清老人的书写与讲述之间差异不是很大，但我们也看到了老人尽可能在书写的时候用书面语言来思考。

在词汇的选择上，书写时用的是"机灵（老人用的"急伶"）肯干"，讲述时就是"一方面他不撒谎摆屁的，（另）一方面他还勤快，不管在哪儿，不管年轻的还是老的都受人关爱（喜欢他）"。

在描写细节时，口语讲述更为生动一些，如"倒腾银子"这一部分，老人讲述时为"夜间这三口子就往家就倒腾。说不上这银子有多少，倒腾两间小房，没处撂啊，后尾怎么办呢？老太太新搭一铺炕，把炕面子挑了，把银子往这炕里装，装了一炕。不知道这银子有多少了，倒腾半宿"，而书写处为"到夜间这三口子叨噔（捯饬）半宿两间小房，往那放。后来把他妈新搭的炕拆了，把银子放到炕洞子（里）"。

口语讲述更为场景化，如描述老人被儿子、儿媳抛弃后众人的反应："这一哭，大伙就把她围住了。围上一看，大伙这就三言五语，说做儿女的什么样的都有，他妈生身母亲他都那什么。正赶这时候，亢三把头一探，大伙连说玩笑似的：'亢三，你不是没有妈吗？你把老太太接去，给你做个妈妈去。'"而书写时就没有这些，只有"大伙这一问才知道他儿子把她甩到这，正赶上亢三来看，这些人是说闲话似的"。

3. 书写时的冗余

某些部分，书写时存在冗余的现象，不如口头讲述的简略，但也有一种可能，老人会有遗忘的部分，也有可能是老人不知如何进行书面表达。

4. 书面语与口语使用的差别

书面语经过文人学士的长期锤炼，表现力强，情感负荷大，很多传统意象本身就积淀着浓厚的诗味，如酒、剑、雪、月、梅、菊，以致有人离开这些就无法作诗。但也正因为外延大，语意模糊，精确度小，再加上语言老化、套语化倾向严重，用来渲染闲云野鹤般的逸兴或某些千古相通的人类共同情感还可以，但要用以描述日新月异的当代生活和复杂的人物故事可就勉为其难了。口头语如未经雕琢的良璞，感情层次浅（特别是新术语、新意象），但弹性大，富有生气，再加上跟当代生活直接联系，比较适合于叙事。这就把中国古代诗人置于两难的境地：要叙事就得倚重口语，引口语入诗必然会浅白、繁冗，却又跟传统审美趣味背道而驰。①

在故事结尾处，杨久清讲述道："我的故事总结一句话呢，就是好心好报"，书写下来则为："我的故事说明一个问题：好心人终得好报。"

小　结

若从整个传播史的角度看，人类用以传播信息的媒介发生过三次伟大的革命，即文字的发明、印刷术的发明及电子媒介的发明。伴随这三次技术发明，信息传播从口语媒介到文字媒介，再到印刷媒介，乃至当今的电子媒介。当下，这些媒介同时并存，民众可以自由选择不同的媒介表达及交流。可以说，从口述到书写是当下民间叙事的必然过程，其原因可能各不相同，然而一旦选择了书写的方式，也就等于选择了另一种信息传播的方式，书写的定型就会改变其传播的路径。我们以千则故事家回族老人杨久清为例，分析了其口述与书写故事之间的这种差异。与大多数故事家不同，杨除了讲述以外，还擅长分析总结。以往的民间故事搜集整理大多由整理者完成，而杨作为故事家则不仅讲述，还将其讲述的故事记录下来。虽然被其记录书写下来的故事数量不多，但反映了作为一种媒介，书写将会成为很重要的故事传承方式。书写型传承人的总结即基于此，我们从满族说部中看到的书写型传承人多具有较高的文化程度，体现在其书写的文本更符合书写规范，逻辑性更强一些，

---

① 陈平原：《说"诗史"》，转引自《中国小说叙事模式的转变》，北京：北京大学出版社 2010 年版，第 276 - 277 页。

甚而带有浓郁的个人特质。杨久清的书写文本受其文化程度限制，还具有较为明显的口语特质，也因他近年来才开始有意识书写，诸多方面的不够成熟在所难免。但笔者见到该书写文本是极为欣喜的，这为我们之后的研究提供了极为宝贵的资料。

参考文献

［1］朝戈金：《口传史诗诗学：冉皮勒〈江格尔〉程式句法研究》，南宁：广西人民出版社 2000 年版。

［2］程德林：《西欧中世纪后期的知识传播》，北京：北京大学出版社 2009 年版。

［3］陈平原：《中国小说叙事模式的转变》，北京：北京大学出版社 2010 年版。

［4］富育光主编：《金子一样的嘴——满族传统说部文集》，北京：学苑出版社 2009 年版。

［5］谷长春主编："满族口头遗产传统说部丛书"（11 部 10 卷本），长春：吉林人民出版社 2007 年版。

［6］谷长春主编："满族口头遗产传统说部丛书"（18 部），长春：吉林人民出版社 2009 年版。

［7］关纪新：《满族书面文学流变》，北京：中国社会科学出版社 2015 年版。

［8］江帆：《满族生态与民俗文化》，北京：中国社会科学出版社 2007 年版。

［9］江帆、隋丽：《满族说部研究——叙事类型的文化透视》，北京：中国社会科学出版社 2016 年版。

［10］刘小萌：《满族从部落到国家的发展》，沈阳：辽宁民族出版社 2001 年版。

［11］刘信君、王卓、朱立春：《满族传统说部论集（第二辑）》，长春：长春出版社 2016 年版。

［12］龙迪勇：《空间叙事学》，北京：生活·读书·新知三联书店 2015 年版。

［13］《满族简史》编写组：《满族简史》，北京：中华书局1979年版。

［14］孟慧英：《满族民间文化论集》，长春：吉林人民出版社1990年版。

［15］邵汉明主编：《满族古老记忆的当代解读——满族传统说部论集（第一辑）》，长春：长春出版社2012年版。

［16］王卓、邵丽坤：《满族说部概论》，长春：长春出版社2016年版。

［17］杨春风、苏静、李克：《满族说部英雄主题研究》，长春：长春出版社2016年版。

［18］尹虎彬：《古代经典与口头传统》，北京：中国社会科学出版社2002年版。

［19］杨恩洪：《民间诗神——格萨尔艺人研究》，北京：中国藏学出版社1995年版。

［20］赵春梅：《瓦西里耶夫与中国》，北京：学苑出版社2007年版。

［21］钟敬文主编：《民间文学概论》（第二版），北京：高等教育出版社2010年版。

［22］周惠泉著，朱立春整理：《满族说部口头传统研究》，长春：长春出版社2016年版。

［23］周维杰主编：《抢救满族说部纪实》，长春：吉林人民出版社2009年版。

［24］朱立春：《满族说部文本研究》，长春：长春出版社2016年版。

［25］史禄国著，高丙中译：《满族的社会组织——满族氏族组织研究》，北京：商务印书馆1997年版。

［26］马歇尔·麦克卢汉著，何道宽译：《理论媒介：论人的延伸》，北京：商务印书馆2000年版。

［27］戴维·克劳利、保罗·海尔著，董璐、何道宽、王树国译：《传播的历史——技术、文化和社会》，北京：北京大学出版社2011年版。

［28］沃尔夫冈·凯塞尔著，陈铨译：《语言的艺术作品》，上海：上海译文出版社1984年版。

［29］米歇尔·福柯著，谢强、马月译：《知识考古学》（第二版），北京：生活·读书·新知三联书店2012年版。

［30］米歇尔·福柯著，莫伟民译：《词与物——人文科学考古学》，上海：上海三联书店2012年版。

［31］列维—施特劳斯著，李幼蒸译：《野性的思维》，北京：商务印书馆1997年版。

［32］詹姆斯·克利福德、乔治·E.马库斯编，高丙中、吴晓黎、李霞

等译：《写文化——民族志的诗学与政治学》，北京：商务印书馆2006年版。

［33］阿尔伯特·贝茨·洛德著，尹虎彬译：《故事的歌手》，北京：中华书局2008年版。

［34］阿兰·邓迪斯著，户晓辉编译：《民俗解析》，桂林：广西师范大学出版社2005年版。

［35］阿兰·邓迪斯编，朝戈金等译：《西方神话学读本》，桂林：广西师范大学出版社2006年版。

［36］格雷戈里·纳吉著，巴莫曲布嫫译：《荷马诸问题》，桂林：广西师范大学出版社2008年版。

［37］理查德·鲍曼著，杨利慧、安德明译：《作为表演的口头艺术》，桂林：广西师范大学出版社2008年版。

［38］E.霍布斯鲍姆、T.兰格著，顾杭、庞冠群译：《传统的发明》，南京：译林出版社2004年版。

［39］约翰·迈尔斯·弗里著，朝戈金译：《口头诗学：帕里—洛德理论》，北京：社会科学文献出版社2000年版。

［40］刘易斯·芒福德著，陈允明、王克仁、李华山译：《技术与发明》，北京：中国建筑工业出版社2009年版。

［41］丹尼尔·C.哈林、保罗·曼奇尼著，陈娟、展江等译：《比较媒介体制——媒介与政治的三种模式》，北京：中国人民大学出版社2012年版。

［42］瓦尔特·翁著，何道宽译：《口语文化与书面文化：语词的技术化》，北京：北京大学出版社2008年版。

［43］伊丽莎白·爱因斯坦著，何道宽译：《作为变革动因的印刷机——早期近代欧洲的传播与文化变革》，北京：北京大学出版社2010年版。

［44］尼尔·波斯曼编，何道宽译：《技术垄断：文化向技术投降》，北京：北京大学出版社2011年版。

［45］林文刚编，何道宽译：《媒介环境学：思想沿革与多维视野》，北京：北京大学出版社2007年版。

［46］利萨·泰勒、安德鲁·威利斯著，吴靖、黄佩译：《媒介研究：文本、机构与受众》，北京：北京大学出版社2008年版。

［47］阿芒·马特拉、米歇尔·马特拉著，孙五三译：《传播学简史》，北京：中国人民大学出版社2009年版。

［48］弗雷德里克·S.西伯特、西奥多·彼得森、威尔伯·施拉姆著，戴鑫译：《传媒的四种理论》，北京：中国人民大学出版社2009年版。

［49］帕特里夏·法拉、卡拉琳·帕特森编，户晓辉译：《剑桥年度主题讲座——横跨人文、科学、艺术的年度盛宴》，北京：华夏出版社2011年版。

后 记

　　该书是在国家社科基金青年项目《口述与书写：满族说部传承研究》（批准号：09CZW070）基础上修改的，第三章第二节、第四章为新增部分。从2000年开始，我与满族民间文化结缘，最初研究萨满神歌文本，之后研究满族说部，看似从一个较小的文类转至鸿篇巨制且更具影响力的文类，实际上恰因萨满神歌的研究，让我不仅对满族民间文学文类如神话、传说、故事较为熟悉，对满族历史文化也多有涉猎，而且深刻体会到萨满文化对满族文化影响至深，分析满族说部时方能游刃有余。

　　2005—2008年读博士期间，因满族说部第一批尚未出版，我倾全力关注满族说部的概念、追踪传承人的情况、分析与满族说部相关的神话传说文本，在了解31位传承人的基础上提出"书写型"传承人。2008—2011年，第一批和第二批满族说部皆已出版，文本分析成为众多学者研究的主要方向。我依然将关注重点放在传承人身上，"书写型"传承人是否为满族说部的独特现象？2009年，我接触到锡伯族老人何钧佑、回族老人杨久清，并对他们进行了多次调研；恰逢《亚鲁王》的面世及出版，特别关注了史诗传承人，发现这几个文类传承人与满族说部传承人有相似之处，蒙古族胡仁·乌力格尔的传承人也是如此。由此，我开始关注媒介传播理论，发现操不同语言的族众因语言思维方式不同，口头表达乃至书写方式也有差异。分析字母型文字与以汉字为代表的表意型文字在口头表达及文字书写时的不同，也成就了本书的第一章和第二章。史禄国对满—通古斯社会的研究及其对满族穆昆组织的研究，黑龙江大学学者唐戈曾写过《史禄国与满族"莫昆"组织研究》，作为传承人的富育光与赵东升写过《富察氏家族与满族传统说部》《赵氏家族与说部的传承》，苑杰、于洋关于满族石姓祭祀的调查等都让我们开始关注满族这一组织，当然，我们通过对富察氏家族及纳喇氏家族掌握的说部的分析，发现穆昆组织仍然是满族极为重要的边界，满族说部得以跨越百年传承，皆因这一组织的约束力。这也是第三章的由来。

　　第四章的撰写力图分析满族说部发展过程中，文本的定型、传承人超凡的记忆与其个人生活经历及求学经历的关系。富育光、赵东升作为传承人非常出色，他们有较高的学历并且一直没有放弃对满族文化的调研及传承。在非物质文化遗产的洪流中，满族说部得以从被湮没的边缘回到学界的视野之中与他们的努力是密不可分的。

　　第五章分为独立的三节，意图从三个角度来解析在不同的维度下满族说部传承的不同，分别为非物质文化遗产对满族说部的影响；将满族说部传承置于媒介传播学的视角下；"书写型"传承人的深入分析。总而言之，满族说部的传承在 21 世纪呈现出如此的样貌，并非孤例，而是在特定时段由特定人来完成的特定选择。

　　十多年的调研使我跟访谈对象建立了深厚的情谊，他们关注我的研究，经常会与我讨论，还会引用或批驳我的观点，我也时常惦念他们。

　　在此，要特别感谢导师朝戈金先生，犹记得拿书稿给导师看的时候，第一句话就是"你犯了 95% 的青年学者易犯的错误"。导师的诸多建议使我重获灵感，书稿的诸多修改皆得益于导师。

　　富育光对满族说部的出版研究居功至伟。多年持续的访谈中，我经常执着于几个问题，反反复复地询问。他的身体状况已不允许长时间的对话，但富先生都会尽量以我的时间为主。很多资料他也愿意交付给我，《奥克敦妈妈》虽未出版，因研究需要，富先生委托王卓博士将文本电子文档发给我。在此表达深切的感激之情。

　　因满族说部研究与许多学术同好结缘，他们先后取得国家社科基金项目，如郭淑云、王卓、邵丽坤，我们在不间断的探讨中互相都有启发。第三批满族说部的文本完全受惠于邵丽坤博士，甫一出版她就快递给我，为我的研究提供了极大的帮助。

　　感谢丛书主编姚新勇和副主编邱婧，很幸运能够进入"多元一体视域下的中国多民族文学研究丛书"，感谢编辑武艳飞，她细致的工作和包容的态度让我感动。

　　在本书的撰写和修改过程中，发现很多有趣的话题，如满族说部概念的界定、对满族说部类别的研究、传承人的专项研究等等，都需我们继续投以学术的热忱。

高荷红

2017 年于联想桥北